CUSTOMER SUCCESS

How Innovative Companies Are Reducing Churn and Growing Recurring Revenue

カスタマーサクセス

サブスクリプション時代に求められる「顧客の成功」10の原則

ニック・メータ
Nick Mehta
ダン・スタインマン
Dan Steinman
リンカーン・マーフィー著
Lincoln Murphy
バーチャレクス・コンサルティング訳
Virtualex Consulting

Law 1: Sell to the Right Customer
Law 2: The Natural Tendency for Customers and Vendors Is to Drift Apart
Law 3: Customers Expect You to Make Them Wildly Successful
Law 4: Relentlessly Monitor and Manage Customer Health
Law 5: You Can No Longer Build Loyalty through Personal Relationships
Law 6: Product Is Your Only Scalable Differentiator
Law 7: Obsessively Improve Time-to-Value
Law 8: Deeply Understand Your Customer Metrics
Law 9: Drive Customer Success through Hard Metrics
Law 10: It's a Top-Down, Company-Wide Commitment

英治出版

CUSTOMER SUCCESS

How Innovative Companies Are Reducing Churn

and Growing Recurring Revenue

by

Nick Mehta, Dan Steinman, Lincoln Murphy and Maria Martinez

This translation published under license with the original publisher
John Wiley & Sons, Inc. through Tuttle-Mori Agency, Inc., Tokyo

訳者まえがき

「カスタマーサクセス」――また海外から聞き慣れないコンセプトが入ってきた。そんなふうに思われるかもしれない。しかし、カスタマーサクセスは、一時の流行語やスローガンに終わるような生易しい話ではない。多くの企業にとって極めて深刻で緊急性が高く、もはや避けることのできない絶対的な命題である。それは今後のビジネスにおいて当たり前のことになり、企業として生き残る上での必要条件になるだろう。

脅すような書き方をするのは、私が強い危機感を抱いているからだ。本書を手にした方々にも、早く同様の危機感をお持ちいただき、速やかに前向きな取り組みにつなげていただきたい。そんな思いでこの文章を書いている。

今日、消費者行動は、「所有」から「利用」へと移行している。一般の消費者だけでなく、企業の事業活動においても、この流れは加速度的に広がっている。その典型が企業向けのＳａａＳだ。月額いくら、というサブスクリプションモデルは、決して目新しくはないが、かつてはモノとして買う以外に選択肢がなかったあらゆるものに広がっている。読者のあなたも、アマゾン・プライム、音楽配信のスポティファイ、食品宅配のオイシックスなど、いくつかのサブスクリプションサービスを利用しているかもしれない。企業間取引においても広がっており、たとえばコマツはＩｏＴ

ビジネスにサブスクリプションモデルを導入している。

サブスクリプションへのシフトは、消費者側としてはありがたい。購入時の大きな出費を逃れられ、平準化された支払いになることに加え、不必要と思えばいつでもやめられるからだ。

しかし、それを提供する側はどうだろう。これまでは大型の販売契約がいくつか取れれば売上目標に達することができたが、サブスクリプションモデルでは期間あたり・顧客あたりの売上単価は小さい。薄紙を重ねるように、たくさんの顧客に、継続的に販売しなければならない。しかも顧客は簡単に離脱していくため、それを補う薄紙をさらに重ねなければならない。果てしない苦行のようだ。成功している会社は、いったい何をどうやっているのだろう。

離脱防止のために、手厚いカスタマーサポートをしよう。顧客に特別な経験を演出しよう。既存顧客にアップセル・クロスセルを掛け、顧客あたりの売上単価を上げよう。サービスをバンドル化して離脱しづらい状況を作ろう。……こうした取り組みも大切だろう。だが、カスタマーサクセス（顧客の成功）を実現するには、まったく不十分だ。

カスタマーサクセスは、これらとは大きく異なる考え方に根差している。自社の成功のために顧客をサポートするという考え方ではなく、顧客の成功を第一の目的とする。受動的・反応的に顧客をサポートするのではなく、積極的に顧客の成功を設計する。顧客の成功とは、単に要件を満たすことではない。本書の著者は「CS（カスタマーサクセス）＝CO（顧客の成果）＋CX（顧客の経験）」と説明しており、それは事業の成果と経験価値を併せ持つものだ。それぞれの顧客がどのような状態にあるか、自社の製品やサービスをどのように利用しているかをデータで把握し、積極的に働きかけて、顧客をよりよい状態に導く。顧客の階層に応じて、ハイタッチ、ロータッチ、テックタッチという対応レベルを使い分け、顧客の成功と自社の収益とが両立する合理的なバランスを取る。こうした取り組みによって成功を得られた顧客は継続顧客となり、継続顧客から得られる定期収益が自社に成功をもたらす。カスタマーサクセス部門が全社を牽引して顧客を成功に導き、サブスクリプションエコノミーにおける成功のカギである定期収益の拡大を推進する。

こうした考え方が今後のビジネスの大前提となり、カスタマーサクセスの推進は、どの企業にとっても当たり前のことになる。極端に思われるかもしれない。しかし、今日の顧客は簡単に離脱でき、乗り換えることができることを忘れてはならない。B2CでもB2Bでも、パワーは顧客側にシフトしているのだ。顧客は成功を求め、成功につながる企業、製品、サービスを選び、そうでないものからは躊躇なく離れていく。企業が優位に立って顧客を囲い込んでいた、あるいは担当者間の根回しによって顧客をつなぎ留められていたこれまでとはまったく異なる、よりシンプルでシビアな世界に私たちは立っている。そして、この世界を生き抜くためのガイドブックとなるのが本書だ。

著者の一人ニック・メータがCEOを務めるゲインサイト社は、カスタマーサクセスソフトウェアを提供する、企業向けSaaS事業者である。つまり、カスタマーサクセスを推進する企業に、そのためのソフトウェアを提供しているのだ。自社が顧客の成功を推進できなければ、真っ先に契約を失い、立ち行かなくなるのは彼ら自身であり、その主張には実践に裏打ちされた説得力がある。だからこそ本書は、カスタマーサクセスの基本書として米国で高い評価を受け、カスタマーサクセスという一大潮流の原点となったのだろう。

正直に申せば、とうとうこの領域にまで足を踏み込まねばならなくなったのか、というのが、私の読後の感想だった。当社は創業以来、ＣＲＭを事業ドメインとし、「顧客企業に結果で貢献する」という企業理念を掲げ、事業を営んでいる。コンサルティング、ソフトウェアエンジニアリング、アウトソーシングという当社のコア事業の性質上からも、顧客企業とは長いお付き合いになる傾向があり、顧客企業の事業成果に貢献すべく、社員一丸となって取り組んできた。しかし、本書を読むと、まだまだ課題があることに気づかされる。いつかこうなるのではないか、いつかはこうありたい、という考えはあったものの、ビジネス環境の急速な変化により、思いのほか早くそれが求められる時代が来てしまった。

カスタマーサクセスは喫緊の課題になっており、場合によっては生死を分ける問題にもなり得る。先進的な企業はすでにこの領域に積極的な投資をしており、継続的な成長の基盤を着々と築きつつあるのだ。さらに、ビッグデータ、ＡＩ、ＩｏＴといった技術の急速な発展がカスタマーサクセスの波を加速させ、高度化を促進している。そしてこれは当社のような事業、ＳａａＳ事業、サブスクリプションモデルの他、ほとんどすべてのビジネスに当てはまる。あなたのビジネスにも決して無縁ではないはずだ。自分たちの業界には不要、などと思ってはならない。多少の時間差があるにせよ、間違いなく、対応を迫られる時が訪れる。まさに、避けることができない絶対的な命題であることを重ねて申し上げておきたい。

米国ではすでにカスタマーサクセスの考え方が広がっており、一大潮流となっている。２０１８

年4月にサンフランシスコで行われたゲインサイト社主催のカスタマーサクセスカンファレンス（PULSE2018）では、各社のCSM（カスタマーサクセスマネジャー）ら5000名以上が参加し、米国大手企業のリーダーを交えた250ものセッションが行われた。戦略、組織、技術、運営など多面的な切り口で繰り広げられた討議は、私には刺激が強過ぎたくらいだ。

日本でも感度のいい先進的な企業がカスタマーサクセスに取り組み、広がりつつある。あなたの会社はどうだろうか。まだ取り組んでいないとしても、遅くはない。本書を手にしている時点で、大きなアドバンテージを得ていると言えるからだ。

本書は、経済合理性に基づくカスタマーサクセスの必要性から、10の原則に沿った極めて実践的なプロセス、さらには組織面、技術面での留意事項、カスタマーサクセスの未来の絵姿まで、幅広く網羅されており、カスタマーサクセスの担い手となる者にとって、これ以上の指南書はない。まさに新しい世界を生き抜くための最良のロードマップである。

このような書籍と出会い、翻訳に携われたことを光栄に感じるとともに、カスタマーサクセスを日本で広めるという大きな責務を感じている。本書を通じて、私たちと同じように危機感を抱く同志を得て、ともに学び、それぞれの顧客の成功のために努めていければ幸いである。

さあ、ここからがあなたのカスタマーサクセスの始まりだ。シンプルでシビアな世界へようこそ。

バーチャレクス・コンサルティング株式会社
執行役員　辻　大志

カスタマーサクセス◆目次

第6章
原則② 顧客とベンダーは何もしなければ離れる 134

第7章
原則③ 顧客が期待しているのは大成功だ 150

第8章

原則④ 絶えずカスタマーヘルスを把握・管理する 168

第9章

原則⑤ ロイヤルティの構築に、もう個人間の関係はいらない 184

第III部
CCO、テクノロジー、未来

第17章 未来はどうなっていくのか 338

序文

現代のビジネスにおいて、「カスタマーサクセス」はバズワードだ。どの顧客もカスタマーサクセスを期待しているし、どの企業もそれを提供することを目指している。しかし、カスタマーサクセスを達成したかどうかを決めるのは誰か。本当に顧客を重視している会社なら、その答えは簡単だ。最終的に決めるのは、顧客である。

本書にあるように、クラウド時代には本当の意味での顧客第一主義への移行が求められてきたが、顧客満足とカスタマーサクセスは必ずしも同義ではない。サブスクリプションモデルにおいては、企業は常に顧客が勝利するよう働きかけ続けなければいけない。うまくいっている企業では、1日も欠かさず**顧客の**成功を目指している。自分の成功のことは考えていないのだ。どの顧客も最高の経験をすべきだし、成功に向けたゆるぎない献身を企業から受ける価値がある。しかし、成功は標準化できるものではない。そのことを理解している企業が、最大の報酬を得られる。

顧客第一主義を究極まで取り入れるということは、顧客の話を聴き、クラウド、モバイル、ソーシャルメディア、分析技術などを活用して、自社のサービスを**顧客の**立場に寄せて運用するということだ。そしてもちろん、本当の意味で顧客を大切にするということは、顧客のまだ満たされていないニーズを深く理解するということである。その理解が自社の組織でカスタマーサクセスを運用するための戦略、チーム、仕組みを築く基盤となる。

私はセールスフォース・ドットコム社のセールス兼カスタマーサクセス部長として、カスタマーサクセス活動の展開を確認できる特別な立場にあった。16年前に初めてカスタマーサクセスの概念を取り入れたのがセールスフォースだ。それはCEOであるマーク・ベニオフのビジョンの核心であり、その後年月が経ち顧客が増えてからも、当社は顧客がわずかだった頃と同じようにカスタマーサクセスに取り組んでいる。その背景にあるのは、カスタマーサクセスが私たちの活動すべてを動かしているという事実だ。単なる概念でもなければ、1つの部署だけが担当すべきことでもない。カスタマーサクセスとは私たちのコアバリューであり、すべての社員が行うべき仕事である。

私が入社した6年前から、セールスフォースではカスタマーサクセスにこれまで以上の厳密さを取り入れてきた。組織を事前対応型かつデータ重視型の部署へと変革したことが、顧客による活用と定着につながり、顧客の成功を生み出した。私の部署には4000人近くの専門家がおり、顧客が当社の製品価値を十分に引き出し、自分の事業を変革できるように献身的に支援している。当社で私は、顧客中心の文化には変革力があることを知った。私は、当社のプラットフォームを使って顧客同士が革新的な方法でつながることで、顧客が驚くべき成長を遂げる様子を目の当たりにした。当社の成功は、その後で訪れたのである。

私はテクノロジー業界に30年いるが、セールスフォースが生み出したような相互ロイヤルティがベンダーと顧客の間に生じたのを見たことはなかった。これは、私たちがカスタマーサクセスに投資したいと思っており、顧客も私たちのカスタマーサクセスに投資したいと思ってくれているからだと、私は信じている。これが本文に書かれている「心理ロイヤルティ」なのだ。

カスタマーサクセスは画一的な提案ではなく、カスタマーサクセスを下支えするテクノロジーと同じ速度で進化している。顧客の成功には、顧客との絶え間ない確認と、顧客のニーズに基づいた製品やサービスの適用が必要だ。セールスフォースでは、常に成功に関する自社製品の概念にノウハウ、イノベーション、情報を加えて再構成し、顧客ごとのビジョンを実現できるようにしている。具体的には、データサイエンステクノロジー——ビッグデータ分析や高度なビジネスインテリジェンスなど——を活用して、タイムトゥバリューを、そして顧客の成功を推進している。

他のあらゆる組織と同じく、カスタマーサクセスも変化を続けるビジネスの状況に対応しなければならない。この分野の場合、ＣＲＭ（顧客関係管理）はここ数年で単なる営業自動化ツールから顧客のプラットフォームに近いものへと変革しており、営業以外にもサービス、マーケティング、分析、アプリケーション、ＩｏＴまでをも網羅するようになった。ＣＲＭの定義と範囲が広がるのに合わせて、セールスフォースも１つの事例のみへの導入から顧客の企業全体を運営する形へと進化した。それに伴って、私たちカスタマーサクセス部門の戦略にも変化が求められている。主に個々の導入事例の成功に尽力していたグループだったのが、役員会議の席を与えられて、事業変革に協力する組織へと変わっているのだ。

よく訊かれるのが、カスタマーサクセスへの投資の必要性をどう根拠づけるのかということだ。これは私の考えだが、正しく進めれば根拠の必要はほとんどない。カスタマーサクセスとは、自社の顧客リストを守り、新たな機会につなげ、顧客の中から生涯を通じてアドボケート（企業やブランドの擁護者、代弁者）となってくれる人を生み出すものだ。効果的に運用すれば、最大の営業・マーケティングツールになり得る。本文にもあるように、カスタマーサクセスは正しいだけではない。緊急課題なのだ。そのため、私たちのチームは常に顧客の利用状況、定着率、そして最終的な収益に対する責任を負っている。私たちの成功は、顧客の成功と直接つながっているのだ。

今も成長中のカスタマーサクセスという原理原則の歴史と、その原理原則に対する考えをまとめてくれたゲインサイトに、心から感謝したい。本書は、カスタマーサクセスを日々の業務に導入したい会社にとって、取り掛かりから成功までが盛り込まれた素晴らしいガイドブックである。顧客重視の企業にとっては最高の時代がやってきた。そして、顧客の視点で未来を見通すことのできる企業にとって、チャンスは無限にある。そう、未来はもうここにあるのだ。

成功を祈って。

マリア・マルティィネス
（セールスフォース社セールス兼カスタマーサクセス部長）

第Ⅰ部

カスタマーサクセスの歴史、組織、必要性

第1章 サブスクリプションの津波
カスタマーサクセスの緊急性が急に高まった理由

カスタマーサクセスの誕生

2005年の春、マーク・ベニオフが自社の幹部を集めたのは、カリフォルニア州ハーフムーンベイの海辺にある静かな町の会場だった。当時、ここサンフランシスコに拠点を持つセールスフォース・ドットコム社は絶好調で、テクノロジー界でも類を見ないほどの勢いがあった。創業5年目となる2004年には、6月に株式公開（IPO）を果たし、下半期には契約数が88パーセント増となるなど状況はさらに上向いていた。2年前は6000社もいなかったCRMソリューションに加入した顧客の数は、2万社近くまで伸びていた。時価総額は2004年末時点で5億ドルだったが、2005年末までに4倍になる見込みだった。あらゆる数字が右肩上がりで、就職先や投資先としても人気が高かった。

会場は明るい空気に包まれていた。会社の成功を祝う者、市場拡大に合わせた急成長を続けるべく計画を立てる者や、輝かしい未来の姿を語る者もいた。そんな中、デビッド・デンプシーが壇上に上がる。この時のプレゼンテーションによって、その後彼はドクター・ドゥーム（「ドゥーム」は破滅という意味）の異名をとることになる。

デンプシーはアイルランド生まれで、当時すでにセールスフォースで5年間の実績を持っていた。それ以前、ちょうどＩＴバブルの時期の11年間に所属していたのはオラクルだ。２０００年初頭、デンプシーは元オラクルの幹部2人とともにベニオフに接近し、自信たっぷりにセールスフォースのヨーロッパ市場への拡大を提案した。数カ月の交渉を経て取引は成立。現在では、デンプシーの肩書は上級副社長兼グローバル更新統括だ。後者の役割としては、すべての定期収益（recurring revenue）型ビジネスの目標として、セールスフォースの年間契約のうち70～80パーセントを担当しており、２０１5年の更新額は50億ドル弱だった。

あなたも同様の役職であれば、事業の基本的な舵取りの方法はご存じだろう。優れた営業リーダーやＣＥＯは、市場や自社の事業で起きていることを理解して、事業が継続して成長するために、自分のコントロールできる範囲内で必要な手順を踏んでいる。その際、主要商品の変更や、新たな市場への参入といった戦略が必要になる場合もあるが、普通は同じ青写真が数年間は続く。ただ、デンプシーの場合は違った。セールスフォースは、サブスクリプション型の企業向け（Ｂ２Ｂ）事業を行う会社として、過去にない規模とスピードで成長を続けていた。つまり、デンプシーが直面したサブスクリプション型ソフトウェアの更新に関する状況やニュアンスを理解する必要のある者は、これ以前にはいなかったのである。

ソフトウェア登録の更新は、ハードウェアやソフトウェアについて従来行ってきたメンテナンス契約の更新とは違う。これまで、支払いを受けたベンダーはハードウェアやソフトウェアをデータセンターに設置して、事業の中核に携わっていた。そして、その中で顧客はあらゆる意味で縛られていた。ベンダーが顧客を縛ることができた要素のひとつは、ハードウェアのメンテナンスにかかるコストだ。ハードウェアが会社のインフラにとって必須であれば、普通は万が一の故障に備えた保険に金を払わざるを得ない。メンテナンスへの支払いが、その保険なのだ。おまけに、ハードウェアのベンダーは通常、メンテナンス市場を支配している。独占しているハードウェア機器に対して頻繁にアップグレードや交換を行うからだ。もちろん、そのうち別の会社も登場するが、ベンダーは事業の90パーセント以上を維持しているため、競争とは言っても名ばかりのものになる。ソフトウェアのメンテナンスは、ベンダーにとってさらにいい事業だ。自社が独占するソフトウェアのアップグレードやバグ修正に対応できる会社は他にないからだ。そのため、メンテナンス契約の更新（ハードウェアでもソフトウェアでも）は儀式のようなものであり、多少の折衝が行われる程度だった。残念なことに、このメンテナンス契約更新の考え方がデンプシー、つまりセールスフォースが扱うＳａａＳ（Software as a Service）（利用者側がソフトウェアを設置するのではなく、提供者側で稼働しているソフトウェアをネットワーク経由で利用するサービス）の世界にも引き継がれた。従来の考え方が、控えめに言っても誤解を引き起こしていた。

デンプシーの担当する更新は多くの場合、当然得られるものではなく勝ち取るものだった。Ｓａ

aSの製品のほとんどにおいて、選択権を持っているのは顧客だ。2万社の顧客にとって、セールスフォースは必須の存在であると同時に、あればいいという存在でもあった。これは、新たな市場（この時はCRM）では必ず直面する状況である。SaaSの更新において肝心なのは、契約更新しないという決定権は顧客側にあり、実際に更新が打ち切られる割合もメンテナンス更新の割合に比べるとはるかに高いということだ。それが、顧客が選択権を持っているということである。自社の製品の簡易版を同じ市場の別のベンダーがより安価で提供している。顧客はメンテナンス契約のように縛られることはないのだ。こうして定期収益型のビジネスモデルにおいて、力はベンダーから顧客へと移っていった。2005年のセールスフォースも例外ではなかった。顧客が選択権――競争相手から選ぶのか、自社ソリューションを確立するのか、そもそもCRMをまったく利用しないのか――を持ち、その選択権を行使する。そう、初めて顧客は選択権を得たのだ。

デンプシーが立っていたのは、このような現実だった。セールスフォースの契約更新の責任者は自分であり、他の誰もやってくれないこともわかっていた。デンプシーが他の幹部に伝えたメッセージは、朗報ではない。要点は簡潔で率直だった。外部からどう見えていようと、事業としてのセールスフォースは悪循環にはまっている。実績の伸長や驚異的な成長率の陰で、この事業には根本的な欠陥があり、現在の道をそのまま進んでいけば、その先は破滅だった。犯人を一言で表すなら、**チャーン**（churn：解約、離脱）だ。顧客がこれからは顧客を続けないと決める――チャーン。定期収益ビジネスにおいて顧客が十分な満足を得られなくなった――チャーン。今では常識になっている単純な概念だが、2005年当時はどのサブスクリプション型のB2B企業もまだ直面していなかった重大な事態。それが、チャーンだ。

当時、セールスフォースのチャーンレート（解約率）は8パーセントだった。悪くないように見えるかもしれないが、実はこの数字は**月当たり**のものだ。興味があれば計算してみてほしい。毎年、顧客のほぼ全員がいなくなることがわかるだろう。この頃セールスフォースが学習し始めていたことを、その後、他のあらゆるサブスクリプション型企業も学ぶようになる（ありがとう、セールスフォース！）。セールスファネル（潜在顧客が商品を購入し優良顧客に至るまでの過程を漏斗の形で表したもの）の上から取引を注ぎ込んで実質成長率を維持しようとしても、それ以上の速度で容器の底から顧客が漏れ続けていれば不可能だ。もちろん、獲得する新規顧客数を増やすことは可能だし、そうなれば素晴らしい。しかし、セールスフォースのような定期収益ビジネスの魅力や価値とは、**インストールベースの総額が増加する**部分にこそある。そのためには、新規顧客の獲得だけでなく、高いリテンション率とアップセル（ここでは既存顧客にさらに販売する手法）の成果が求められる。この3つの歯車がすべてかみ合ったときのみ、事業のエンジンは健全かつ投資に値するものになるのだ。

デンプシーのプレゼンテーションで目が覚めたベニオフは、全社規模でチャーンに着目し、チャーン数の計測と削減に向けた計画を進めた。正しい時期に正しい聞き手に向けて行われた、簡潔かつ事実に基づいたプレゼンテーションによって始まったこと。それは、わずか10年後の現在、あらゆる定期収益ビジネスにおける原理原則かつ事業の緊急課題として定着している。ドクター・ドゥームは、とても効果的なやり方で、カスタマーサクセス活動を生み出したのだ。

心理ロイヤルティと行動ロイヤルティ

カスタマーサクセスとは、つまるところロイヤルティだ。どの企業もロイヤルカスタマーが欲しいものだが、セールスフォースのような定期収益ビジネスにとっては、ロイヤルカスタマーは**必須**である。顧客の獲得には金がかかる。本当に高くつく。だから、獲得した顧客を手放さないことは、市場の大きさにかかわらず必須事項なのだ。高いチャーンレートを上回るペースで顧客を獲得しようとしても、負け戦は目に見えている。だから、ロイヤルティに頼っているビジネスでは、ロイヤルティという言葉の意味を理解することが極めて重要である。

ロイヤルティには種類がある、とこれまでも多くの場所で書かれてきた。一般的には、2種類のロイヤルティがあるというのが定説だ。心理ロイヤルティと行動ロイヤルティである。または、感情ロイヤルティと理性ロイヤルティと言われることもある。社会科学の話に踏み込むと複雑になるが、前提は単純だ。ロイヤルカスタマーには、そうすべきと考える人（行動または理性の側面）と、そのブランドや商品が好きだからという人（心理または感情の側面）がいるのである。ベンダーやブランドとしては、後者の方がずっと好ましい。後者の方が、高額な商品を買ってくれるし、他社との競争にさらされることも少ないし、自社ブランドのアドボケートになってくれる可能性も高いからだ。ある主婦がハンク・グロッサリーで買い物をする理由が、家から30マイル以内の場所にパンと牛乳を売っている店が他にはないからという場合、それは行動ロイヤルティだ。心理ロイヤルティもあるかもしれないが（夫の名前がハンクかもしれないし）、それでもこの主婦のロイヤルティの基本的な根拠は、他に選択肢がないことだ。これは極端な例だが、私たちもおそらくさまざまな製品に対して行動ロイヤルティを持っている。私は、9割方同じガソリンスタンドで給油しているが、その理由は、利便性の高さと（ほとんど調べていないが）安さだ。このガソリンスタンドでは、毎朝7時からの10分間、クレジットカードの機械が停止するのだが、それがちょうど私の通勤時間と重なるので苛立たしい。店側はこのことを知らない（私の不満を聞いたレジ係だけは例外だ）が、私には心理ロイヤルティとは逆の気持ちが生まれている。今のところは利便性の方が勝っている。しかし、近隣に同じ値段のガソリンスタンドがオープンすれば、この店は厳しい競争にさらされることになる。新しい店が機械の停止時間を朝7時ではなく夜中の3時に決めれば、いや、そもそも機械の停止時間を作らないことが大切だと気付いたなら、なおさらだ。

心理ロイヤルティは構築するのも維持するのもずっと大変である。高くつくからだ。単に持っているというだけでなく愛される商品の開発には、金がかかる。単に不満を持たれないようにするだけでなく喜びを与えられる体験を生み出すには、金がかかるのだ。娘が高校を卒業したとき、ノートパソコンが必要になった。デルの方が機能は優れていて値段も安かったにもかかわらず、娘はMacを買うと言って聞かなかった。なぜだろうか。私は論理的に話そうとしたが、娘は聞く耳を持たなかった。Macを選ぶ根拠となる情報として、スピードも機能も品質も一切挙げられなかったが、気持ちだけが決まっていたのだ。今も理由はわからない（娘はMacを手に入れたが）。もしかしたら、かっこいい子が皆Macを持っていたからかもしれない。自分のiPodを気に入っているからかもしれない。単にジーンズと黒のタートルネックが好きなのかもしれない。実際のところはわからない。しかし、この現象を何と呼べばいいかはわかる。心理ロイヤルティだ。いや、娘の場合は、感情ロイヤルティと呼んだ方が適切かもしれない（私たちの話し合いは涙で終わったからだ）。これこそ、私たちが顧客に求めているロイヤルティなのである。

アップルの歴史は、新聞でも書籍でも映画でもさまざまな形で記録に残っているので、改めて取り上げたりはしない。ここで考えたいのは、ロイヤルティの観点である。まるで魔法のように見えることが、実際には魔法でも何でもないという話だ。アップル製品やパッケージ、広告、そしてプレゼンテーションの質は確かである。購入行動を生み出すだけでなく、何らかの形で心の琴線に触れるような体験をも生み出してくれる。スティーブ・ジョブズほど心理ロイヤルティの生み出し方に優れた人物は、後にも先にもいないかもしれない。そして、これは文字どおりプライスレスなのだ。アップルの熱狂的なロイヤルカスタマーにとって、製品の品質がそれほど高くはなくアップルの事業が危機に瀕していた頃は、厳しい時代だった。アップルが復活を遂げたとき、ほぼすべてのロイヤルファン（一部は購入客でさえなかった）は元のまま残っており、アップルが多少なりともこの熱狂の根拠となるような製品を作ってからは、トップ（歴史上最も価値の高い会社）への道のりはあっという間だった。

ここからが要点だ。これがカスタマーサクセスとどう関係するのだろうか。実は、カスタマーサクセスとは、心理ロイヤルティを生み出すための手段なのである。このことに気付いたマーク・ベニオフの率いるセールスフォースは、10年間、莫大な時間と金をカスタマーサクセスに投じてきた。行動ロイヤルティは、特に最初の数年間は選択肢になり得なかった。当時は、利用できるのがセールスフォースのみという状況ではなかったうえに、ソリューションの一本化や切り替えは高額すぎて金も気持ちも投じてもらえなかったため、顧客をとどめておく手段がなかったのだ。今では、セールスフォースの製品は顧客の事業の中心にあるし、もはや他社への切り替えは困難なのだから、セールスフォースの顧客には行動ロイヤルティがあるのでは、という意見もあるだろう。だが、現在でも顧客の多くが心理ロイヤルティを持っている——信じられなければ、ドリームフォース（セールスフォースが毎年主催しているカンファレンス）をのぞいてみてほしい。心理ロイヤルティこそが、セールスフォースと顧客の両方にとって最善の道なのである。

スティーブ・ジョブズもまた、心理ロイヤルティが緊急の課題であることを認識していた。それが、エレガントで美しい製品を作るだけでなく、カスタマーサクセスにも投資した理由だ。だがここで、マーケティングの伝道師でもあったジョブズは、カスタマーサクセスとは違う言葉を選んだ——ジーニアスバー（アップル製品の相談窓口）だ。アップルが小売店を作ることを決めたとき、反対した人は多かった。歴史上、コンピュータの小売店がうまくいったためしはないではないか（ゲートウェイよ、安らかに眠れ）。だが、ジョブズには確信があった。個人向けのテクノロジーブランドの小売店も、コアファンさえ付いてくればうまくいくと考えたのである。そして、ジョブズのもくろみどおり、うまくいった。

新型iPhoneが発売されれば3日前から店頭に長蛇の列ができるほどの人気があるのだから、投資する気にもなるはずだという人もいるだろう。だが、ジョブズの考えはもう一歩先にあった。店舗に製品を並べて販売するだけでは、たとえ各店舗に優秀な販売員がいても十分ではないと考えた。ジョブズは、店の奥にスペースを作り、そこにカスタマーサクセスマネージャー（CSM）を設置したのだ。**カスタマーサクセスマネージャー**の詳細については本書の後半で述べるが、簡単に言うと、「顧客が自社製品の価値を最大限に引き出せるように手助けする人物」ということになる。これがアップルストアのジーニアスたちが目指したものだ。アップルにとって、各店舗の店員のうち10〜20人をジーニアスにすることは安い決定ではなかった。これまで述べたように、心理ロイヤルティは安くないのだ。しかし、この決定はベンダーと顧客との関係性に変化をもたらした。個人的な関係が生まれただけでなく、単なる購入のみの関係ではなくなったのである。

個人向けの商取引を行う企業や小売企業のうち、この方法を理解しているところは本当に少ない。顧客サービスを重視しているところとして挙げられるのは、ザッポスやノードストロームだろうか。アマゾンも方向性は違うものの、商品に「プライム」を付けるという手法を採っている。だがおそらく、このほかにはあまり思い付かないのではないか。興味深いことだが、アップルストアのジーニアスの中にはまったく天才《ジーニアス》とは呼べない人がいることを皆わかっている。ジーニアスとのやり取りで不満を感じた経験のある人も多いだろう。それでも、ジーニアスが存在して現実の顧客に接して手助けすること、そして最低限だとしても関係を築くこと自体が心理ロイヤルティを生み出している。これがカスタマーサクセスの秘訣だ。アップルのようなやり方で熱狂とロイヤルティに取り組む会社はまずない（そもそもこれは諸刃の剣だ）が、それでも多くの会社は、顧客に対して単なる客ではなくアドボケートになってほしいとは思っている。必要なのは行動ロイヤルティではなく心理ロイヤルティだ。カスタマーサクセスはそのための手段なのである。

マーク・ベニオフがカスタマーサクセスを生み出したのは、チャーン削減という必要に迫られたからだ。スティーブ・ジョブズがカスタマーサクセスを生み出したのは、そうすればアップル製品への心理ロイヤルティが高まるだろうという直感によるものだった。現代の私たちは幸運だ。自社のビジネスモデルがどんなものであっても、カスタマーサクセスの成功を証明した2人の偉人の足跡をたどることができるのだから。定期収益ビジネスであればもちろん自明だし緊急度も高いが、それ以外の個人向け事業でも有益性は変わらない。

ティエン・ツォは、セールスフォースの11番目の社員だった。だからあの日、ハーフムーンベイでドクター・ドゥームのプレゼンテーションが行われたときに彼が同じ部屋にいたのは、偶然ではない。ツォは、自身がCEOを務めているズオラ（Zuora：サブスクリプション支援のSaaS企業）で、**サブスクリプション・エコノミー**という言葉を編み出した。従来のビジネスが定期収益モデルへの移行によって混乱するという状況の変化を表した言葉だ。ツォはこう言う（初めてこの発言をしたのは彼ではないかもしれないが）。「従来のビジネスでは、顧客との関係の終着点は購入でした。サブスクリプションビジネスでは、購入は顧客との関係の始まりなのです」。この違いは大きい。そして、ベニオフとジョブズはどちらもこのことに気付いて、莫大な投資を行った。ベニオフが作ったのは、史上最も成功したサブスクリプション型ソフトウェア会社だ。そして、ジョブズはこれまでにはなかったやり方で、サブスクリプション型の考え方や態度をサブスクリプション以外のビジネスに導入した。定期収益ビジネスの選択肢は無限ではないため、今後は従来型の会社でも同じ道を選ぶところが増えていくだろう。

サブスクリプションの津波

カスタマーサクセスというと、マーケティングの部署が思い付いたキャッチフレーズのように響くだろうか。あるいは、心から顧客のことを考えているCEOだという印象を与えるためにPR会社がでっち上げたお題目だと感じるかもしれない。だが、今日の定期収益ビジネスにおいて、カスタマーサクセスは単なるキャッチフレーズでもなければ、うわべだけのマーケティングキャンペーンでもない。ベニオフとセールスフォースが証明したように、カスタマーサクセスはサブスクリプションビジネスの中で欠かせない部分であり、投資も関心もリーダーシップも求められる。「顧客第一」や「お客様は神様」のようなリップサービスではないのだ。このような文言は聞こえはいいが、威勢がいいのはキャンペーンの最初だけですぐ尻すぼみになる。例外は、情熱的でカリスマ性のあるリーダー（トニー・シェイのような）が率いている場合か、事業上の必要に迫られている場合だ。本書全体で述べるが、カスタマーサクセスが分類されるのは明らかに後者だ。情熱的でカリスマ性のあるリーダーは助けにはなるかもしれないが、必須ではない。サブスクリプション・エコノミーにおいて企業の生死を決めるのは、カスタマーサクセスなのだ。

ビジネスの世界では、組織の変革は現実にはめったに起こらない。自社の今の組織について考えてみてほしい。営業部門、マーケティング部門、製品開発部門、財務部門、サービス部門など、企業内の基本的な機能は数百年間変わっていないはずだ。ビジネスの世界ではその間に重大な変化が起きているにもかかわらず、である。人事部門は新しい部署ではないかという意見もあるかもしれないが、実際には人事部門も別の組織からもたらされたわけではなく、必ず内部から発生している。基本的な構造が変わらない中で、過去70年間で革新と言えるのは情報技術（ＩＴ）だけかもしれない。革新の理由は明らかで、それは私たちの仕事のあらゆる側面にテクノロジーが存在することだ。ＩＴの次に来る大幅な組織変革こそが、カスタマーサクセスだと言える。ＩＴと同じく、カスタマーサクセスでも他の部分の変化が変革を生み出した。ここで変化しているものとは、ビジネスモデルだ。サブスクリプションの流行は最高潮に達している。その範囲は、ソフトウェアから音楽、映画、さらにはダイエットプログラムにまで及ぶ。投資家や株式市場の心をつかむ方法は、大勢の顧客から毎月支払いを受けられるような事業を作ることだ。ウォール・ストリートや投資界が好む方向に、ＣＥＯも進んでいくのである。サブスクリプション型が不可能な事業なら、おそらく従量課金型を選ぶだろう。これも特徴や求められるものは同じだ。サブスクリプション自体は新しいものではない。新しいのは、既存の事業がサブスクリプション以外のモデルからサブスクリプションモデルへと移行していることだ。誰もが定期収益という機能を自社のビジネスモデルに導入する道を探っているし、理想を言えば、一機能だけでなく会社全体を定期収益モデル化したいと思っている。15年前にこの動きが始まったのはソフトウェア業界だが、この津波はその後、ほぼあらゆる業界に及んだ。

だから、本書が必要なのだ。サブスクリプションの津波は現在も勢いを増して、ソフトウェア業界に甚大な影響をもたらし続けている。カスタマーサクセスとは、この津波が引き起こした第2の波なのだ。しかし、「カスタマーサクセス」が指しているのは新しい組織のことだけではない。ソフトウェアやテクノロジー以外の業界やB2B事業ではない会社にもその手法が広がりつつある、一種の理念なのである。最近まで**カスタマーサクセス**という言葉では説明されていなかったかもしれないが、アップルの事例のように、同じものがあちこちで見られるようになった。その要因は技術そのものと、情報の利用しやすさ（つまり、インターネット）だ。今や、自社の事業が何であれ、この波にどう対応すべきか理解しておかなければならない。それでは、まずはすべての始まりである、企業向けのソフトウェアにおけるカスタマーサクセスの起源を探ってみよう。

ソフトウェアが世界を飲み込んでいる。これは、ソフトウェア界の巨人であるマーク・アンドリーセンの発言だが、彼が2011年に有名なエッセイ「ソフトウェアが世界を飲み込む理由(Why Software Is Eating The World)」を書いた当時、この意見はわずかに物議をかもした程度だった（このエッセイはウォール・ストリート・ジャーナル日本版に「世界を席巻するソフトウエア産業」の邦題で掲載。http://jp.wsj.com/public/page/0_0_WJPP_7000-293050.html）。

現在、彼の見解は大胆で未来的なものというより、疑いの余地がないものとなっている。ここに真実が含まれているなら、どのビジネスリーダーもシリコンバレーで起きていることを何としても理解しなければならない。ソフトウェア業界がここ15年間で経験しているのは劇的な変革であり、変革の中心にいるのは顧客である。この変化を引き起こしたのは、インターネットの広がりと、いわゆる**クラウド**の出現だ。実際、変革が始まって以来、BC（クラウド以前）とAC（クラウド以後）とで物事の進め方はかけ離れている。この変革はソフトウェア会社のほぼあらゆる業務を変えたが、それは顧客のレンズを通すと最も実感しやすい。特に、ACとBCとを比較すると、企業向けソフトウェアの購入者にとって大きく変わったことが2つある。

❶ソフトウェアを購入する方法

❷顧客生涯価値（LTV：lifetime value）を満たす方法

この2点は密接に関連している。1点目は2点目の理由なのだ。正確に言うと、購買プロセスにおける大きな変化とは、顧客がソフトウェア製品を購入する**方法**ではなく、ソフトウェア製品を**購入すること自体の変化**である。BCの時代は現代と異なり、購入取引とは実質的に所有権の移行だった。このモデルのことを一般に**永久ライセンス**というが、この場合、取引時点でソフトウェアを使用できる所有権はベンダーから顧客へ譲渡される。この特性だけでも、ベンダーは自社のビジネスモデルを成り立たせるには金額を最大にせざるを得ない。その結果、最初のソフトウェア購入時点での費用は相対的に非常に高くなった。関連するハードウェアの費用は言うまでもない。特に企業を対象としたソフトウェア会社にとっては、これが採算性を高める唯一の道だったのだ。

消費者の側からこの問題を考えれば（記憶を呼び起こされる読者もいるかもしれない）、この変革がどれほど劇的だったかを実感できるだろう。

音楽

16歳のときだ。私はラジオから流れてきた曲に魅了された。クイーンの「ボヘミアン・ラプソディ」だ。最高だが複雑な曲だったので、何度も繰り返し聴かなくてはと思った（おそらく母は後半については同意しなかったが）。だが、当時その目標を叶える唯一の方法は、アルバムを買うことだった（興味があればだが、アルバム名は『オペラ座の夜』だ）。だから私は実行した。最寄りの音楽ショップに行き、８トラック（何のことかわからない人は調べてほしい）に16ドル99セントをポンと支払った。16歳の子供にとっては大金だ。要するに、私は1曲のために17ドルを支払ったのである。さらに、曲を流すには非常に高価なステレオ機器も必要だった。高さ３フィートのスピーカーが付いていて、バー・スツールにもなるものだ。こうして、私はステレオ機器に１０００ドルとアルバムに17ドルを支払った。これが1曲を聴くための費用だ。過去50年のほとんどの間、消費者が音楽所有権を購入するとは基本的にこういうことだった。

音楽の形式が変わったことやナップスターの存在を除けば、私たちの音楽の楽しみ方における最初の大規模な変革をもたらしたのはアップルである。ｉＴｕｎｅｓで、１曲99セントで購入できるようになったのだ。これは、音楽業界にとって革命的だった（文字どおり、革命の始まりだった）。実際、これによって音楽業界は根本的に永久に変わってしまったが、ソフトウェア業界と同じことが起きたのは、パンドラやスポティファイなど音楽のストリーミング配信サービスが登場したときだ。今や、曲は購入するものではなくリースするものだ。そして、曲を聴く回数によって、１曲当たりの価格は数セントかそれ以下になることもある。私もわずかな金額を払えば「ボヘミアン・ラプソディ」をパソコン（もともと他の目的で購入したものだから、ここでは金額は考慮しない）で何千回も聴ける。また、この変革にイヤホンと安価な携帯音楽プレーヤー（ＰＭＰ）が付いてきたのも、私たち親からすればありがたいことだった。では、音楽の購買（またはリース）にこのような変革が起きた要因は何だろうか。テクノロジーとインターネットだ。ＣＲＭシステムにおける企業の購買行動にも、まったく同じ要因で変化が起きている（表1・1）。

ソフトウェア――シーベル型とセールスフォース型との比較

ＢＣ時代、一般に行われていたのはソフトウェア取引だ。表1・2に概要をまとめているが、代表的な企業はシーベルで、数百万ドル規模の取引が行われていた。また、最初の取引で発生する金額が、その後顧客が生涯でベンダーに支払う金額全体の50パーセントを超えるのも稀ではなかった。ソフトウェアメンテナンス費が生まれる以前の創成期は、最初の金額が全体の80～90パーセントを超えていた。セールスフォースの事例（ＡＣ）と比べると、前述したポイントの2番目が実感できるだろう。１人１人の顧客による、はるか長期にわたるＬＴＶの実現だ。

何が起きたのか、そしてその理由を理解するのは難しいことではない。たとえば、私がソフトウェア会社のＣＥＯで、あなたに自社ソリューションを３００万ドルで売ったとする。私はその時点で、今後あなたが顧客でいる間に得られる金額は残り50万ドルだとはっきり認識しているのだ。この事実を考慮すると、３００万ドルが私の口座に入金された瞬間に私にとってあなたの価値はほぼ完全に消え去ってしまう。何も、私や過去・現在のＣＥＯが顧客のことを考えていないわけではない。もちろん考えている。ご存じのとおり、顧客にはレファレンス、ケーススタディ、口コミなど金銭を超えた価値がある。だが、その付加価値は（それ以外に、今後の製品購入やライセンス購入、

表 1.1 クラウド前後における音楽の楽しみ方

	クラウド以前	**クラウド以後**
所有権	アルバム	なし：リース／サブスクリプション
価格	1 曲当たり 1 ドル	1 曲当たり 0.01 ドル
数量	15 曲	数百万曲
ハードウェア	ステレオ	PMP ／スマートフォン／パソコン
	大型スピーカー	イヤホン
ハードウェアの価格	1000 ドル以上	PMP…50 ドル、既存の機器…0 ドル
利用できる場所	家／車内	どこでも

表 1.2 クラウド前後におけるソフトウェアの使い方

	クラウド以前	**クラウド以後**
所有権	アプリケーション	なし：リース／サブスクリプション
価格	200 万ドル	月 2000 ～ 2 万ドル
ハードウェア	サーバー	サブスクリプションに含まれている
	ネットワーク	サブスクリプションに含まれている
	ストレージ	サブスクリプションに含まれている
ハードウェアの価格	200 万ドル	サブスクリプションに含まれている
導入にかかる期間	9 ～ 24 カ月	0 ～ 6 カ月
人数	大勢	少数
利用できる場所	オフィス	どこでも

さらにはメンテナンス費などの金銭的価値が加わったとしても）私の事業が今後成り立つかどうかという根本的な部分には影響しない。私は生き残れるし、成功さえするだろう。別の顧客にも同じ金額で販売し続けることができるからだ。私は心から顧客の成功について考えているかもしれない。しかし、顧客が価値を得られているか否か、そしてそもそも顧客がソリューションを使っているか否かが根幹に影響しないのであれば、私はおそらく顧客が確実に成功するために莫大な投資を行ったりはしないだろう。その結果生まれてしまった言葉が、「**シェルフウェア**」だ。これは、ソフトウェアを購入した客がその後使わずに放置している状態を面白おかしく表した言葉だ。ちなみに、この問題は現在でも起きている。定着率の問題は、ＳａａＳにも解決できなかった。むしろ、当時より今の方が問題は大きくなっている。

今でも以前のやり方で販売される企業向けソフトウェアも多いが、風潮はすっかり変わっている。現在、ソフトウェア会社の大多数が採用している新たなモデルでは、ソフトウェアの販売はもはや中心ではなく、リース主体となった。この新たなモデルであるＳａａＳでは、顧客は自分自身のソフトウェアを持たない。期間限定の契約でソフトウェアの使用権を得て、サブスクリプションベースで支払う。ソフトウェア会社には、自社ソフトウェアを月単位でリースするところが多いが、年間契約かもっと長い期間の契約を採用しているところもある。しかし、どの場合でも、サブスクリプションには終了日があり、更新が必要となる。これが、サブスクリプション・エコノミーだ。もはや、最初に多額の金が一度に動くことはない。ソフトウェアは短期契約でリースされるものなのだ。このサブスクリプションの概念がさらにもう１段階進んだのが、従量課金モデルである。グーグルアドワーズやアマゾンウェブサービス（ＡＷＳ）が、従量課金制の例だ。どちらのモデルでも、顧客が極めて重要な存在となる。最初の取引における支払いだけでなく、その後のＬＴＶが非常に大切だからだ。その点を網羅するような理念や組織が求められる。それがカスタマーサクセスなのだ。

要するにカスタマーサクセスとは、顧客の成功につながるような組織または理念である。ごく当然の話をしているようにも思えるが、前述のとおり、本当の意味で顧客の成功が事業の緊急課題ではなかった時代もあった。今ではもうそんなことはない。現在、定期収益モデルがうまく回っている場合、顧客が取る行動は主に次の２つだ。

❶あなたの顧客を続ける
❷あなたからもっとモノを買う

現在のＣＥＯが直面しているのは、顧客がどちらの行動も取ってくれなくなったら、自分の事業が成功するチャンスはないという現実だ。そうなれば経営も立ち行かなくなる。だからこそ、カスタマーサクセスが緊急課題なのだ。

話を先に進める前に、サブスクリプション・エコノミーの起源を簡単に確認したい。サブスクリプション・エコノミーが始まったとき、そこにあったのがＳａａＳだ。まずは歴史を理解しよう。あらゆる定期収益ビジネスは、創成期のＳａａＳ企業の足跡をたどっているからだ。

サービスとしてのソフトウェア（SaaS）の誕生

１９９５年の秋、ジョン・マカスキーはカリフォルニア州パロアルトのスタンフォード・ブックストアに入り、数冊の本を買った。『ＨＴＭＬとＣＧＩによる世界的ウェブプログラミングの基礎』、『ＨＴＭＬとＣＧＩの開放』、オライリーの『プログラミング Perl』などだ。当時、マカスキーはシリコングラフィックス（ＳＧＩ）という会社のマーケティング部長だった。職種はマーケティングでもエンジニア気質を持っていた彼にとって、新たな本の収集は単なる趣味ではなく、ある目的があった。マカスキーの意図は、社内のプログラムを作り変えてＳＧＩのビジネスインテリジェンス（ＢＩ）ツール「ＭＹＯＢ」（mine your own business：自分自身のビジネスを掘り起こす、の意味）が楽に使えるようにすることだった。ＭＹＯＢはビジネスオブジェクツ上で構築されたもので、その目的は、会社の製品の販売に関するヒントをマーケターに示すことである。マカスキー版のプログラムが形になるにつれて、これは「ＭＹＯＢライト」と呼ばれるようになった。

同じ年、町の反対側では、自称ハッカーで後にシリコンバレーのアイコンとなったポール・グレアムが、友人のロバート・モリスとトレバー・ブラックウェルとともにヴィアウェブという会社を設立した。ヴィアウェブはアプリケーション名でもある。元はウェブジェンという名前だったこのアプリケーションは、技術経験の少ないユーザーでも自分自身のオンラインストアを構築して運営できるようにするものだった。

ＭＹＯＢライトもヴィアウェブも大いに成功した。ＭＹＯＢライトはＳＧＩのコミュニティ内で盛り上がった。アクセスのしやすさと使いやすさで、５００人以上のマーケターと幹部がすぐに導入して利用するようになったのだ。一方、ヴィアウェブも商業的に成功を収めた。１９９６年末には70店舗を超える程度だったオンラインストア数は、１９９７年末までに５００店舗以上へと膨れ上がった。１９９８年7月にヴィアウェブは５０００万ドルでヤフーに売却され、名称をヤフーストアと変えている。グレアムはその後Ｙコンビネータを設立し、技術インキュベーターとして幅広い成功を収めた。ここから、ドロップボックスやエアビーアンドビーなどの優れた企業が多く生まれている。

現実世界での成功や、考案者がその後飛躍するきっかけになったこと以外にも、ヴィアウェブとＭＹＯＢライトには重要な共通点がある。ユーザーインターフェース（ＵＩ）に使われたのが汎用性のあるウェブブラウザのみだったことだ。ポール・グレアムは、**アプリケーションサービスプロバイダー（ＡＳＰ）**としてヴィアウェブを参考にしたし、ジョン・マカスキーのアプリケーションとは要するにビジネスオブジェクツの実装からビジネスオブジェクツを取り除いた簡易版だった。言い換えると、ヴィアウェブとＭＹＯＢライトの2つは史上初のＳａａＳアプリケーションだったのである。**ＳａａＳ**は、クライアント側のソフトウェアが不要なアプリケーションを指す。ユーザー側でアプリケーションを動かすのに必要なのはウェブブラウザだけだ。現在、ＳａａＳアプリケーションは数千～数万の規模になっていて、私たちも毎日利用している。フェイスブック、ドロップボックス、アマゾン、イーベイ、マッチ・ドットコム、セールスフォース・ドットコム、他にもあらゆるソフトウェアアプリケーションがここ5年間で開発されてきた。しかし、1995年の時点ではこの概念は革命的であり、ソフトウェア業界に激震を引き起こしたのである。

SaaSは本当に何もかもを変えてしまった。ソフトウェアを買う人は購入ではなくリースを選べるだけでなく、そうすることで契約する金額がずっと少なくてすむ（37頁、表1・2）。さらに、ソフトウェアを動かすために高いハードウェアを購入する必要もなければ、そのハードウェアを置いておくための高価なデータセンターも不要だ。高いステレオ機器の話を思い出してほしい。あれは、BC時代のソフトウェア世界におけるデータセンターを音楽の話に置き換えたものだった。それだけではない。データセンターの運用や新しいソフトウェアの管理を行う担当者を高い給与で雇う必要もないのである。アプリケーションは今もサーバー上にあるが、そのサーバーを保有・管理しているのはベンダーであり、顧客ではない。顧客が行うのは、ウェブブラウザとURLを使ったアクセスや運営だ。現在、データセンターのほとんどはごく少数の会社に集約されている。サーバースペースのレンタルやセキュリティや必要に応じたインフラの拡張はそれらの会社が行うため、多くの場合、ソフトウェア会社は自前のソフトウェアさえ用意する必要がない。この重要な役割は、アマゾンウェブサービスやラックスペースなど別の会社に外注されるのが普通だ。

SaaS → サブスクリプション → カスタマーサクセス

ソフトウェア販売の新たな方法であるSaaSへの移行は、何よりも重要な変革へと直接つながった。サブスクリプション型ライセンスだ。顧客がアプリケーションを動かすためにハードウェアを購入する必要がなくなれば、次は当然の流れとして、ソフトウェアの購入も不要になる。従来、ハードウェアやデータセンターやセキュリティの費用を払うのも、そのすべてを動かすのに必要な人員の給与を負担するのも、顧客だった。しかし現在、ソリューションに必要な要素とソフトウェアはすべてベンダーが準備している。それによって、サブスクリプションにはベンダーの価格モデルという新たな道が開かれた。クラウド以前、ソフトウェアは必ず顧客が購入・保有するものだった。前述した「永久ライセンス」だ。しかし、インターネットとＳａａＳが提供《デリバリー》モデルとして登場したことによって新たな選択肢が生まれた。多くの人にとって今では唯一の選択肢である、ソフトウェアをリースするだけというものだ。今では、このようなサブスクリプションのことを「ソフトウェア・サブスクリプション」と呼ぶことが多いが、実際には、顧客がリースしているのはソフトウェアだけではない。ソフトウェアを動かすのに必要なインフラ全体のうちある部分を、普通は月額または年額契約でリースしているのである。

　この２つの変革はほぼ同時に起きており、密接に関連してはいるが、ここでは分けて考える必要がある。ＳａａＳは提供モデルの一形態である。簡単に言えばアプリケーションをウェブブラウザ上で動かせるようなモデルのことで、顧客が出荷されたＣＤやデジタル配信を受け取って自分のパソコン上で動かすという従来の形式とは反対のモデルだ。一方、サブスクリプションは単なる支払方法だ。この２つの概念は深く関連し合っているので、今ではＳａａＳについて言及された文書はそのほとんどが販売と支払方法という両方の要素に触れている。

　この激震が持つ震度とソフトウェア業界に与えた影響、さらにソフトウェア以外の分野に広がった余波について、現実以上に誇張するのは難しい。ＳａａＳ（両方の意味での）は、ウォール・ストリートからメイン・ストリートまであらゆる人のソフトウェアに対する考えを変えてしまった。一例が財務である。ＳａａＳによって、企業の財務管理や報告の方法すべての見直しが必要となった。収益はもはや王様ではなく、年間定期収益（ＡＲＲ：Annual Recurring Revenue）にその座を譲っている。ＳａａＳの世界における採算性は、もう企業誕生からの数年間で採算が取れるようになるかを予測してもわからない。新規顧客の獲得のためにあらかじめ負担すべき費用は非常に大きく、それに比べれば月ごとに得られる支払額は小さいからだ。しかしウォール・ストリートは、ソフトウェアへの月または年ごとの支払いが続くことで成長するというインストールベースには長期的な価値があると認めている。セールスフォースや、マーケティングソフトウェアのハブスポット、企業向けファイル共有サービスのボックスなどの上場ＳａａＳ企業の時価総額を調べて、株式市場の投資家が会社の価値を測るために従来使用していた指標、つまり一株当たり利益（ＥＰＳ）と比較してほしい。ＥＰＳはほとんど存在しない。利益がないからだ。それにもかかわらず、上記企業の時価総額は20～500億ドルと見積もられている。なぜだろうか。既存顧客の数が増え続けているからだ。既存顧客はソフトウェアへの支払いを決してやめないし、顧客でいる限り毎年利益を増やし続けてくれる存在なのである。いや、そうだろうか。本書の最初に書いたセールスフォースの話を思い出してほしい。顧客がずっと支払いをやめないで増え続けるという保証は何もない。だからこそ、カスタマーサクセスが登場したのである。

ＳａａＳが提供《デリバリー》方法となり、サブスクリプションが支払方法となる。そのことで最も強く影響を受けたのは、もしかすると企業間取引における力関係かもしれない。力の大部分がベンダーから顧客に移行したのだ。考えてほしい。顧客はもうハードウェアもソフトウェアも買う必要がないし、データセンターの設定や運営をする必要もないし、そのすべてを管理する人を高い金で雇う必要もない。単にベンダーからすべてが含まれたパッケージをリースするだけでいいのだ。つまり、顧客はやめたいと思ったら、いつでも利用も支払いもやめられる。顧客からすれば、最初に払うコストや新たなソリューションを獲得するリスクが劇的に減らせる。コストもリスクもベンダー側に移行しているからだ。もちろん、それでも切り替えにかかるコストは残ることが多いが、従来のソフトウェアの永久ライセンスに比べれば微々たるものだ。

極端な例として個人向け事業で考えてみると、本を買うサイトをアマゾンからバーンズ・アンド・ノーブル（どちらもSaaSソリューションだ）に切り替える場合と似ている。今利用しているのがアマゾンだとしたら、おそらくアマゾンにクレジットカード情報や本の配送先の住所を登録しているし、すでにウェブサイト（製品ページ）をどう進むと欲しいものを見つけて購入できるかも把握しているだろう。ワンクリック注文やプライムによる無料配送の方法も知っているかもしれない。つまり、次から本の購入をバーンズ・アンド・ノーブルに切り替えるには、多少の面倒があるということだ。欲しい本を探して、その本をショッピングカートに入れてから、クレジットカード情報や配送先住所の入力といった支払いの手続きを行う。その一連の方法を調べないといけないのだ。負担はゼロではない。とはいえ、我慢できないほど辛いわけではない。企業向けソフトウェアソリューションの切り替えにかかる複雑さとコストは、個人向け事業の例よりずっと高いが、それでも前述のとおり、従来の企業型ソフトウェアに比べればずっと実現性（と可能性）が高い。今、このリスクを抱えているのは、ほぼソフトウェアのベンダー側なのだ。

この現象の要因は、インターネットの登場と、それに伴って世界中ほぼすべての情報に簡単にアクセスできるようになったことだ。

個人向け事業からもうひとつ例を挙げよう。新車を買う場合だ。かつて、車を購入するプロセスのほぼすべてを、メーカーの営業担当者が支配していた。彼らは、車に関してほぼ何でも教えてくれる存在だった。機能やオプション、パッケージに何が付属するのかを、私たちは営業担当者との会話の中で理解した。最終価格についても、営業担当者（とその上司）との交渉**のみ**で決められていた。要するに、プロセス全体を営業担当者が掌握していたのである。時は進んで2015年。車に関する調べものはすべてインターネット上で完結できるようになった。車の部品表を見たければ本当に何でも見られる。ディーラー別の価格もわかるし、1年目と2年目で車の価値がどのくらい下がるかも、ディーラーがメーカーからいくら手数料を得ているかもわかる。さらに、営業担当者はおそらく知りえない、フェイスブックの友人10人のうちその車を気に入っている人数のような情報さえわかるようになった。試乗のために店舗に出向くことを決める前に、私たちはもうその車について営業担当者以上に知っている。インターネットによって、ディーラーや営業担当者から私たちの手に力が移った。革命である。

企業向けソフトウェア購入のプロセスも同じように変化しており、この流れはもう元に戻らない。最初に支払う金額は下がり、社内リソースの要件は減り、拘束度合いも縮小し、切り替えにかかるコストもこれまでよりずっと少ない。さらに、そのソリューションを購入して使ったことのある人の情報にも事欠かないし、その中には直接の知り合いも多くいるかもしれない。繰り返すが、力は売り手から買い手へと劇的に移ったのだ。

そもそも、これが世界のあるべき姿ではないだろうか。売り手ではなく買い手が主導権を握っているべきではないか。ソリューションは、顧客が支払い続けられるように機能しているべきではないか。もっといいソリューションに切り替えたいと思ったら、簡単にそう選択できるべきではないか。ベンダーは顧客の事業が毎月、毎年利益を得られるようにすべきではないか。そう、もちろんそうなのだ。小売業界はずっとそうやって動いてきた。もし、メイシーズ（米国の大手百貨店）での買い物で嫌な思いをして金を払う価値がないと思ったのなら、二度と行く必要はない。3年前に契約を結んで3万2000ドル払ったから服はすべてメイシーズで買わなければ、などと縛られたりはしない。コールズに足を運んで試してみればいいだけだ。これまでのメイシーズのクレジットカードは使えないが、もっといいソリューションを得ることや買い物でいい気分になれることに比べれば、そんな不便さは些細なことである。

ここで少し話題を変えて、SaaSについて財務面から簡単なレクチャーを行いたい。この後の内容すべてに関連する部分だ。先ほど、SaaS企業の事業を測る主な基準としてARRに触れた。ARRとは年間定期収益のことだ。またはACV（Annual Contract Value：年間契約額）と呼ぶことも多い。どちらも要するに、顧客がソフトウェアに対して繰り返し支払う金額を年額に換算したものだ。たとえば、20人の顧客からの支払いが毎月1000ドルずつという場合、ARRは20人×

1000ドル×12カ月で24万ドルとなる。6人の顧客が全員2年契約を200万ドルで結んでいるなら、ARRは6人×200万ドル÷2で600万ドルだ。会社の総ARRまたは総ACVは、インストールベースを年額に換算した金額が用いられる。この数字を年額ではなく月額で見る企業も多く、その場合は月間定期収益（MRR：Monthly Recurring Revenue）という指標を使うことになる。

SaaS財務のMBA取得が目標というわけではないので、ここで理解しておかないといけないのはあと1つだけだ。本書を読む理由につながることであり、既存顧客の価値が変化している部分である。先ほどの例が完璧に予想どおりに進めば、この架空の会社における20人（または6人）の顧客はずっと顧客であり続けて、毎年1万2000ドル（または100万ドル）を支払ってくれる。これが完璧な予想だが、あらゆる意味で完璧にはいかない。完璧な世界なら、価格が上がったり、値引き率が下がったり、顧客がライセンスを増やしたり、別の製品をあなたから購入したりといった理由で、毎年顧客の支払う金額は上がっていく。そうすればARRが600万ドルだった会社は、**自社ソフトウェアを別の顧客に販売しなくても**ARRを800万ドルに増やせる。これが、成功を収めているサブスクリプション型企業の根幹をなす重要な要素だ。インストールベースの価値が上がるのである。

残念ながら、人生におけるほとんどの事柄と同じく、サブスクリプションも諸刃の剣だ。会社のインストールベースの価値は縮小することもあるのである。顧客は、今後は顧客をやめようと決めるかもしれない（セールスフォースのエピソードだ）。契約更新時に値下げ交渉を持ちかけるかもしれない。顧客は続けるものの、製品やライセンスのみ返却するかもしれない。このような顧客の行動はどれも、会社のＡＲＲの減少につながってしまう。その総称が**チャーン**である。チャーンとはつまり、これまではＡＲＲだったが今後はもうＡＲＲでなくなる金額のことだ。また、かつては顧客だったがもう顧客でなくなってしまった人を指すことも多い。これを**カスタマーチャーン**という。ＡＲＲの減少における広い意味合いでは、ドルのチャーンという言い方もある。

ここでようやく、問題の核心に近づいてきた。自社のインストールベースの管理である。定期収益を増やしてチャーンを減らすのだ。もちろん、何らかの介入をするか、せめて育てない限り、そんな成果が得られることは決してない。顧客とベンダーがどちらも何の行動も起こさなければ、離れ離れになってしまう。湖の真ん中で並んだ2艘《そう》のボートに誰も乗っていないようなものだ。並んだ状態は確実に保てなくなり、おそらく近くにすらいられなくなる。少なくともどちらかのボートには人がいなければいけないし、できれば両方に人が乗っていて、オールで互いが離れないようにするのが好ましい。ＳａａＳの世界では、そしてあらゆる定期収益ビジネスでは、これは好ましいどころの話ではない。必須事項である。

ベンダーにとってＳａａＳの強みの中で最もわかりやすいのは、自社製品の市場が広がりやすい点かもしれない。しかし、初期費用とタイムトゥバリュー（Time to Value：価値が得られるまでにかかる時間）が劇的に減ったために、対象市場に参入する企業が増え続けている。そのため、扱える市場が拡大する以外には会社の価値を増やしてくれるものがほとんどない。セールスフォースの例をもう一度思い出そう。コストの要素についてはすでに触れた。だが、時間《タイム》と価値《バリュー》の方程式についてはどうだろうか。２００2年時点で、シーベルの実装には18カ月以上かかった可能性が高い。どの顧客に対しても、データセンターの建設、ハードウェアや設備の設置、設定、アプリケーションのカスタマイズなどの流れが行われていたのだ。18カ月で終われば運がいいとさえ思えたかもしれない。セールスフォースの場合、すべきことといえば、ウェブサイトを開いて、クレジットカードの情報を入力し、ログインするだけだ。口座や連絡先やビジネスチャンスがシステムに入るまでに1時間もかからない。高い機能を持つＣＲＭシステムが60分で手に入る。

ＳａａＳの登場前には考えられないことだが、セールスフォースはこの考えを極限まで広げて、「ノーソフトウェア」のコンセプトを自社ロゴに取り入れることまでした（図1・1）。初期のＳａａＳグループに属する企業には、他にネットスイートがある。やはりポール・グレアムを手本にしており、企業が成功できる新たなモデルを作り上げた会社だ。同時期には他に何社ものＳａａＳ会社が現れたが、セールスフォースの成功と人々の関心を引くスタイル、そして２００４年の株式上場によって、ソフトウェアのビジネスモデルがすっかり変わったことに疑問を持つ人はほとんどいな

図1.1 「ノーソフトウェア」のロゴ

くなった。当然である。投資家がセールスフォースに投資したのは、ＳａａＳの概念が独特だったからではない。セールスフォースのモデルが**現実として**機能していたからだ。

しかし、本当の意味で機能するには、すでに述べたようにチャーンの制御が必要だ。チャーンを制御するための手段をカスタマーサクセスと呼ぶ。そして、ＳａａＳとして最も成功したこの会社は、カスタマーサクセスの部署を作り、この問題について公共の場で発信することで、他のあらゆるサブスクリプション型ビジネスが同じことをできるようお墨付きを与えたのである。こうして始まったのが、カスタマーサクセス活動である。

前述のとおり、ＳａａＳとサブスクリプションの登場前は、企業向けソフトウェア販売は永久ライセンスという形で行われており、つまり初回の支払いの割合が大半を占めていた。ＳａａＳによってこの式は逆転した。今では、顧客からＳａａＳ企業への初回支払額がその顧客の想定ＬＴＶ全体の10パーセントを下回るのは珍しくない。月額サブスクリプションビジネスの場合、初回の支払いは１パーセント未満ということもある。

自社ソフトウェアを年額契約で提供しているベンダーについて考えてみよう。ある顧客が１年目に２万５０００ドルを支払って、その後８年間契約し続けたとする。つまり、１年契約の更新を７回する必要があり、価格の引き上げや追加ライセンス、製品の購入などによって毎年７パーセントずつ成長した場合、その顧客のＬＴＶは当初の支払額の10倍を超えることになる。さて、ＬＴＶという言葉をここまで特に説明せずに何度も使ってきたが、ここで定義を書こう。ＬＴＶとは、顧客がある会社との関係を持っている間に使った（またはこれから使うと考えられる）金額の合計で、

SaaS企業にとってはこれも重要な指標である。

　ほとんどのソフトウェア会社にとって、新たな顧客獲得にかかるコストは非常に大きい。潜在顧客を生み出すのにマーケティング費用が必要だし、さらに潜在顧客を本物の顧客にするために営業部門がかける高額なコストも加わる。また、十分に構築されたソリューションを使って顧客を軌道に乗せる（オンボーディング）ためのコストも大きく、明らかに初期段階に重心がかかる構造になっている。サブスクリプションの収益が顧客の獲得とオンボーディングにかかった費用を取り戻せるまでには、24カ月以上かかる場合がほとんどだ。顧客が年額制のサブスクリプションを利用することも多いが、その場合、ベンダーの損がなくなり利益に転じるまでには最低2回は契約の更新が必要となる。

　この難題をさらに深刻にしているのがチャーンだ。しかも、ほとんどのチャーンはオンボーディングや導入手順が複雑なことが原因で起きるため、最初の数年が勝負となり緊急性はさらに高くなる。SaaS企業のCEOが早々と学習したのは、顧客は本当に神様であることと、顧客の成功と長期間の顧客維持のためには本物の投資が必要だということだ。これは、あらゆる定期収益ビジネスにとって金銭面での緊急課題であるとともに、カスタマーサクセスの原動力でもある。

「カスタマーサクセス」という言葉を使うとき、そこにはまったく異なるものの密接に関係する3つの概念がある。

❶組織

❷原理原則
❸理念

カスタマーサクセスとは本質的に、リテンション率とLTVを最大限引き上げることを目標として、カスタマーエクスペリエンスに特化した組織のことである。これが効率良くできるだけでサブスクリプション企業は生き残ることができるし、市場を支配できるのはこの点で極めて優れた企業だけだ。

また、カスタマーサクセスとは新たな原理原則でもある。営業や品質管理やカスタマーサポートといった他の原理原則と同じように、この新たな技術とその実践者の支援と育成を目指して、現場ではグループや討論会、成功事例や会議などとともに、会社の成功に必要な役割が生まれている。カスタマーサクセスの原理原則を実践する人のことをカスタマーサクセスマネージャー（CSM）と呼ぶことが多い。肩書には他にも、アカウントマネージャー、カスタマーリレーションシップマネージャー、カスタマーアドボケート、クライアントスペシャリストなど多くあるが、本書では、他の肩書も網羅している一般的な用語であるCSMを使用する。

最後に、カスタマーサクセスとは理念でもあり、会社全体に普及しなければならない。どんな組織も肩書も他の組織や役職と切り離した状態では機能できないが、カスタマーサクセスはその最たる例と言える。トップダウンかつ全社的な取り組みこそが、世界に通用するカスタマーサクセスを生み出すのである。

この3つの概念を中心に、この後の話も進めていく。

第2章

カスタマーサクセス戦略

新たな組織と従来のビジネスモデルとを比較する

なぜカスタマーサクセスは重要なのか

カスタマーサクセスについて組織面から掘り下げる前に、カスタマーサクセスに投資すればどのような成果が得られるかを話そう。この点が重要なのは、カスタマーサクセスをどう設計するかは、それに対する投資の主な動機に左右されることが多いからだ。カスタマーサクセスがもたらす利益として、次の3点が挙げられる。

❶チャーンの減少と管理
❷既存顧客の契約金額増
❸カスタマーエクスペリエンスと顧客満足度の向上

チャーンの減少と管理

第1章で挙げたセールスフォースの創成期の例からもわかるとおり、チャーンは定期収益ビジネスに致命傷を与えかねない。チャーンレートが高すぎる場合、カスタマーサクセスへの投資がひとつの解決策になる。ただし重要なのは、カスタマーサクセスに投資しても、それは企業の他の部分における根本的な欠陥の穴埋めにはならないということだ。製品自体が十分にいいものでない、進め方が顧客の要求を満たしていない、営業部門の設定する目算がいつまでも的外れということがあれば、いかに質の高いカスタマーサクセスであろうと、取り組みは失敗に終わるだろう。すべての条件で同じように競争力があれば、カスタマーサクセスを行う人、プロセス、テクノロジーへの投資が、チャーンの減少（高すぎる場合）または管理（ほぼまたは完全に許容範囲内かつ持続性がある場合）につながるのだ。もちろん、具体的に利益がいくらになるかは、会社のインストールベースの規模によって変わる。

チャーンによる弊害は、金銭面にとどまらない。会社は必ず人で構成されているため、会社でチャーンが発生すると人も影響を受ける。人はつながっており、悪い評判はすぐ拡散される。大勢の人の目に触れる製品や多くの人が使ったことのある製品であれば、悪影響はウイルスのように広がり得るのだ。また、あなたから離れた顧客が競合会社の製品を買う可能性も非常に高い。踏んだり蹴ったりだ。たとえるなら、ペナントレースで争っているチームとの直接対決に負けたようなものである。自分の1敗が相手の1勝になるのだから、二重の痛手であり競争市場においては非常にダメージが大きい。さらに、自社の元顧客が競合会社の参考になれば（競合会社は何としてもそうしようとするだろう）、状況はますます悪化する。これが二次的な弊害だ。なお、二次的な好影響もある。二次収益というが、こちらもこの後すぐに取り上げる。

既存顧客の契約金額増

これは、**アップセルとクロスセル**と呼ばれることが多いが、この用語は誰もが同じ意味で使っているわけではないため、本書ではできる限り使用を避けたい。ここで言いたいのは要するに、既存顧客に販売するものを増やす（定期収益を生み出す）ということだ。チャーンに関する問題を抱えていない会社には、自社製品がもともと離れがたいものだからという面と、製品にかけている費用と取り組みが非常に大きいからという面がある。後者の一例がワークデイだ。この会社の顧客にはほとんどチャーンは起きないが、だからといってカスタマーサクセスが不要になるわけではないし、軽視していいということにもならない。ワークデイはカスタマーサクセスに莫大な投資をしている。チャーンの可能性をつぶすためだが、より具体的には、会社の最終収益にインストールベースからの契約と収益を加えることが目的だ。ある会社を例に考えてみよう。顧客の支払額または契約金は、平均すると年間30パーセントずつ増加している。これは極めていい数値だが、興味深いのは、増加率が10パーセントの顧客に注目したときだ。チャーンはない。つまり、この顧客の純リテンションは110パーセントだ。平均値のみを見れば多くの会社にとって羨ましい数字だったが、一部の顧客に注目するとまだ得られていない収益がかなりあるということになる。平均的な（特に素晴らしいわけではない）顧客の支払額が30パーセント伸びていることがわかったのだから、平均未満の顧客にもカスタマーサクセスを適用すれば平均値に近づくという仮定は理に適っている。そのため、普通はこの20パーセントの不足分をチャーンと捉えて対応するはずだ。既存の顧客層がかなり大きい場合、全体の純リテンションが１３０パーセントから１３７パーセントになれば、最終収益に目覚ましい影響があるだろう。純リテンション１１０パーセントの顧客を１３０パーセントに近づけるというアプローチは、まさに同じ影響をもたらすものだ。むしろ、この方がカスタマーサクセスへの投資を増やす根拠として説得力があるかもしれない。この例で挙げた収益の上積みは、新規顧客を獲得するよりずっと費用がかからない。マーケティング費用とは一切関係がないし、おそらく販売費用も安くすむからだ。

カスタマーエクスペリエンスと顧客満足度の向上

アダム・ミラーがＣＥＯを務めるコーナーストーンオンデマンドは、定期収益型の会社として大いに成功を収めている。彼は最近私に、カスタマーサクセスへの多額の投資を説得する際、金銭面からの説明は試みていないと話した。ミラーは、高い価値を持つ自社の契約が顧客に届くのは正しいことであり、そのための手段がカスタマーサクセスだと心から信じている。だから、彼がしているのは、部署の費用を自社の粗利益の枠内で管理することだけだ。カスタマーサクセスに投資すれば、ほぼ間違いなく利益も得られるが、それは原動力ではない。

顧客を離さず喜ばせることを、一般的に**二次収益**（second-order revenue）と呼ぶ。カスタマーサービスを数値化して自社の財務モデルに組み込んでいる会社はほとんどなく、単なる補助的な売上として扱っているところがほとんどだ。だが、これこそがカスタマーサクセスの直接的な成果である。この「**二次収益**」という言葉を思い付いたのはアドビ・エコサインの元ＣＥＯであるジェイソン・レムキンだ。彼は、二次収益によって顧客のＬＴＶが50〜１００パーセント増加すると考えた。この説はわかりやすいうえに論理的だ。

- ジョンはあなたの製品を気に入っている。Ａ社からＢ社に転職しても、そこで再びあなたの製品を購入する。
- ジョンはあなたの製品を気に入って、そのことを友達３人に話す。話を聞いた友達の一部もあなたの製品を購入する。

どちらもはっきり目に見える状況であり、この状況を目指して励むのはいいことだ。さらに、心理ロイヤルティが生まれたことによる二次的な好影響は他にも、レファレンス、好意的な評価、口コミなどたくさんある。現実の顧客の喜びもまた、急速に広がり得るのである。

カスタマーサクセスは組織変革の根幹

第１章でも述べたとおり、企業では組織の大枠における変革は現実にはめったに起こらない。生き残るためには組織改革が必須と考える経営者がほとんどだが、事業における根本的な組織構造は、長い間それほど変化していない。

- 製品をデザインする組織
- 製品を作る組織
- 製品の需要を生み出す組織
- 製品を売る組織
- 製品の設置や修理を行う組織
- 金を計算する組織

過去40年間で標準的な組織モデルに起きた唯一の大変革は、ＩＴが加わったことである。今や、テクノロジーに深く依存せずに経営できる会社などない。依存しているということはテクノロジーを管理する組織が必要になるということだ。つまり、ほとんどの会社で現在の組織図は大枠で**図2・1**のようになっている。

第1章で述べてきたさまざまな理由によって、今ではカスタマーサクセスもこの組織図に入り込みつつある。これは単に従来の業務を他の角度から見て、肩書だけを

図 2.1 上層部の組織図

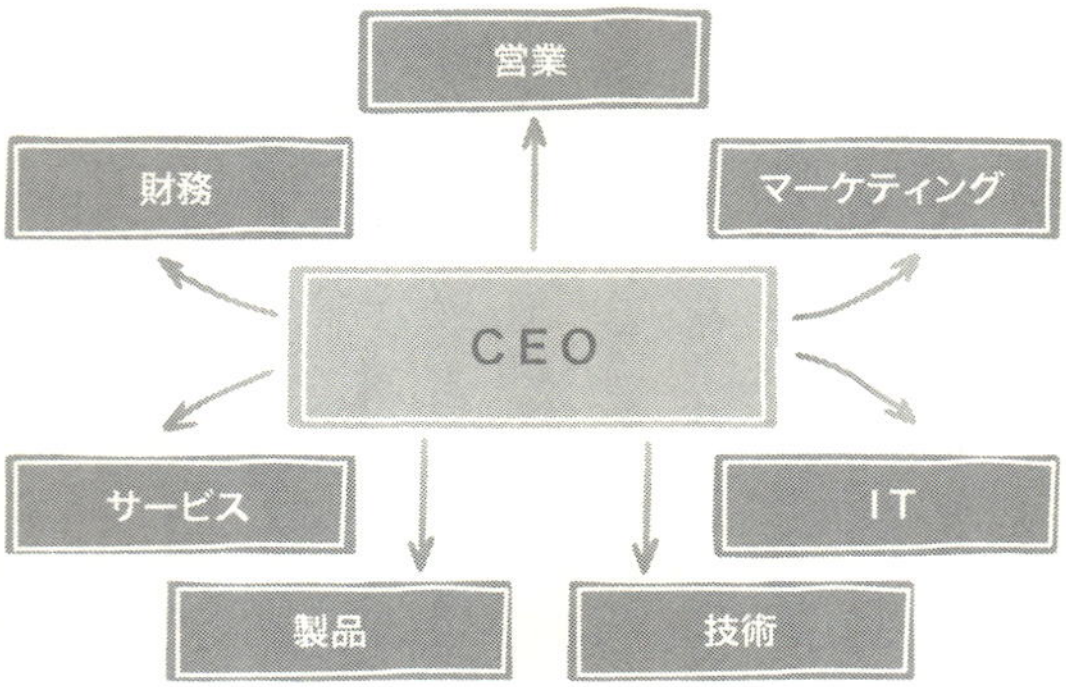

新しくしたものではない。確かにそういうことはいつでも起きている。だが、新たな組織とはそういうものではない。新たな組織が生まれるのは、重要な推進力がいくつも重なったときだ。しかも通常、推進力のうち1つ以上は外部の力で、それが多く（またはすべて）の会社に影響すると、新たな組織の誕生につながる。ＩＴ組織がテクノロジーの急増に対応すべく作られたことが好例だ。

今、同じことがカスタマーサクセスでも起きている。必要な推進力は、主に次の3つだ。

❶事業がその物事に依存していること
❷遂行するために新たなスキルが必要であること
❸取り組みや関連する指標が新しいものであること

事業の依存度。第1章全体を通して述べてきたのは、事業がどう進化してきた結果、カスタマーサクセスが緊急課題になったのかについてだった。事業の長期的な成功へ向けて、一度限りの販売だけでなく顧客のＬＴＶを志向するようになれば、あらゆるものが変化するし、人や技術や投資がすべて事業のその部分に集まる。その成果のひとつが、新たな組織の誕生なのだ。

新たなスキル。ＩＴと同じく、カスタマーサクセスにも新たなスキルが求められる。単に有能な技術者を1人雇って最高情報責任者（ＣＩＯ）にしたところで、1人で会社のあらゆる技術を管理することや、欠かせない事業価値を発揮するために必要なプロセス、セキュリティ、管理をすべて理解することまで求めるわけにはいかない。そんな簡単な話ではないのだ。カスタマーサクセスにも同じことが言える。事業としてカスタマーヘルスを管理する必要がなければ、おそらく健全性の高い顧客と低い顧客を見極める有効なデータを分析する担当も生まれないだろう。また、助けが必要な顧客や販売増の可能性のある顧客に先手を打って働きかける担当もいないはずだ。チャーン、リテンション、顧客増加率、顧客満足度などの計測方法を知っている人や、そもそもこのような指標を気にする人さえいないかもしれない。そのための能力があるとしても、能力は具体的なスキルに置き換えなければならないのだ。

取り組みと指標。新たな組織を定める際には、その大部分を取り組みの内容と計測方法の考案に割く必要がある。カスタマーサクセスにももちろん両方が必要だ。担当者は、どんな成功を定めたいかに応じて主な指標を決めなければならない。

- 総更新数
- 純リテンション
- 定着率
- カスタマーヘルス
- チャーン
- アップセル
- ダウンセル
- ネットプロモータースコア（NPS）

さらに、指標を運用するために、次のような取り組みが行われる。

- ヘルスチェック
- 四半期ビジネスレビュー（QBR）
- 積極的なアウトリーチ（訪問支援）
- 教育・トレーニング
- ヘルススコアの計測
- リスク評価
- リスク低減プロセス

これまでも、危機に対応するためにその場限りで行った取り組みならあるだろう。しかし数少ない成熟したSaaS企業以外には、成功への明確な指標を持って1人の責任者のもと整然と進められた活動はない。

もちろん、ただ組織図の中に新しい箱を作るだけでは不十分だ（図2・2）。箱の中を有能な人材でいっぱいに

図2.2 上層部の組織図（拡張後）

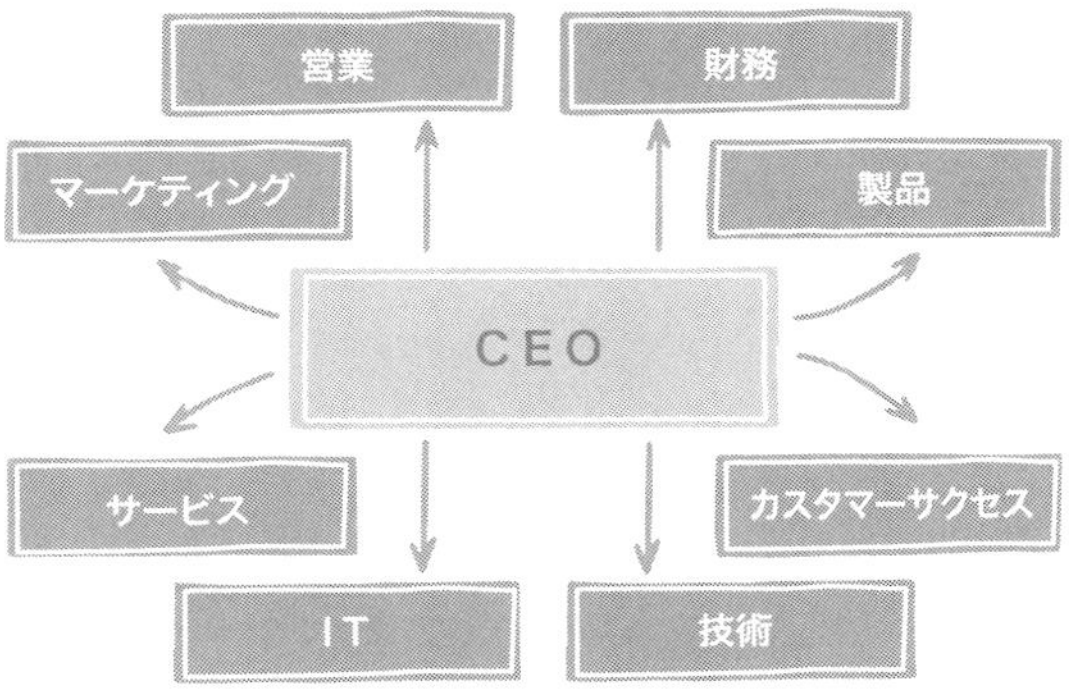

して、測定する指標と成功への原動力になるような取り組み案を与えたとしても、不十分という点では同じである。完全に独立している組織などない。そこで、次はこの新たな組織が企業全体の中で力を発揮するためのポイントを取り上げよう。

まずは、用語について認識を一致させたい。本書で「**カスタマーサクセス**」という言葉を使っているのは、これが業界で盛んに使われている専門用語だからだ。だが、顧客に再び目を向けるという意味の用語は、他にもある。カスタマーサクセスという言葉の意味さえ、会社によって異なっている。第1章でも触れたとおり、カスタマーサクセスとは具体的な組織であると同時に理念だ。理念の面から見ると、カスタマーサクセスの各部署は図2・3のようにつながっていることが多い。

この例から、カスタマーサクセスはアフターセールスの世界全体の説明に使える包括的な文言であることがわかるだろう。また、覚えやすいうえに意味のある言葉でもある。大多数の会社の目標は、顧客が成功する《カスタマーサクセス》ことだからだ。組織の説

図 2.3 理念の面から見たカスタマーサクセス部門のつながり

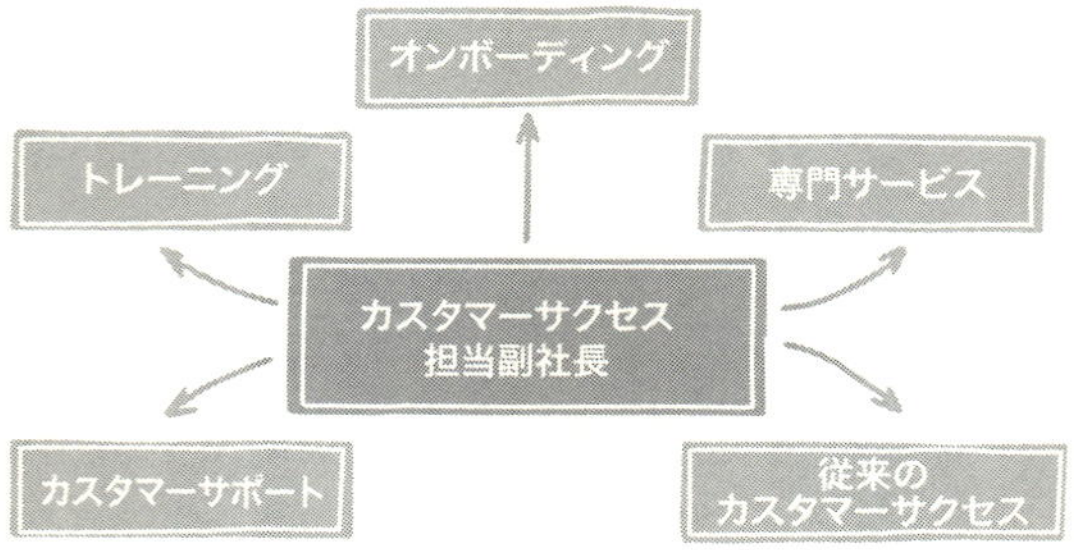

明にこの言葉を使うようにすれば、組織はこの価値観を最優先に業務を進めることができるし、顧客も社員も正しい期待を持てるようになる。この考え方は、CEOや経営陣からの支持も得やすい。「顧客中心」とは、CEOや経営陣がなりたい姿か、少なくともそう見られたい姿だからだ。

また、カスタマーサクセスの組織図の中に「**従来のカスタマーサクセス**」という項目があるのに気付いた人もいるだろう。この文言を用いているのは、カスタマーサクセスという理念と、カスタマーサクセスという肩書を持つ、実際に顧客の成功に向けて着実に努力している人の組織とを区別するためだ。「**従来**」としているのは、セールスフォースやその後の会社の多くはもともと**カスタマーサクセス**という言葉を、具体的な職名やその職務に付く人の部署名として使っていたからである。

カスタマーサクセスではないもの

ここまで述べてきたとおり、企業には他にも、顧客にもっと目を向けることや、顧客が会社から得られる経験や価値を引き上げることを目的とする組織や取り組みを指す言葉が多い。ほとんどがカスタマーサクセスとは違うものだが、一部が重なっていることもある。そのため、カスタマーサクセスを理解するには、他の言葉についても理解することが重要だ。カスタマーサクセスへの注目度が上がったことで他の組織や取り組みも目に付きやすくなっており、市場ではやや混乱が起きている。

カスタマーエクスペリエンス（CX）——CXとは通常、顧客になってから顧客をやめるまでの期間における評価と管理のことだ。ここには、販売、オンボーディング、請求書の発行、カスタマーサポート、更新などあらゆる接点で顧客が何を経験したかに関する把握と管理が含まれており、一般的にはアンケートなどの調査で測定する。サトメトリックスなど多くの会社が、CXに関連した事業を成功させている。また、この言葉は原理原則でもあり、その場合、技術的解決策の提供、成功事例、カンファレンスなどが含まれる。顧客満足度調査はカスタマーヘルス全般を計測する活動に含まれていることも多く、カスタマーサクセスとカスタマーエクスペリエンスには若干重なる部分もある。

顧客関係管理（CRM）——CRMとは、セールスフォース・ドットコム、マイクロソフト・ダイナミクス、オラクルCRM（シーベル・システムズ）などのソリューション向けの市場空間を表す、幅広い用途の言葉である。実際、株式市場でセールスフォースが採用しているティッカーシンボル（株式市場で上場企業や商品を識別するため付けられる3～5桁の文字。日本の証券コードに近い）はCRMだ。主に市場を表す言葉で、具体的な役割や原理原則を指すものではない。とはいえ、非常に広く普及しているため、この言葉の中にカスタマーサクセスも含まれている、またはカスタマーサクセスとはCRMの派生にすぎないという見方も多い。この言葉がまったく別のものを指すのに使われていなければ、カスタマーサクセス管理のことはそれこそCRMと呼ぶしかなかっただろう。だが、今のとところこの2つは明らかに違うものだ。

カスタマーアドボカシー――カスタマーアドボカシーという言葉が最もよく使われるのは、成功して満足している顧客が持つ重要な役割に対してだ。このような顧客は、レファレンス、ケーススタディ、好意的な評価、ユーザーグループへの参加などを通してベンダーの課題を前に進める役割を果たしている。産業、科学、技術におけるインフルイティブなどのソリューションはカスタマーアドボカシーの概念を中心に構築されているため、この概念はカスタマーサクセスと似ている一方でカスタマーサクセスを補完する存在でもある。仮にカスタマーサクセスを「カスタマーヘルスの管理」と定義するなら、カスタマーアドボカシーはカスタマーヘルスの一部を評価するものであり、健全性に関するデータの情報源だ。カスタマーアドボカシーは、ヘルススコアの高い顧客が作るものとも言える。カスタマーサクセスとカスタマーアドボカシーからは、好循環が生まれやすいのかもしれない。

カスタマーサクセスはカスタマーサポートではない

組織の話をするときには必ず区別しなければならないものがもうひとつあるので、あと少し話を続けたい。カスタマーサクセスとカスタマーサポートとの区別だ。カスタマーサポートは、長らく普及してきた組織であり原理原則だ。カスタマーサポートの取り組みを説明するとき、ほぼいつも中心に来るのは「**break / fix（壊れたら直す）**」という言葉だ。フリーダイヤル、チャットウィンドウ、Eメールアドレス――製品が故障したときや思ったように動かず助けてもらいたいときに、私たちが使うツールだ。この接点は、顧客がベンダーと付き合っていく中で欠かせない。こんな不満を聞いたことはないだろうか。電話をしたが長いこと待たされた、ようやくつながったと思ったら役に立たない担当者だった、など。特に個人顧客にとって、カスタマーサポートはベンダーとの主な接点だ。それもあって、カスタマーエクスペリエンス担当者はこの部署に焦点を当てている。さて、カスタマーサクセスの話になると、ここで途方もない混乱が起きるのだが、その理由はたくさんある。

理由の1つは言葉がよく似ていることだ。単に言葉が近いことやどちらも略すとCSとなることだけでなく、音のニュアンスも近い。カスタマーサクセスって、カスタマーサポートの今どきの言い方じゃないの？　答えはノーだが、こう考えてしまうのもうなずける。

また、両者のスキルは重なっているのが普通だ。カスタマーサポートの担当者はその製品の専門家であることが求められるが、それはカスタマーサクセスマネージャーも同じである。どちらの役割にも高い接客スキル（人柄、忍耐力、助けたいという心からの気持ち、打たれ強さなど）が必要だ。問題解決力も、どちらにも役立つ能力である。

混乱を引き起こすもうひとつの要素は、次のような単なる認識不足だ。「すでに自社製品のことを知っていて顧客に求められたときに手助けできる人が集まった部署があるなら、同じスキルを持った人がほとんど同じことをする部署なんてもういらないんじゃないの」

カスタマーサクセスの組織を成功させるには、カスタマーサクセスとカスタマーサポートとの担当範囲に明確な線を引くことが必要だ。両者の区別には、表2・1の基準が参考になるだろう。この2つの言葉は同じテーマの言い換えではないし、実際に極めて重要な部分が異なっている。

その類似性から、カスタマーサクセスは当初サポート部門の中に作られることが多い。だが、これまで述べてきたとおり両者には明らかな差異があるため、通常このアプローチではうまくいかない。よく見られるのは、カスタマーサクセスが一種の特別サポートを行う場になってしまうことだ。サポートを向上するのはとてもいいことだが、それはカスタマーサクセスではない。確かに、提供されるのは顧客にとってプラスになるもので、サービス品質保証契約(SLA)の条件引き上げ、サポート時間の拡大、複数地域でのサポート、窓口担当の指名、一段階上のサポートに直接つながるサービスなどがある。どれも顧客が追加料金を払いたくなるような非常にいいサービスだし、実際に顧客は追加料金を払うだろう。だがそれでも、これはカスタマーサクセスではないのである。カスタマーサポートの主な目的は、殺到する顧客の

表2.1 カスタマーサクセスとカスタマーサポートの違い

	カスタマーサクセス	カスタマーサポート
財務上の性質	収益ドライバー	コストセンター
活動	先回り型	要望対応型
指標	成功重視型	効率重視型
モデル	分析中心	人手集約
目標	予測性	応答性

問題に対応することであり、指標は結局「効率」（完了件数／日／担当者）だ。それに対して、カスタマーサクセスは、データで予測することで先回りして顧客の困難を回避するものであり、一般的にはリテンション率で測定する。

会社として効果を上げるには、どちらの組織も100パーセント必要だ。ここで言いたいのは、両者は達成すべき目標が同じではないのだから、組織として近くに置くよりも分けた方がずっといいということだ。そのうち近くで一緒に働くこともあるし、顧客の課題に対処するために積極的に協力することも多いだろう。だが、少なくとも最初のうちは、対応型のカスタマーサポート部署の影響を受けずにカスタマーサクセスの原理原則やプロセスを作るためにも、両部署は区別しておいた方がいいのである。

カスタマーサクセスとは

これで、よくある混乱はすべて解消できたと思う。では、単純な組織構造の話は終わりにして、ここからはカスタマーサクセスを重視した企業の運営方法に移ろう。出発点として、先ほどサクセスとサポートを区別するために使った基準を掘り下げるのがいいかもしれない。組織を率いるために必要な人物や、指名するそれぞれの役割に求められる特徴についても理解しやすくなるだろう。

カスタマーサクセスとは何だろうか。

収益ドライバー――定期収益ビジネスでインストールベースを管理することは、会社の健全な財務のかなりの部分に対する責任を持っているということだ。カスタマーサクセスは、次の2点において収益を動かす存在である。

❶契約更新（つまりチャーン回避）――更新とは、目に見える（契約書にサインする）か見えない（自動更新する、または解約しない）かにかかわらず、取引の契約である。個人取引で考えると、携帯電話のプロバイダーとの付き合い方がこの世界に属している。私たちにとって、解約はいつでも採れる選択肢だ。2年契約の途中であれば違約金があるかもしれないが、それでも選択肢であることには変わりない。ましてや、そのような契約を交わしていなければ、いつだって違約金なしで解約できるのだ。どちらの場合でも、プロバイダーを変更しないと決めたすべての月で暗黙の取引が発生している。私たちを解約させないことが業務である部署は、本書で「カスタマーサクセス」と呼んでいるもののことだし、B2Bの会社なら実際にカスタマーサクセスという部署名のところが多い。AT&Tやベライゾンのような個人向け企業では違う部署名を使っているが、データを分析してあらゆる顧客（または顧客群）の中にあるリスクと考えられるものを回避または軽減しようとする部署は必ず存在している。

❷アップセル――顧客にさらに製品を買わせる行動のことだ。携帯電話の例を繰り返すと、国際電話のかけ放題やSMS無制限、データ増量などの付いた高いパッケージを買うときに起きていることである。アップセルは、あなたの契約がプロバイダーに対して持つ価値を高めるもの

だ。これと同じことが企業間取引の世界でも起きている。

多くの場合、契約更新にしてもアップセルにしても、実際に対応するのはカスタマーサクセス部門ではないかもしれない。契約交渉や最終的な契約締結に関しては専用の営業部門があるのが普通だ。しかし、実際の取引契約を行うのがカスタマーサクセス部門ではないとしても、対応できるようにはしておく必要がある。繰り返しになるが、成功した顧客が行うことは次の2つだ。（1）顧客を続ける（契約更新する、または解約しない）、（2）あなたからもっとモノを買う。カスタマーサクセスの職務は、顧客が製品によって成功できるようにすることだから、これは収益を生み出す組織である。つまり、直接の営業経験はないとしても、少なくとも営業に明るい人材が必要ということだ。

能動的――これが、顧客の出した要望（電話でもチャットでもEメールでもツイッターでも同じだ）に対応するというカスタマーサポートと大きく異なる部分だ。カスタマーサクセス部門は、データや分析結果から働きかけが必要な顧客を決める。それは、危険な兆候が表れているからかもしれないし、アップセルの機会が生じているからかもしれないし、QBRなど定期的なイベントがあるからということもある。これまで対応型の業務に慣れてきた人をカスタマーサクセス部門に入れるときは、注意が必要だ。切り替えは不可能ではないが大変なものになるだろう。

成功重視型——成功に関する指標は、会社に売上（受注または収益）という金銭的な利益をもたらす。新しい事業の売上は、明らかに成功に関する指標だ。カスタマーサクセスの世界における重要な指標は、主に更新率、アップセル率、顧客基盤全体の成長率だ。効率に関する指標は、そうではない。この種の指標が着目しているのは、収益増加とは逆のコスト削減である。1日当たりの新車組立にかかる時間を削減するというのは、効率に関する指標だ。たくさんの車を作るのが仕事であれば、会社にとって非常に価値がある指標だが、それがたくさんの車を販売するという結果に直接結び付くわけではない。効率性の向上に長けている人が、収益や受注数の増加を成し遂げる人と同じとは限らないのだ。

分析中心——分析に基づいて活動するのはどの企業や組織でも同じだが、カスタマーサクセスをもたらすのは先を見越した予測分析であり、これが他の多くの部署と異なる点だ。営業で、パイプライン内の絶好の機会に対してどう行動すべきかを見極めるのに分析が役立つという話と似ている。カスタマーサクセスにおける分析は、アップセルなどの成果やチャーンを予想する際に機能して、部署が費やす時間を最大限活用できる。優れた担当者が幸せな顧客に注ぎ込む時間からは、高い顧客満足度やより多くのレファレンスといった素晴らしい成果が生まれることが多い。だが、リテンションを得るのに苦労する顧客と過ごす時間にはそれほどの価値があるとは言えない。適切な予測データを使った分析を重視することは、カスタマーサクセス部門の効果的な運営に欠かせないのである。

予測性——カスタマーサクセス中心であるために必須となる要素だ。分析性や実際の分析だけでなく、人にも求められる基準である。これと対極にあるのが応答性だったことを思い出してほしい。応答性を高めるのも素晴らしいことだ。特に顧客は素晴らしいと感じて感謝するだろうし、全体としてどちらにとってもこれまでよりいい時間になるだろう。しかし、予測性が見据えているのはもっと先の世界だ。顧客が電話する必要を感じる前に、カスタマーサクセスの担当者は話すべき相手を見つけることができるようになるのである。

カスタマーサクセスの他部署に対する影響

この新部門の投入によって企業全体を健全な組織にしようと思ったら、まずカスタマーサクセスという理念が適用されるのは同名の組織だけではないという点を認識する必要がある。この理念は、会社全体とその組織文化に浸透しなければならない。あるいは他の組織以上に、カスタマーサクセスは孤島ではない。経営しているのが定期収益ビジネスかどうかにかかわらず、顧客の成功を事業の柱として本気で達成しようと思うなら、それは会社全体が等しく取り組む目標であるとともに、動機付けになっている必要がある。

ここで、動機付けについて少し考えてみよう。会社全体がカスタマーサクセスに本気で取り組めるようにする方法のひとつが、適切な動機付けを採用することだ。ほとんどの会社に役員賞与の制度があるし、従業員の大多数（全員ではないかもしれないが）まで届く賞与制度のある会社も多い。どちらの場合も、賞与はたいてい会社全体の成功と関連している。つまり、誰かが――おそらくCEOが役員の承認を得たうえで――会社の成功に向けた適切な方策は何か、そして適切な金銭的見返りについても決めているということだ。その基準は売上の増加のみという会社もあれば、採算性を加味している会社もあるだろう。カスタマーサクセスを重視する会社なら、ここにリテンションに関する指標も加わる。収益・受注の増加（売上）とリテンションという要素のみで進めるのが、単純かつ効果も極めて高い方法だ。従業員全員（特に経営陣）に対して、リテンションと売上に取り組む動機付けを平等に与えれば、それは会社が両方とも重視しているという強いメッセージとなり、行動するための――行動を変えるための――報酬・賞与制度を設計するという課題を達成できる可能性も高くなる。

これに関連するもうひとつの考えが、カスタマーサクセス指標の担当者は1人にすべきというものだ。指標は更新率でもいいし、純リテンション率でも顧客満足度でもいいが、何であれ、1人で担当することが必要だ。ビジネスにおける決まり文句「全員に責任があるときは誰にも責任がない」は正しい。売上の話であれば、事業を複数の責任者で進めようなどとは考えないだろう。会社の長期的な成功に向けて売上の代わりとなる柱にカスタマーサクセスを据えようとしているなら、同じことをリテンションでも行うべきではないだろうか。担当者を1人と決めて、数字を上げるために営業担当副社長に与えたのと同じ権限をその担当者にも与えなければならない。刺激策をとる権限、他の組織を駆り立てる権限、リソースをめぐって戦う権限、または事業の戦略的決断を下す権限を、いや、そのすべてを与えるのだ。ここまでの権限を得た人物は、自分の職務は自分が定めた数字を会社全体が達成するかどうかにかかっているのだと理解することになる。カスタマーサクセス担当者の仕事の中心に来るのは、他のあらゆる組織が常にリテンションについて考えるようにすることなのである。

この2つの考え方がかみ合ったとき、事業は次のように健全な形で前進する。ジョーはアクメ社の営業担当副社長だ。アクメは長年続いた企業で、健全な経営で事業を拡大してきた。彼の部署にはノルマ制の営業担当者が45人、ソリューションコンサルタントが15人、注文デスクでの対応から使用ツールの管理や部署全体のサポートまで行うスタッフが5人いる。今年の受注ノルマは7300万ドルだ。ジョーはもちろんCEOの直属の部下だ。

このオフィスの反対側にいるのが、シェリーだ。シェリーはカスタマーサクセス担当副社長である。彼女の部署にいるのはカスタマーサクセスマネージャー29人、更新とアップセルの担当者が7人、そして彼女と部署を補佐するカスタマーサクセス業務の担当者が3人だ。シェリーが担当しているのは、アクメの顧客2200人全員の管理である。今年の受注ノルマは1億4500万ドルだ。純リテンションを110パーセントにするという全体目標に対して、更新が1億3200万ドルと、アップセルが10パーセントという目標になっている。シェリーもCEOの直属の部下だ。

お気付きのとおり、シェリーの目標は営業担当副社長よりも大きい。明らかに差がある。このような現象は定期収益ビジネスでは普通だし、たいていこうなるまでに時間はかからない（健全に成長中の会社なら4～5年、売上が安定し始めていたらさらに早い）。たとえば、ある会社で創業後3年間の受注額が100万ドル、400万ドル、1000万ドルとなっていたとする。これまでの純リテンションが100パーセントであれば、現在のインストールベースの価値（ARR）は1500万ドルだ。では、翌年の売上成長率の目標を50パーセント（1500万ドル）にしたとしよう。ここまでの流れはありふれているものの悪くないし、成長戦略にも無理のない程度に攻めの姿勢が含まれている。一方、リテンション担当が純リテンションを110パーセントに引き上げるという目標を立てると、目標額は1650万ドルとなり、営業担当副社長の1500万ドルよりも高い目標になる。この差は、あっという間に広がる。どちらも今年の目標を達成してまた翌年も同じ成長目標にした場合、両部署の数字は3470万ドルと2250万ドルだ。数年間でそれぞれのノルマがどうなっていくかは、**図2・4**を見てほしい。

話を戻そう。月曜日の朝、ジョーは技術担当副社長であるビルのオフィスに行く。週に数回そうしている

図2.4 インストールベース受注額と新規顧客受注額

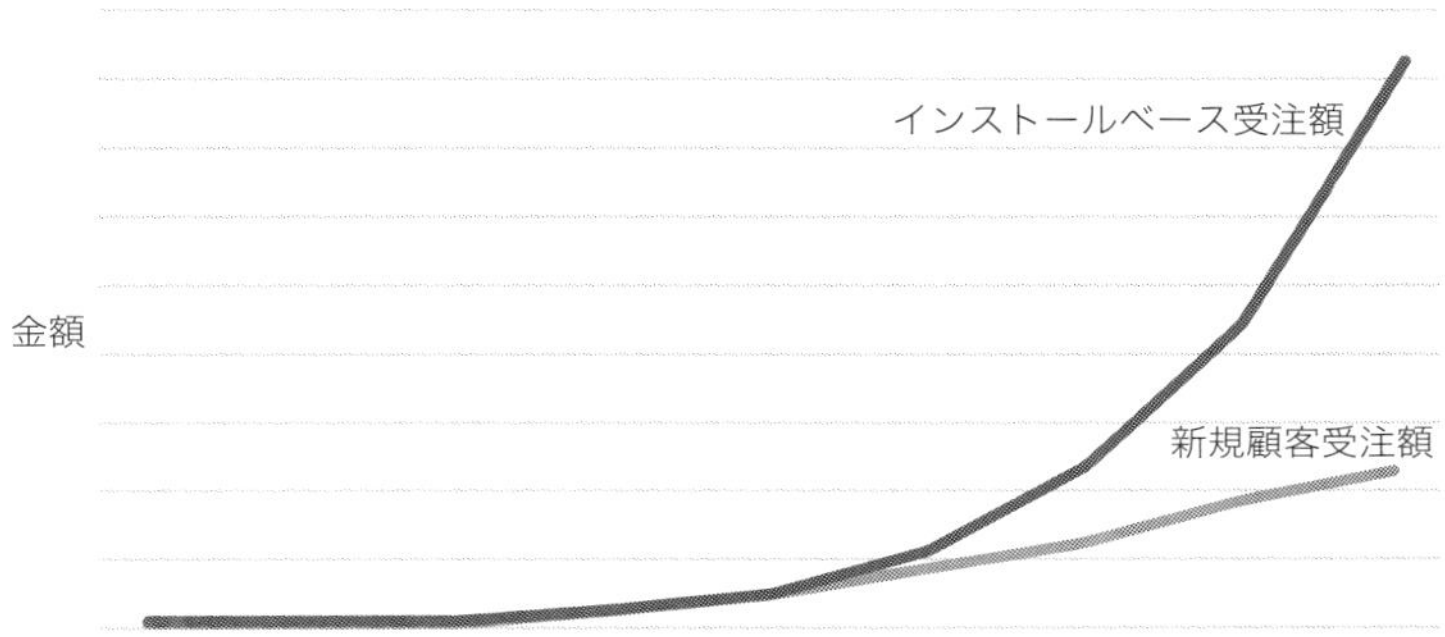

ことだ。

のだ。会話の中心はたいてい、ジョーが今年の目標を達成するためにビルから得たいと思っている

「今は機能が不足しているので競争はとても厳しいですが、『WhatBit』の機能が入れば競争力が上がってものすごく売れるようになります。それと、確実にうまく進めるには、デモ版に少し手直しが必要です。たぶん2~3日ですむでしょう」。そして最後はこんな風に締めくくられることが多い。「うまくいかなければ、営業目標の達成は極めて難しくなります。そうすれば利害関係がある我々は全員、息の根を止められてしまうんですよ」

このようなやり取りが常に、何年にもわたって行われてきたのである。

同じ日、シェリーもビルのオフィスを訪れる。その後のやり取りはよく似ているが、もちろんシェリーならではの工夫もある。

「今のところ、全体の実績は非常に厳しく、主要顧客の何名かが更新に難色を示しています。また、デモ版に評判の悪い部分があることは承知していますが、当社の顧客からはこの部分が強く求められています。それから、『Blart』の機能はとても素敵ですが、標準パッケージではなく、アップグレードの形で販売できるように独立させてほしいです。うまくいけば、私の目標も達成できて、私たち利害関係者みんなが幸せになれますね」

何が問題かおわかりだろうか。2人の要望は対立しているのだ。どちらもビジネスとして間違った要望をぶつけているわけではないが、結果として緊張関係が生まれている。ビジネスでは、緊張状態は珍しいことではない。組織内の緊張は、適切に管理すれば会社を前に進めるエンジンになる。

要するに、技術担当副社長のビルには、ジョーとシェリーのどちらの話からも等しく動機付けや影響を受けてほしいのである。あなたがCEOだとしたら、これは必ず実現しなければならない課題だ。ジョーもシェリーもあなたの事業にとって欠かせない目標を抱えている。事業の成功のためには、2人が目標を達成できるよう、会社に関する権限を2人に平等に持たせたい。また、ビルにも2人のどちらの要望も実現できるようやる気を出してほしい。ビルにとって、シェリーとのやり取りはジョーとのやり取りと同じくらいの重みがなければならない。これが、大多数の会社で起きているパワーシフトだ。営業は王様。これまでもずっとそうだったし、それも無理はない。売上の成長率しか問題にならないときは、力はその数字を動かす人物のところにある。しかし、会社としてカスタマーサクセスにも力を入れるようになると、特に定期収益ビジネスでは、今までの力の一部はリテンション担当のところに移る。時が過ぎ、新規事業の受注よりもインストールベースの方がずっと価値が高くなれば、それにつれてパワーシフトも続くのである。

営業部門への影響

では、ここからは会社の主な組織ごとに、カスタマーサクセスがどのように組織の運営方法に変化をもたらすかについて詳しく見ていこう。まずは、すでに取り上げている営業部門から始めたい。

ここでは、営業とマーケティングをまとめて扱う。両者の目標は同じだからだ。まず、解説のためにここでのマーケティングの範囲をデマンドジェネレーション（営業部門が新規顧客獲得を進められるように見込み客を育てる人およびプロセスのこと）に限定したい。会社が新たにカスタマーサクセスやリテンションに力を入れると、この世界はどう変わるのだろうか。直後に起きることと時間をかけて起きることを合わせると、いくつか挙げられる。

❶自社製品を使って長期的に成功できる顧客のみが、マーケティングと販売の対象になる
❷初回契約に対しては、特にＬＴＶを犠牲にするものの場合、あまり重視されなくなる
❸更新への意識が全社的に高まる
❹潜在顧客に設定される期待値が引き上げられる
❺オンボーディングを確実に行って顧客が成功し続けられるよう、ノウハウの移行とアフターサービスの準備にこれまでより注意が払われる
❻更新やＬＴＶに対しても報奨制度が定められる

どれも、顧客獲得部門にとっては考え方が根本から変わるものである。第1章でCEOについて同じ話をしたが、営業担当者もまた顧客の長期的な成功を心から願っている。会社の他の部門はどうでもいいから自分だけ金を稼ぎたいなどと思っている人はまずいない。だがやはり、営業部門の動機付けと長くしみついてきた短期的な思考が邪魔をしてしまうのだ。会社が長期的に成功するには、デマンドジェネレーションや営業に対するあなた自身の考え方と、もしかしたら動機付けの方法についても抜本的に変える必要があるかもしれない。

極論を言えば、最終的にはリテンション担当者に販売契約への拒否権さえ与えてもいい。この提

案は危険だと感じられるだろうし、確かに危険なものだ。だが、経験や勘だけに頼るのではなく、実際のデータに基づいて極めて慎重に権力を行使するのであれば、適切な手段になり得る。結局のところ、カスタマーサクセス担当副社長または最高顧客責任者（CCO）に拒否権がなければ、最終決定権はCEOと営業担当のところに残る。営業担当は今期の目標達成に向けた要求と、間違った顧客に販売してしまうという痛みとのバランスを強いられ、長期的にはその顧客を失う恐れさえあるのだ。

時間が経てば、多くのデータの蓄積と分析によって意思決定が行われ、デマンドジェネレーション部門は長期的に成功する可能性の高い潜在顧客のみに再び目を向けるようになるだろう。

製品部門への影響

次は製品部門だ。ここでは製品管理と技術開発・製造の両方について話したい。すでにジョーとシェリーとビルの話として1つ例を挙げた。これからは初期投資や変更コストをいくら膨大にしてもそれだけでは顧客をとどめておけないのだから、製品に関する考え方を売上からリテンションへとシフトしなければならない。簡単に言えば、潜在顧客が感じた魅力的なイメージどおりの製品が顧客に届かなければならないのだ。実際、カスタマーサクセスの定義として「**営業の約束を届けること**」という言葉を聞いたことがある。忘れてはならないのは、ここでのシフトとは顧客に関心を持つという意味だけではなく、顧客のLTVは会社にとって死活問題だと理解するということだ。製品部門におけるリテンションの考え方には、次のような変化が起きるかもしれない。

- 自社製品の指標として投資利益率（ＲＯＩ）が設定される
- 自社製品の実装が容易になる
- 機能だけでなく、導入しやすさがデザインの基準になる
- 機能より顧客を惹き付けられるかどうかの方が重視される
- デモ版の品質よりも性能の方が大切になる
- 基本パッケージにすべての機能を入れるのではなく、アップセルできるようなモジュールを作ることが求められる
- 顧客が自立しやすくなる

優れた製品部門であれば、上記の特徴の多くは最初から含まれていただろうが、カスタマーサクセスを重視する会社では、これはあった方がいいというレベルではなく緊急課題だ。朗報もある。適切に組織された顧客重視型の企業であれば、リテンション担当または顧客満足担当は常にこの緊急課題に取り組んでいる。新規顧客に自社製品を販売できるようにすることの重要性は、社内に周知するまでもない。だが、リテンションやＬＴＶにも同じ重みがあるというのは、社内の多くにとって新しい考え方だろう。例外となるのが、ＤＮＡにこの考えが染み込んでいるカスタマーサクセス担当副社長だ。誰もカスタマーサクセス担当に顧客の重要性を思い出させる必要はない。彼女の給料も職務も顧客次第だからだ。そして、カスタマーサクセス担当の取り組みが成

功すれば、会社全体の足並みも常に揃うようになるのである。

サービス部門への影響

サービス部門にとって、考え方の変化は他に比べるとやや小さい。ここまで述べてきたような個別の項目よりも緊急性の変化の方がはるかに大きいのだ。この変化を要約すれば、次のようになる。「定期収益ビジネスにアフターセールスと呼べるものはない。どの取り組みもプリセールスである」

たとえば、ソフトウェアを実装する場合の緊急性を、3カ月契約を結んでいる顧客と永久ライセンスを購入した顧客とで比較してみよう。後者の場合、計画が2～3日遅れたからといって大した問題にはならない。1週間遅れても大丈夫だ。しかし、今後も契約を続けるかの決定まで90日間（60営業日）という顧客にとって、2～3日の違いは大きい。

サービス部門全体が、これを心構えとして持っていなければならない。カスタマーサポート電話担当は、問題解決をプリセールス活動と考える必要がある。営業担当やソリューションコンサルタントは、顧客とのあらゆる接点を重視している。今この時も、月末または四半期末または年末に向けて時間が刻々と過ぎていて、次の契約を結ばなければならないからだ。カスタマーサポート担当にも同じ緊急性が必要である。目の前の顧客の問題をできるだけ早く解決しなければならない。取引は差し迫っていて、予断を許さない状況なのだ。この差し迫っている取引とはもちろん更新のことだが、正式な更新手続きがなければチャーンの機会のことだし、従量課金型の事業であれば製品からさらにニーズを生み出す機会のことである。

優れたカスタマーサクセスマネージャー（ＣＳＭ）は、職務の一環として常にこう自問している。「今、なぜこのお客様は私の助けを必要としているのだろうか。私があらかじめ何をしていれば、この仕事をしなくてすんでいたのだろう。あるいは、上流の行動をどう変えるべきだったのだろうか」。こう考えて、サービス部門の他の部分に指摘することも多い。

●オンボーディング部門が行った設定では、顧客が求めている使用事例の解決につながらなかった
●顧客はレポートの作り方に関するトレーニングを受けたが、必要なレポートの作り方は理解していない
●緊急事項をカスタマーサポート部門で対処する時間が長すぎる
●カスタマーサポート部門の問題解決方法が適切ではなかった

どの場合でも、カスタマーサクセスの肩書を持つ者（ＣＳＭまたは経営陣）の仕事は単に顧客が困難を越えられるように手助けするだけではない。問題の源流に遡って対応を迫ることで、次の顧客が同じ状況に陥らないようにすることだ。つまり、サポート部門やトレーニング部門やオンボーディング部門のところに戻って、改善に向けて背中を押すのである。はっきりしているのは、最高のカスタマーエクスペリエンスとは、必要なときに誰かが助けてくれることではなく、助けが必要になる頻度がどんどん減っていくことである。

公平を期すために付け加えると、サービス以外の組織が顧客への対応方法を間違えていた場合も、カスタマーサクセス部門はそこに戻って同じように要望をぶつける。

- 営業部門が設定した製品の機能へのもくろみが誤っている
- 製品に約束した機能が付いていない

だが、カスタマーサクセス部門が顧客に本当の成功をもたらす場面に組織単位で影響が及ぶとすれば、その多くはサービス部門で起きる。だからこそ、あらゆる業務と課題に取り組むサービス部門にとって最も重要なのが緊急性だ。まずは、自分たちのことをアフターセールス部隊ではなくプリセールス部隊だと認識することから始めよう。

また、これはカスタマーサクセス担当副社長に本当の意味での権限と本物のリーダーシップが必要なもうひとつの理由でもある。会社を前に進めるためにカスタマーサクセス担当がすべきことには、自分に属していない人に影響を与えるものが本当に多い。この職務に必要な厳格さや報奨制度やスキルレベルは、営業担当副社長や技術担当副社長といった他部署のトップと比べても遜色ない。さまざまな意味で、正しいカスタマーサクセス部門のトップのスキルは営業担当副社長のスキルとそっくりだ。クロージング力の代わりにサービス方面の能力がほんの少し長けているだけなのである。

第3章

定期収益型でないビジネスにおけるカスタマーサクセス

今日、企業向けＳａａＳの世界では、幅広い分野でカスタマーサクセスが中心にある。これまで見てきたとおり、カスタマーサクセスを緊急課題として生み出したのはサブスクリプションモデルだし、カスタマーサクセスの必要性をかき立てたのも、ビジネスの心構えのひとつにまで高めたのもサブスクリプションモデルだ。では、カスタマーサクセスは他のビジネスにも応用できるのだろうか。

答えは文句なしに、**イエス**だ。個人向けの会社やテクノロジー以外の会社の多くでも、（名称は違うかもしれないが）カスタマーサクセスという概念の必要性が見出されつつあるか、再発見されている。その理由は多岐にわたるが、たとえば次のようなものだ。

❶自社の事業をサブスクリプション型にする方法、そうでなくてもサブスクリプション型の製品

を作る方法を検討している会社が多数を占めるようになった

❷素晴らしいカスタマーエクスペリエンスを生み出したり、顧客があなたの製品から本物のビジネス価値を引き出せるようにしたりすれば、その取り組みが報われるようになった

サブスクリプション以外のビジネスでも、リピーターは重要だ。もしあなたの業界でも同じことが言えるなら、カスタマーサクセスがどう助けになるか考えてみよう。

覚えておいてほしいのは、**カスタマーサクセス**という文言は、**ロイヤルティの創出**、特に**心理ロイヤルティの創出**という言葉の言い換えにすぎないということだ。実際にカスタマーサクセス部門がある会社の場合、その部署の存在意義はロイヤルティを高めてリテンションと収益増につなげることだ。ロイヤルカスタマーは離れないし、より多くのモノを買う。いずれも、あらゆる会社が顧客に求めていることだ。そのためのプロセスの第1段階がサブスクリプションであり、だからこそ、どの会社もテクノロジーの力を借りて新たな市場に参入している。だが、サブスクリプションは途方もない夢ではなく、単なる出発点だ。あらゆるサブスクリプションで、力の大部分が私たちから顧客に移りつつある。これは現実なのだ。つまり、あなたの望む成果を得るには、顧客が要望することをすべて提供しないといけない。こうして登場したのが、カスタマーサクセスだ。部署の人間が直接顧客とやり取りする場合でも、テクノロジーの力を借りて適切なメッセージをタイムリーに顧客に送る場合でも、目的はより良い顧客体験を生み出すことなのである。

サブスクリプションはソフトウェアや雑誌だけのものか

まず、サブスクリプション・エコノミーがどのようにソフトウェアの外側まで広がっていったかについて見てみよう。これはカスタマーサクセスの成長と重要性を知るうえで非常に重要な要素だからだ。次のようなサブスクリプションは何年もかけて定着したもので、私たちも慣れ親しんでいる。

- 雑誌
- フィットネスセンター
- ケーブルテレビ
- カントリークラブ
- 従来のテクノロジー（ハードウェアやソフトウェアのメンテナンス）

また、新たなサブスクリプションも急速に普及している。

- 映画（ネットフリックス）
- 衛星ラジオ（シリウスXM）
- 音楽（パンドラ、スポティファイ、アップルミュージック）

●ダイエットプログラム（ニュートリシステム、ウェイト・ウォッチャーズ）
●医療貯蓄口座（大手保険会社のすべて）
●食料品配達サービス（インスタカート）

以下についてはまだ私たちの生活を変えるには至っていないが、間もなくそうなるかもしれない。

●カミソリ（ダラーシェーブクラブ）
●食事（ブルーエプロン、イートクラブ）
●健康ドリンク（ソイレント）
●宅配便（アマゾンプライム）
●処方薬（ピルパック）
●フィットネスセンター（クラスパス）

世界中のあらゆる企業が、どうすればサブスクリプション型の事業にできるかを考えている。スターバックスの経営陣も、コーヒー飲み放題のサブスクリプションの適正価格を検討しているかもしれない。月50ドル未満で実現してくれれば、ぜひ私も入会したい。ウーバーのような会社はどうだろうか。まず間違いなくデータ分析部門があるだろうし、徹底的にデータを検証してウーバー型のサブスクリプションが成り立つようにしているはずだ。サンフランシスコ内を乗り放題で月

225ドルというプランならどうだろうか。その方が少しでも便利なら、多くの人がタクシーやライバルのリフト社を利用するのを止めてしまうだろう。この方式の持つ力は本当に大きい。どの会社も大好きで切望しているものが2つも得られるからだ――予測可能な収益とロイヤルティである。どちらの概念にも双方向性がある。会社が予測可能な収益を好むように、顧客である私たちも支出額を予測できる方がいい。だからこそ、電気料金の支払いの際、季節ごとの金額の上下動に悩まされるより毎月同じ料金を支払いたいという顧客が多いのである。もうひとつの概念はやや捉えづらいが、人は生来ロイヤルティをいいものだと考えているし、名誉の証とさえ感じている。フォードのトラックとシボレーのトラックの所有者同士のやり取りを聞いたことがあればわかるだろう。ロイヤルティとは、ときに殴り合いにまで至るのである。

人はただ、自分の決定に誇りを持ちたいのだ。ロイヤルティは、獲得されることを待っている。そしてサブスクリプションモデルは、ロイヤルティを獲得して人々の望みに応えることができる完璧なツールなのだ。

ここまで述べてきた概念は、マイレージサービスや得意客会員制度を導入している企業ではすでに定着しており、長期的なロイヤルティも確立されている。企業が導入しているこの種の制度は、定義上は従量課金ビジネスになるが、前述のとおり、顧客管理において従量課金はサブスクリプションビジネスと非常に近いものだ。得意客会員制度には、あなたが他には見向きもせず1社との取引を継続する理由のすべてがある。私が車を借りるのは、最近ではいつもナショナルカーレンタルだ。ここには私の情報がすべて揃っているので、まっすぐ車のあるところに向かって欲しい車を選べば、すぐその車で外に出られる。必要なのは、免許証の提示だけだ。会員ではない店だと、長い待ち時間の末に書類を記入して、さらに大量のイニシャルや署名まで必要になるのだから、この利便性は驚異的である。こうして私はこの会社から離れられなくなり、他の会社で車を借りる可能性はもうほとんどない。他社が、借りた車を空港の出口まで届けてくれるとか、どこでも乗り捨てていいというような、もっと生活が楽になるような方法でも提案してくれない限り、この流れが変わることはないのである。

このような**得意客向け**産業が初めて考え出されたのは、間違いなく航空会社のマイレージサービスだ。本書の内容を構想していた頃、友人からカスタマーサクセスはＳａａＳ以外にも応用できるかと尋ねられたことがある。私は反射的に「いや、無理だよ」と答えたが、彼が続けた素朴な質問は私を悩ませた。「今日この後乗る予定のユナイテッド航空でフライトが遅れるとしたら、何が起きる？」。答えはこうだ。私は遅延を伝える携帯メール（ＳＭＳ）を受け取る。そこに書かれているのは、新たな予定出発時刻か次回の情報更新予定時刻だ。これはカスタマーサクセスではないのだろうか。ユナイテッド航空は間違いなく、私に自社の飛行機にできるだけ多く乗ってほしいと思っている。空の旅は完璧な時間とはとても呼べないものだが、だからこそ、ユナイテッド航空は成功に近づける施策の一環として、計画どおりに進まないときに私にその情報を伝え続けるのだ。だから、フライト遅れやゲート変更があった場合はＳＭＳが届くし、荷物が自分のフライトに乗っていないときもそう教えてもらえる。

ＳａａＳ企業におけるＣＳＭの日常業務も、その多くが顧客の期待値の設定や再設定に関するものだ。木曜日に発送予定だった新製品が2週間遅れることになった。顧客が欲しがっていたレポート機能のリリースが、10月にずれ込んだ。または、いい方向の変更なら、予定されていたプレミアムサポートプログラムが、当初の9月1日から前倒しされて今日から使えるようになった。このような情報伝達はCSMの日常業務だが、ユナイテッド航空が情報を送り続けて私の期待を常に満たそうとするときの行動とそっくりだ。この種の働きかけはカスタマーエクスペリエンスの向上にも寄与するし、マイレージサービスの特典と同じくリテンションにつながる。まさにカスタマージャーニーだ。結局、カスタマーサクセスという理念の中心にあるのは、顧客が常に戻ってくるように、製品から顧客が最大の価値を受け取れるようにすることなのである。この考え方は業界の枠を超えて、今や企業向けのSaaSから非テクノロジー企業、さらにB2Cの会社にまで広がっている。

ここで、世界中がサブスクリプションモデルに向かっていることを示す例をもうひとつ挙げよう。フォルクスワーゲンが今やSaaS企業だと言われたらどう思うだろうか。本当にそうなのだ。新車種には、アップルの「カープレイ」機能が標準で搭載されている。すでに自動車会社の多くがカープレイか「アンドロイドオート」を導入しているため、このこと自体は大きなニュースではない。何が新しいのかというと、フォルクスワーゲンは自社の「カーネット」アプリを使ってカープレイの機能を拡大したのである。遠隔操作でロック制御、クラクションやライトの点滅を行う機能のほか、駐車情報、盗難車の位置情報、衝突自動通知、故障診断、自動車モニタリングなどの機能を利用できるようになった。そして、ここでSaaSが登場する。カープレイ自体は標準装備だが、フォルクスワーゲン専用のカーネットアプリは年間199ドルのアップグレード版なのだ。もう一度言おう。「1年当たり」199ドルである。これは新たなSaaS企業の誕生だ。月間または年間の支払いが必要なソフトウェアの出荷と同じことが起きている。そして、これは入口でしかない。今後、自動車会社がサブスクリプション型の自動車保有制度を導入するのも、そう過激な想像ではないだろう。月650ドルを払えば、15車種から運転したい車を選べて、車を変更したくなったらいつでもプランの範囲内で変更できる。ソフトウェアが世界を飲み込んで（そしてつながって）いるので、どの車を選んでも、納車時点ですでにラジオ局が設定されているし、シートも好みの位置に設定されているし、室温もちょうどいい状態で調整されている。さらに、登録証や車両保険は車のソフトウェアからデジタルで見られるようになっており、警察に見せたければすぐ画面に表示できる。そんな世界になれば、自動車会社はカスタマーサクセスのノウハウを切実に求めるようになり、本書を読んでいるあなたを社員に登用したいと思うだろう。自動車会社の成功には、まったく新しい方法が求められるようになるからだ。

この変化の影響をまったく受けない事業はない。もし自動車会社や薬品販売会社、無線ラジオまでもが完全にサブスクリプションモデルに移行するなら、あらゆる事業で同じことが起きるか、少なくとも同じ方向に進むのではないだろうか。これは、ロイヤルティを構築・定着するための道であり、そうでなければ対象にならなかったはずの顧客にも手が届くように事業を拡大する道でもあるのだ。

カスタマーサクセスの提供方法

カスタマーサクセスの理念は基本的に同じだが、提供方法という点では企業ごとに大きく異なる。ここでは、3社を例に挙げて、顧客数と平均販売価格を大まかに推計してみた。

❶ワークデイ――顧客数百人、100万ドル／年
❷クラリゼン――顧客数千人、1万5000ドル／年
❸ネットフリックス――顧客数百万人、10ドル／月

この3社が同じやり方でカスタマーサクセスを運用できるはずはない。ワークデイはあらゆる顧客対応に人材を投入できる。たとえば、顧客が製品を理解して効果的に使えるように、製品やその領域の専門家が多くの時間を費やしても構わない。クラリゼンもある程度の顧客に対しては同じことができるが、価値は高くないものの手放したくはない顧客のロングテールをどう調整するかが悩みの種である。ネットフリックスに至っては、顧客に対してできることは完全自動化されたサービスのみだ。ネットフリックスのCSMと顧客との間では、定期的な電話や打ち合わせは一切行われない。このように、顧客価値には明確な階層があり、各階層に対応するタッチモデルもある。多くの会社にとって、このモデルは自社の顧客基盤全体に適用できる。さまざまな顧客も3つのカテゴリーのどこかに入る（図3・1）。

では、ピラミッドの階層ごとにカスタマーサクセスがどうなるかを詳しく見ていこう。事業の規模や顧客数にかかわらず、カスタマーサクセスがあらゆる事業に適用されている様子を視覚化するには、この部分の理解が欠かせないからだ。

ハイタッチ

定義上、最も人手が必要だが、かかった費用は顧客が製品に支払う金額で元が取れるというモデルである。SaaS企業の間で最も普及していて（ワークデイなど）、この種の企業の顧客は製品にかなりの金額を支払ってくれる。とはいえ、SaaS特有のモデルというわけではまったくない。たとえば、ディレクTVとマリオットが提携して、世界中すべてのマリオットホテルでどの部屋のテレビにもオプションチャンネルが入ったとする。この時、間違いなくディレクTV側にはこの重要な事業関係を管理する担当者がいて、大切な顧客が満足できるように社内の全組織で取り組みを

図 3.1　顧客価値の階層

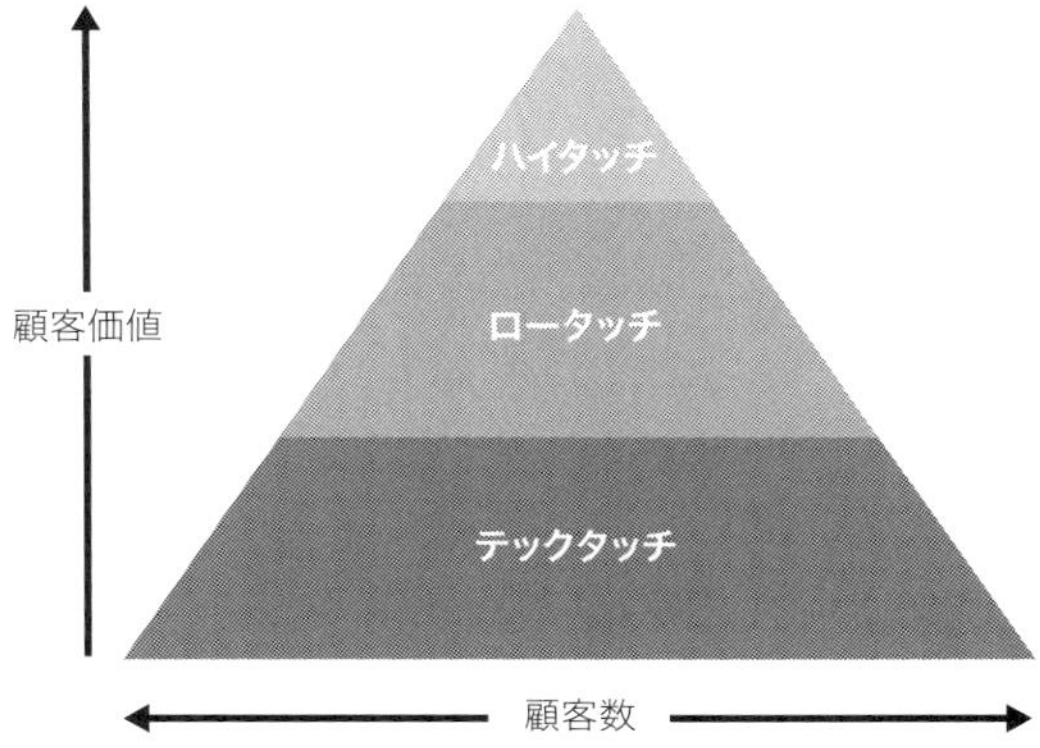

進められるように強大な権限を持っているはずだ。名称は違うかもしれないが、これがカスタマーサクセスであり、価値をもたらすことで顧客からロイヤルティを引き出すのである。

ハイタッチモデルでは、ベンダーと顧客との間で頻繁にやり取りがあることが多いが、やり取りには定期的なものとそうでないものがある。優れたハイタッチ型カスタマーサクセスでは、定期的なやり取りと不定期的なやり取りの両方を事前に定めているのが普通だ。定期的なやり取りには、次のようなものがある。

- 定義されたオンボーディングプロセス
- ベンダー内の部署間引き継ぎ
- 現状確認の打ち合わせ（毎月）
- 幹部のビジネスレビュー（ＥＢＲ）（半年または四半期ごと）
- 現場視察（頻度が非常に多い場合も、年に1回の場合もある）
- 定期ヘルスチェック
- 更新日前の連絡（サブスクリプション型の場合）

不定期的なやり取りは、ベンダーがデータを使い、顧客に対して先手を打って行うもので、以下のリスクに気付いたときにリスクを軽減するために行われるのが普通だ。

- 何度も機能が停止した
- カスタマーサポートまたはカスタマーサービスへの電話が多すぎる
- 製品の使用頻度が下がった
- 支払期限を○日過ぎた

お気付きのことと思うが、不定期的なやり取りは、自社のモデルがハイタッチでもテックタッチでも、おそらく業務の一環として対応せざるを得ない。ネットフリックスなら、以前はたくさんレンタルしていた顧客が突然映画をまったくレンタルしなくなり、そのまま60日が過ぎたら、危険信号だと想像できるはずだ。こうなったとき、顧客に電話をかけても効果はない。まずはキャンペーンを伝えるEメールや何らかの自動リマインダーを送るところから始めた方がずっと良いだろう。

ハイタッチモデルでは、電話にしても直接会うにしても、ほぼすべてのやり取りが個人単位で行われる。大きな課題は、かかった費用に対する利益が最大になるように、顧客との接点を十分活用することだ。そして、費用のうち多くの割合を人件費が占めているので、他と比較するとかなりコストがかかる傾向がある。取引相手の顧客が製品に年間数百~数千ドル（またはそれ以上）支払っているのだから妥当なコストではあるが、それでも顧客とベンダーのどちらから見ても利益が最大になるよう、機会を十分活用しなければならない。

ベンダー側からすると、これは明らかに生死のかかった事業プロセスである。ハイタッチモデルは、最も価値の高い顧客のみを対象としていることが多いからだ。この種の顧客を失えば、金銭面のみならず、さまざまな面で壊滅的なダメージを受けることになる。高額なリソースを使うハイタッチモデルでは普通、リテンション目標は100パーセントと明快だ。それよりわずかでも少なければ、間違いなく大失敗となる。一方で、ハイタッチサービスを受ける顧客はたいてい、増額する可能性も非常に高い。先ほど仮定したディレクTVとマリオットとの提携において、マリオットが今後ホテルの建設や買収を行う可能性を考えてみてほしい。かなり高いはずだ。マリオットがディレクTVに満足している限り、新たな部屋はすなわちディレクTVの新たな売上なのだ。これは将来にわたって利益を生む事業であり、100パーセントのリテンションにとどまらず、長期的には関係の金銭的な価値が上がることも期待できるのである。

テクノロジー以外の個人向け事業でも、企業向けのSaaSと同じようにハイタッチのカスタマーサクセスを活用している例はすぐに見つかる。ディレクTVとマリオットの話に戻ると、ディレクTVの対象顧客は主に個人だが、一定の顧客のために企業向けの事業も行わざるを得ない。条件を満たす顧客はマリオット以外にもある。バッファロー・ワイルド・ウィングスなどのスポーツバーのチェーン店は、全店舗に35面の大画面を設置して、できるだけ多くの試合を放送したい。つまり、関係性という意味でスポーツバーチェーンとマリオットは非常によく似ているのだ。また、ディレクTVの方もこの種の課題（または機会）に取り組む唯一の企業ではない。多くの（むしろ大多数の）企業が、いずれかのモデルのみにすっきり当てはまるわけではない。ドロップボックスも、最初は個人向けの事業から始まった会社だが、アプリケーションを使う人の多くが同じ業界で働いていることがわかると、企業向けの取引を検討するようになり、今では企業と個人の両方を対象としている。

テクノロジー以外でハイタッチのカスタマーサクセスへの造詣が深い会社といえば、ブライト・ホライズンだ。子供がいて大企業で働いている人なら知っているかもしれないが、従業員への福利厚生に保育を取り入れたいという大企業向けに保育サービスを提供している会社である。ご想像のとおり、ブライト・ホライズンにとって大企業との取引は死活問題だ。そこで、取引関係の管理を担当する部署がある。目的は、リテンション率を上げて、金銭的な意味で関係を強化することだ。ブライト・ホライズンには、補助的保育や教育サービス、さらには老人向け介護までさまざまなオプションがあり、これらのアップセルを通して関係の強化が進むことになる。このように、ワークデイの事業にもブライト・ホライズンの事業にもサブスクリプションの性質があるため、顧客にハイタッチのカスタマーサクセスを行う目的はどちらも同じだ。

●**製品の導入**――ワークデイは顧客に自社のソフトウェアを使ってもらい、そこから価値を得てほしいと思っている。ブライト・ホライズンは顧客の従業員に自社のサービスを使ってもらい、生活を豊かにしてもらいたいと思っている。

●**顧客満足**――素晴らしいレファレンスはどの業種でも売上につながる。本当にいい製品やサービスなら、その良さを広く伝えることにかけて口コミの右に出るものはないし、顧客の推薦ほど販売プロセスを上向かせるものもない。

●**アップセル**――顧客は成功して嬉しくなれば、あなたからもっと購入する。そしてうまく回るようになる。そのような最高の顧客なら、他の製品やサービスも購入するだろうし、販売コストも極めて小さくなるはずだ。

- **リテンション**——これは常にカスタマーサクセスの中心に来る。ロイヤルティを引き出す理由は、温かい気持ちになるためではない。定期収益ビジネスは、ロイヤルティがなければ立ち行かないからである。

多くの意味で、ハイタッチモデルは社員の配置も展開も実施も最も簡単だ。人としても会社としても、ハイタッチによる顧客管理はずっとやってきていることなので、適切な接客スキルと頭脳を持っている人材を見つけることも、顧客に成功をもたらす方法を探し出すことも難しくない。これは主に関係性に関する業務であり、うまくいくかどうかを左右するのは業務への精通度だ。とはいえ、テクノロジーの出番がないわけではない。むしろ、その重要性は非常に大きい。だが、ハイタッチモデルにおけるテクノロジーの主な役割は、伝達手段や協働や管理に関するものであり、自動化や連絡すべき相手や時期を最適化することはそれほど求められていない。テクノロジーについては第16章で詳述する。

ロータッチ

想像が付くかもしれないが、ロータッチのカスタマーサクセスモデルはハイタッチモデルとテックタッチモデルの混合であり、両方の要素が混ざっている。ロータッチモデルが対象とするのは、

中間にある顧客だ。ハイタッチ客にしているような上質なサービスを約束するほど大規模な層でも戦略が必要な層でもないが、ある程度個別に対応したいと思う程度には重要である。3層型のモデルは何でもそうだが、真ん中は必ず上下の境目がはっきりしない**曖昧な中間層**になってしまうものだ。しかし、たとえハイタッチ層の一番下とロータッチ層の一番上との境界線（同じくロータッチ層の一番下にある境界線）がどれだけかすかなものでも、線引きは必ずしなければならない。

あなたの会社が純粋なテックタッチ企業でないなら（多くの個人向け企業はそうに違いない）あなたの顧客層はほぼ間違いなくロータッチに区分される。このような顧客を管理するモデルを考える方法のひとつが、ジャストインタイムを使ったカスタマーサクセスだ。

ジャストインタイムは、製造業界から拝借した用語だ。別名「トヨタ生産方式（ＴＰＳ）」と言い、１９６０年代にトヨタの製造工場で始まったシステムである。大量生産の草分けの時代、製品は先に成約されていて、その製造には生産ラインが求める部品や原材料を保管できる巨大な倉庫が必要だった。このような倉庫や在庫自体が、生産工程の中では極めてコストのかかる部分だ。そこで、賢明な経営者がコスト削減策も兼ねて発注・輸送方法を改善した。こうして、部品や原材料が実際に必要な時間の直前に届くようになり、会社は手元に置く在庫の量を減らせるようになった。１００パーセントうまく進めば、車の製造中に作業者が手を伸ばした瞬間に、必要な部品が組立ラインに届く。トラックから降ろされた部品はまっすぐ持ち場にやってくるので、在庫は決して発生しない。

ロータッチ客に向けたカスタマーサクセスも同じように行われるため、ここではジャストインタイム（JIT）の言葉を使わせてもらう。JITのカスタマーサクセスとは、まさに顧客が求めていることをぴったりのタイミングで行うということだ。1分早くても1分遅くてもいけない。あなたにとってこの層の顧客は在庫にしておくほどの価値はない。ここでいう在庫とはおびただしい案内や教育やアフターケアのことで、どれも金額では測れない価値、つまり信用を生み出す。言葉を換えると、JITとはギリギリ必要な量、ということだ。ハイタッチモデルでは、1人1人の顧客とのやり取りの数によって、多くの在庫（信用）が重なっている。ハイタッチモデルでは、もうひと頑張りして必要以上かもしれないところまで行くことにも意味がある。大切な顧客だからだ。ロータッチモデルではそこまで多くのやり取りをする余裕がないため、必要最低限を目指すしかない。しかし、このモデルでは、必要最低限とはいってもある程度の個別対応も必要だ。これに対して、テックタッチモデルなら個別対応は一切いらない。

ロータッチは、個別対応にテックタッチの要素を補うところから始めるのが無理のない方法だ。ではここで、もう一度ハイタッチモデルで定義した定期的なやり取りを確認しよう。

- 定義されたオンボーディングプロセス
- ベンダー内の部署間引き継ぎ
- 現状確認の打ち合わせ（毎月）
- 幹部のビジネスレビュー（EBR）（半年または四半期ごと）
- 現場視察（頻度が非常に多い場合も、年に1回の場合もある）

●定期ヘルスチェック
●更新日前の連絡（サブスクリプション型の場合）

ロータッチモデルでも使える部分は多い。だが、現場視察のように完全に削れる項目もあるし、頻度についてはほとんどの項目で大幅な見直しが必要だろう。右のリストをロータッチ客向けに修正してみると、次のようになる。

●~~定義された~~パッケージ化されたオンボーディングプロセス
●~~ベンダー内の部署間~~営業部門からオンボーディング部門への引き継ぎのみ
●~~現状確認の打ち合わせ（毎月）~~
●幹部のビジネスレビュー（EBR）（~~半年または四半期ごと~~1年に1回）
●~~現場視察（頻度が非常に多い場合も、年に1回の場合もある）~~
●**自動化した**定期ヘルスチェック
●自動更新日前の連絡（サブスクリプション型の場合）

同様に、不定期的なやり取りもコストを最低限に抑えるよう慎重な変更が加えられるだろう。今回の場合なら、単に基準を引き上げ（場合によっては「引き下げ」という言い方になるが）ればいい。たとえば、ハイタッチ客に対する働きかけの基準が、30日間で10件以上のサポートやサービス依頼だった場合、ロータッチ客への基準は20件以上にするということだ。さらに、定期的なやり取りと同じく、ここでもテクノロジーの存在感が増してくる。支払遅れに対しても、最初の3回までの連絡はすべてEメールで行ってもいいかもしれないし、個別対応も最初の2回は人件費の高いCSMではなく若手の財務担当が行ってもいいかもしれない。

当然だが、3つの階層とそれぞれのタッチモデルは、事業が高い採算性を保てるように、またはせめて成り立つようにするためのものだ。カスタマーサクセスを重視している健全な会社では、この階層とタッチモデルがしっかり定義されていて、人員数の決定に使われている。ハイタッチモデルの話に戻ると、このモデルではCSMが各タスクの準備と実行にかかる時間や不定期タスクの発生する頻度をごく容易に見積もることができる。社内ミーティングや接客以外の業務に充てられる時間も組み込めば、年・月・週ごとに顧客1人当たりに必要なCSMの時間を算出できるし、逆に1人のCSMが管理できる顧客数も定義できる。これで会社の人員モデルは完成だ。

注意したいことが2点ある。(1)この段階で判明する必要人員数は、CFOやCEOが承諾する人数よりかなり多くなる可能性が高い。だが、少なくともたたき台としてのモデルはできたと考えて、必要な人員を抑えるにはどの業務を削減または自動化できるかについては、ここからよく話し合えばいい。(2)CSMの人員数を決めるには顧客数ではなく契約金額(ARR)を使うべきだ。すべての顧客は「生まれながらにして平等」ではない。年間200万ドルを払ってくれる顧客を年間2万ドルの顧客と同等に考えることはできないのだ。ただし裏を返せば、2万ドルの顧客を100人管理する方が200万ドルの顧客を1人管理するよりずっと大変だという点についても忘れてはならない。

ハイタッチモデルと同じく、ロータッチモデルもテクノロジー以外の事業や個人向け事業の多くにそのまま適用できる。たとえば、個人向けの会社には、対象となる市場が小さいために顧客基盤も比較的小さいところがある。このような状況で適用できるのが、まさにロータッチの技術だ。主に個人向けの事業だからといって、常にテックタッチだけが選択肢になるわけではない。

この種の企業の一例が、ニプロダイアグノスティクスだ。同社には多くの製品があるが、その中に家庭で糖尿病検査ができる血糖自己測定器がある。顧客はまずこの測定器を購入して、その後も定期的に試験紙を補充しなければならない。診断結果は測定器からブルートゥースで携帯機器に送られて、利用者の医療機関と共有できる。ITが実用化したこの種の家庭医療は、まだ初期段階だが世界的にも大きな流れとなっている。しかし、ここで重要なのは、直接自宅に届く血糖測定器と付属の試験紙とは、要するにシェーバーと替え刃を家庭医療に置き換えたものということだ。利用者が定期的に試験紙を補充する必要があるモデルとは、本質的にはダラーシェーブクラブ（カミソリの替え刃の定期購入）式のサブスクリプションモデルと同じものである。ニプロは顧客基盤が比較的小さいため、カスタマーサクセスのモデルはロータッチとテックタッチの組み合わせだ。ロータッチを行うのは医療機関（チャネルパートナー）で、製品の効果的な使い方のほか、続けて使えば生涯の健康と安心という点で高い価値が得られるということも消費者に教えてくれる。テックタッチは機器が直接行うため、利用者は各測定の結果がすぐにわかる。かなり時間が経っても顧客が試験紙を追加注文しなければ会社が直接介入することもあるが、それでもこのビジネスモデルの根本的な要素は効果的なカスタマーサクセスだ。ニプロはシリコンバレーで生まれた新たな秘術（カスタマーサクセス）の存在は何も知らないかもしれない。だが、そのビジネスモデルには顧客の効果的な管理が必要であり、ニプロに求められるのは製品が約束したものを確実に届けることだ。このモデルを何と呼ぶかは大した問題ではない。「バラは、他の名前で呼ぼうと香りは同じ」なのである。

テックタッチ

このモデルは、3つの中でも一番複雑で面白いかもしれない。直接顧客と話すことなく、ちょうどいいタイミングで適切なカスタマーサクセスを届けるにはどうすればいいだろうか。SaaSのモデルは、顧客にとっては参入障壁を、ベンダーにとっては営業コストを引き下げるものであり、あらゆる市場へと拡大している。しかも多くの場合、飛躍的に。その結果、ほぼ必ず到達するのが価値の低い顧客のロングテールだ。この種の顧客の1人1人の価値は戦略的にも金銭的にも大きいものではないが、全体としてベンダーの収益に大きな役割を果たすことが多い。ロングテールに対して求められるのは、テックタッチのカスタマーサクセスだ。一方、個人向け企業のほとんどにとって、テックタッチは求められるというレベルのものではない。唯一の選択肢なのである。

テックタッチとは要するに、すべての顧客との接点がテクノロジー主導で行われるということだ。別の言い方をすると、あらゆる対応を一対多にしなければならない。個別対応はコストがかかりすぎるし、ここで話している顧客の規模に対処するのはそもそも不可能だ。テックタッチの話題は、Eメール中心になることが多い。テックタッチ客に対するカスタマーサクセス武器工場の中で、

Eメールは確かに強力な戦力だが、唯一の武器というわけではない。一対多に役立つチャネルには、他にも次のようなものがある。

- ウェビナー
- ポッドキャスト
- コミュニティ（他の顧客とアイデアを共有したり、バーチャルで会話をしたりできるポータルサイト）
- ユーザーグループ
- カスタマーサミット

どの手段も大規模なカスタマーサクセスの選択肢であり、一度に複数の顧客とやり取りすることも、そのやり取りを別のソース（コミュニティ）に移すこともできる。しかしまずは、Eメールについてもう少し詳しく見ていこう。これが最も強力な武器であり、極めてタイミング良く、適切で情報に基づいた内容を送れるものであることには疑いの余地がないからだ。また、Eメールマーケティングは原理原則としてもよく理解されており、これを支えるテクノロジーは10年以上研究を重ねて強化されてきたものだ。

Eメールを使ったターゲットマーケティングは、ここ10年強の間に世界中を席巻した。マーケティング自動化ソフトのプロバイダーの中で特に成功したのは、エロクア、マルケト、ハブスポットの3社で、いずれも株式公開を果たしている。それ以外に、主に個人向けのソフトウェアプロバイダーとして成功した会社もあり、中でも上場するまでに成長したのがレスポンシスとエグザクトターゲットだ。どの会社も、時価評価10億ドルを超えたことがある。何か**共通の秘密**があるのは明らかだ。Eメールのターゲットマーケティングという概念の核にあるものは、ごく単純である。潜在顧客に対して、顧客層の情報と行動の情報に基づいて高機能のEメールキャンペーンを作り、潜在顧客を購入への流れに乗せることだ。確かに、複雑な分岐ロジックやマルチチャネルのインテリジェンスによって、キャンペーンは非常に高度化している。だがこれまでは常にTOFU（top of the funnel：セールスファネルの上部）、つまり顧客の獲得が目的だった。ところが、時が経ってここに変化が起きつつある。

今や、Eメールのターゲットマーケティングはカスタマーサクセスに近づいている。そして、同じ概念が潜在顧客だけでなく既存顧客にも適用されるようになったため、顧客はカスタマージャーニーの流れに乗ることで、製品を利用すれば成功できるようになった。これは基本的には従来どおりのデマンドジェネレーションだが、変化した部分もある。既存顧客を対象にするということは、顧客がすでに所有している製品に対する需要を作り出すことなのだ。カスタマーサクセスは**ロイヤルティの構築**を言い換えたものだったという話を思い出してほしい。顧客へのEメールキャンペーンの目標は、単に顧客にもっと購入してもらうことではない（それが目的になることも時にはあるが）。顧客がすでに購入した製品を強化して、顧客がもっと効果的に使えるようにすること、さらには顧客が契約更新するか解約しないことによってロイヤルカスタマーであり続けることこそが目標なのである。Eメールの本当の強みは、一度インフラができてしまえば基本的に無料で配信できるうえに、規模が拡大しても対応できることだ。顧客基盤の大きい会社なら、この性能は命の恩人である。たとえ他にも一対多のチャネルがあったとしても、Eメールは最も効果の高い武器だからだ。その理由をさらに詳しく見ていこう。

効果的なEメールに必要なのは、ちょうどいいタイミングであることと、内容が対象顧客に合っていて、役立つ情報が含まれていることだ。前述した潜在顧客へのマーケティング自動化の話と同じく、顧客についても使える情報は膨大にあり、これを効果的なEメール作成に利用することができる。「同じく」と書いたが、実は潜在顧客に関する情報より既存顧客に関する情報の方がはるかに多い。以下は、顧客について会社が把握しているはずの情報のうちごく一部だ。

- 初回契約日
- 顧客になってからの期間
- 業種
- 所在地
- 契約内容
- 契約金額
- 契約金の増加率
- サポート電話の着電数

- サポート案件ごとの重大度
- 各サポート案件の継続日数
- 請求書の件数
- 支払完了数
- 支払遅れ件数
- 平均支払期間
- 顧客満足スコアとその傾向
- カスタマーヘルススコアとその傾向
- サブスクリプションのＳａａＳ企業の場合
  - 更新日
  - 製品に対する全クリック数

リストはまだまだ伸ばせるが、要点はわかっただろう。顧客に関するデータは膨大にあるため、顧客に連絡するタイミングやメッセージ内容を深く考察することができるのだ。Ｅメールなら、この種のやり取りを大規模に行えるのである。

では、具体的な状況を見ていこう。あるＳａａＳ企業が、数カ月前に新たなレポート機能をリリースしたとする。多くの顧客が待ち望んでいた機能で、中には半年以上待っていた顧客もいる。これは自社製品の魅力を大いに高める機能だったので、すべての顧客が使っているかどうかを確認することが最大の関心事だ。適切なテクノロジーを使って、担当者は全顧客のうちまだ新たな機能を使ったことがないパワーユーザーや管理者を見つけることができた。そして、次のようなEメールを送るのである。

ジョー様

2012年7月以来、当社のロイヤルカスタマーでいてくださることを改めてお礼申し上げます。ジョー様が当社の家族の一員であることを嬉しく思っております。さて、先日はNPS調査にご回答いただき誠にありがとうございます。当社のレポート機能への評価が10段階中6とのことでしたので、当該機能が飛躍的に向上したことをぜひお知らせしたいと思い、ご連絡差し上げました。これまでにない機能で、XとYのレポートを簡単にすっきりとまとめられるうえ、その情報からすぐに新しいダッシュボードを作成することも可能となりました。これまでのところ、ご利用いただいたお客様からは非常に高い評価をいただいています。**こちら**に当社の製造部門からのメッセージがございます。また、うまくいかない場合は**こちら**と**こちら**に機能を有効にして使用する方法についてのオンデマンドのトレーニング動画がございます。ぜひご確認いただき、2番目の動画の最後にポップアップで表示されるフォームにてご意見をいただけますと幸いです。なお、2番目の動画を最後までご覧いただくと、来年のサミットの無料チケットが当たるお客様チャレンジにご参加いただけます。

それでは、レポート機能をお楽しみください。この機能がこれまで以上にジョー様のお役に立てることを祈っております。

カスタマーサクセス部門

顧客にとっての価値を高めるために、このようなEメールほど強力な武器はないだろう。そして、同じEメールに各個人向けの内容を加えて、20人でも1000人でも多くの顧客に同時に送ることができる上、費用は同じ――ゼロなのだ。ある程度は個別対応が可能なロータッチのカスタマーサクセスモデルであっても、この方法を使えばその分顧客との電話15回と直接の打ち合わせ30分間を省けるかもしれない。純粋なテックタッチモデルなら、やり取り自体は数年間でほんの数回だったとしても、顧客はその価値に感動してくれる可能性がある。成熟した個人向けの会社や大規模な企業向けの会社では、すでにこの種のターゲット型ロイヤルティキャンペーンの実績があるのではないだろうか。名称は顧客マーケティングだったかもしれないし、製品のユーザーエクスペリエンスの一環として行われていたのかもしれないし、リコメンデーションエンジンという名称だったかもしれないが、どれもカスタマーサクセスの別名だ。とにかく、既存顧客のロイヤルティ構築が求められているのは確かだし、ある程度の取り組みはすでに始まっているかもしれない。だが、求められているレベルまでは定義も実行もされていないようだ。ここは確実に現在の顧客の世界であり、今まさに私たちが生きている世界でもある。カスタマーサクセスとは、単にこの現実を受け入れて採用しているだけなのだ。あなたの会社にまだカスタマーサクセス部門がないなら、今こそこの部門を中心に会社全体をまとめるか、せめて必要であるという共通認識を持たなければならない。現在、成熟したＳａａＳ企業で人気なのは、顧客マーケティングとカスタマーサクセスがまだ同じ傘の下にない場合、前者を後者に近づけるという活動である。

これで、テックタッチのカスタマーサクセスモデルがほぼあらゆる事業に十分適用できることがはっきりした。自分の会社が厳格なハイタッチモデルだとしても、ＣＳＭのタスクには自動化できるものがあるし、自動化することでＣＳＭが戦略的な活動を行う時間も増える。何より重要なのは、ＣＳＭのいない会社でもカスタマーサクセスという言葉のない会社でも、あらゆる事業がテックタッチモデルによって即座にカスタマーサクセスをもたらせるようになったことだ。直前の例はＥメールを利用したものだったが、少し前に私が挙げたユナイテッド航空の例ではＳＭＳを利用していた。これもうまく使えば効果が高まる可能性を秘めている。デジタルの音声メッセージも、そのチャネルが顧客に喜ばれる場合は、大規模に配信することが可能だろう。

要するに、カスタマーサクセスは、幅広い顧客それぞれに合わせた効果的な形で届けることもできるのだ。これを可能にしたのがテクノロジーであり、この機能を活用し始めている会社も増えている。

さて、ここまでの話で、カスタマーサクセスは事業の種類に関係なく最適であることが立証できたと思う。企業向けのＳａａＳでも、個人向けのＳａａＳでも、ＳａａＳではないサブスクリプション型でも、サブスクリプション型ではないがその方向に舵を切りつつあるところでも、従量課金モデルでも、どんな場合でも求められているのはまさにカスタマーサクセスなのだ。５０００万ドルの顧客が10人いる会社でも、10ドルの顧客が５０００万人いる会社でも、当てはまる真実なのである。おそらくあなたも既に、何らかの形でカスタマーサクセスに取り組んでいる。取り組みの名称はカスタマーエクスペリエンスでも、アカウントマネジメントでも顧客マーケティングでも構わないし、組織名も関係ない。大切なのは、その役割と目的である。目的がリテンションを高めることや既存顧客の金銭的価値を上げることであれば、カスタマーサクセスのレンズを通して顧客を見ることが極めて重要だ。そして、新しい考え方だけでなく、テクノロジーの波が変革を促進してくれるはずである。

第Ⅱ部

カスタマーサクセスの
10原則

第4章 カスタマーサクセスの実践

第I部では、カスタマーサクセスの基本を確認した。まず、サブスクリプション・エコノミーやSaaSの歴史、そしてこの新たなモデルの当然の帰結としてカスタマーサクセスという概念が生まれた経緯を扱った。次に、カスタマーサクセスの理念を体系立ててまとめた後で、カスタマーサクセスという名前の（または似た名前の）組織に関する現実的な話に移り、その組織がどのように他のあらゆる組織に影響して企業全体を変えていくかについても触れた。それから、カスタマーサクセスは企業向けのSaaS会社にしか当てはまらないという定説に挑んだ。実際には、カスタマーサクセスは概念上あらゆる会社に適合するため、これを実践できる会社は企業向けのSaaSだけではない。個人向けサブスクリプション型や従量課金型の会社でも実践可能だし、それどころか従来型の会社でも、カスタマーサクセスを重視すれば確実な利益があると納得して、少なくとも事業の一部をサブスクリプションに移行しようとしているところもある。

ここからの第II部は実践編だ。2010年、ベンチャーキャピタルのベッセマーベンチャーパートナーズは、SaaS企業を立ち上げる人、経営する人、あるいは理解したいと思っている人を対象とした実践ガイドをまとめた。タイトルは「クラウドコンピューティングの10原則」で、通称「SaaSの10原則」という。この実践ガイドは大いに受け入れられて、SaaSへの参入を考える大勢のCEOや起業家が読んだ。当時の業界でも手引書となったし、現在も参考にされている。2015年、ベッセマーはこの成功をもとに新たな勝負に出た。カスタマーサクセスの理解と普及を目指す人を対象とした同様のガイドとして、「カスタマーサクセスの10原則」の制作を委託したのである。それをもとにしたのが、この第II部だ。各章を10人の専門家が担当し、最後に本書の著者が解説を加えている。

「カスタマーサクセスの10原則」が取り上げたのは、カスタマーサクセス自体の進め方のみではない。もう少し高い角度から、定期収益ビジネスに取り組む**企業**が高いレベルで持つべき、そして実行すべき原則をまとめた。**原則**の中には、ほぼ企業向けのSaaSのみを対象にしているものもあるが、多くは第3章で取り上げたあらゆる種類の会社に広く適用できる。各章（章ごとに1つの原則が入っている）の冒頭には、原則と以下の各企業タイプとの関連度合いを示した。

- 企業向けSaaS
- サブスクリプション型
- 従量課金型
- 個人向け

●従来型

そのため、自社に関連の低い項目は読み飛ばし、関連のある章だけ読むこともできる。

「10原則」の執筆担当には、カスタマーサクセスの専門知識がある人を個別に選んでおり、その業種は以下のとおり多岐にわたる。

●SaaS（企業向け、個人向けの両方）
●従来の自社運用型ソフトウェア
●財務
●教育・トレーニング
●協働
●プロジェクト管理
●営業活動改善
●カスタマーサクセス管理
●報酬管理

担当してくれた皆さんにお礼を言いたい。本書に協力してくれたことはもちろん、日頃から業界に貢献してカスタマーサクセスを実践してくれているからだ。

最後にもう一度。「カスタマーサクセスの10原則」は、次の疑問に答えてくれるものだ。「カスタマーサクセスを成功させるために、そして成功する定期収益ビジネスを生み出すために、私の会社に必要なものは何だろうか」。それでは、これ以上話を引き延ばすのは止めて、10原則の話を始めよう。

第5章
原則①
正しい顧客に販売しよう

執筆：テッド・パーセル（クラリゼン社営業兼カスタマーサクセス担当上級副社長）

エグゼクティブ・サマリー

自社にとって正しい顧客に製品を販売してプロダクトマーケットフィット（ＰＭＦ）（市場が自社製品を受け入れている状態）を完全に達成することは、成長企業が組織全体で取り組まなければならない使命である。新規契約の締結は、特にその相手が有名企業であれば、誰にとっても興奮するものだろう。しかし、本当にその契約が正しいと言えるのは、顧客がＰＭＦにはまっている場合だけだ。その場合、本来個別対応が必要となるプリセールスからアフターセールスへの引き渡しもテンプレート化と調整のみですむようになる。そして、

各企業タイプとの関連度

	低	中	高
企業向け SaaS	★	★	★
サブスクリプション	★	★	★
従量課金	★	★	★
個人向け	★	★	
従来型	★	★	★

顧客の拡大やチャーン削減にもつながるのである。

しかし、もし相手が正しい顧客でなければ、組織に与える影響は甚大なものになりかねない。間違った顧客は組織を阻害して、成功や効率化や調整を目指す取り組みを台無しにするかもしれないのだ。だが、境界線は曖昧である。この種の顧客が、欠かせないデザインパートナーになって、自社の使用事例やＰＭＦの拡大に貢献することもあるからだ。では、重要な点は何だろうか。会社にとっての正しい顧客とそうでない顧客について、全員の認識が一致していることだ。

顧客は会社にとって北極星であり、最も価値の高い資産だ。規模を拡大して顧客の目標や期待を満たしたいと思っている会社なら、カスタマーサクセスマネージャー（ＣＳＭ）にはホストの役割が求められる。社内と社外の両方でカスタマージャーニーを完遂する責任を持つ、どこまでも信頼できるアドバイザーだ。最終的な結果は規模の拡大とチャーンの削減かもしれないが、それは目標達成までの詳細と比べればケーキのデコレーションのようなものである。

収益と同様にＰＭＦも非常に重要だ。ＰＭＦは、製品開発から運営まで、そして顧客獲得のファネル全体を通して企業全体をまとめるものでなければならない。販売が伸びるにつれて、顧客の使用事例が示されるようになり、それがＰＭＦの土台を理想的な形で築いていく。そうならなければ、顧客によって組織は混乱に陥るかもしれない。エンゲージメントのライフサイクルにいる顧客から浮かび上がるデータを理解したうえで、相手が自分にとって正しい顧客かどうかという問いかけに組織的に取り組むことが極めて重要なのだ。正しい顧客は会社のビジョンやコンテンツ、さらに従業員や提携会社や顧客のオンボーディングを磨き上げてくれる。そして会社が正しい方向に進むように助けてくれるのだ。逆に、たとえ高いブランド力があっても、多額の初期投資や潜在収益を約束してくれても、好意的な評価をしてくれても、間違った顧客は、貴重な人材やマインドシェア、そして会社自体をも恐ろしいどぶの底に突き落としかねない。

ＳａａＳの成長企業として最大の効果を得ようとすれば、次の疑問にぶつかるだろう。目の前にいる相手は自分にとって正しい顧客なのだろうか。

ＳａａＳの収益ドライバーを最大限活用する取り組みにおいて、会社のあらゆる階層や部門で足並みが揃っていれば、一体化や専門化が進み、効果的な調整も可能だ。製品部門の優先事項はＰＭＦを満たす製品を出荷することだが、一方で、顧客の需要や市場の発展に伴う現実にも注意を向けて対処する必要がある。足並みが揃っていなければ、会社のまとまりだけでなく、大勢の正しい顧客が一気に現れた際にきちんと製品を届けられる実行力や調整力まで損なわれかねない。正しい顧客は、場合によっては会社のＰＭＦやイノベーションアジェンダの成熟や評価にも貢献してくれる。間違った顧客は、あなたのターゲット市場にもコアＰＭＦにも合っていないため、会社の顧客獲得に向けた取り組みのあらゆる面を制約しかねない。重要なのは、早めにリスクを表面化するような伝達手段とプロセスを構築することだ。相互的にリスクを浮かび上がらせて、見通しを持ったうえで最終的に顧客の方向性を切り替えるか販売プロセスを中止する。そのためには、サービス・作業範囲記述書（ＳＯＷ）作成段階でフィードバックサイクルにプリセールス、販売、スコーピングを組み込むことが欠かせない。これを効果的に進めるには、営業部門は顧客の背景について製品の特徴や機能に関する点だけでなく、明確で完全なイメージを持つことが必要だ。営業部門は自社のビジネス価値がどう受け止められているかを理解したうえで、顧客に影響を及ぼす人や方法やその理由についても把握しなければならないのである。

マーケティング部門、営業部門、カスタマーサクセス部門がすべて製品部門と同じ方を向いていれば、顧客基盤が発展・成熟する中で無数の要望が生まれても確実に実現できるようになる。営業部門とカスタマーサクセス部門には、ターゲット市場とＰＭＦが常に同じ向きになるように、顧客基盤からのフィードバックサイクルに合わせて成長管理と規模の拡大を進めるという責任がある。ここで求められるのは、強い指導力と熱意だ。正しい顧客がいれば、ターゲット市場への対応力が上がり、正しい取り組みへの人員投入が可能になる。そうすれば顧客だけでなく従業員もさらに成功できるのだと全体に周知できる力が必要なのである。

正しい顧客を見分ける方法

顧客があなたの既存製品に適合しているかどうかを見極めるとき、その顧客の使用事例や事業分野、業界、規模などを基準に含めるべきだろうか。どの顧客をターゲットにするか、または（場合によっては）どの顧客の優先順位を下げたり完全に諦めたりするかを決める際には、現在の顧客基盤や事業内容を分析した結果を基準とすべきか、または現在は対応していないが対応可能な幅広い市場の規模を分析した結果を基準とすべきだろうか。最終的にはどの要素も少しずつ入るはずだが、CEOは正しい顧客をターゲットにすることも含めて、PMFの達成に社内一丸となって取り組まないといけない。

理想的な顧客または顧客層の特徴を一度定めたら、事業の顧客獲得エンジンはその特徴に照準を合わせる必要がある。事業という点では、すべての始まりは正しい顧客に販売することだ。つまり、収益のTOFUから始めるということである。マーケティング部門は正しい顧客層をターゲットにしなければならないし、営業部門は一般的な方法論のほか、予算、期間、経営陣の支持などの主な認定基準を飛び越えて、合わない顧客を早急にふるい落とさなければならない。

チャーン自体は氷山の一角だ。成功に導くことができない顧客を契約させれば、甚大なコストにつながってしまう。まず挙げられるのは、オンボーディングにかかる顧客獲得コスト（CAC：Customer Acquisition Cost）だ。だが、それ以上に大きいのは、間違った顧客に人材をつぎ込んだ結果失われる機会コストであり、しかもこのような顧客に苦労したところで、リスクの大きい賭けになるのは避けられない。同じ人材を、もっと高いLTVをもたらす可能性の高い別の顧客を助けるためにつぎ込めたかもしれないのである。

あなたの意図やブランドに力を与えてくれる正しいコンテンツは、正しい状況の中で、正しい時期に正しい相手に対して当てはめなければならない。ファネルのあらゆる段階で顧客の特徴を見極めることが求められるが、顧客とのやり取りにおいてあなたは常に、相談相手として信頼できるアドバイザーという姿勢を保つ必要がある。それは、顧客を現在の複雑な状況や高いコストや関係の悪化を生み出している道から救うためのやり取りでも同様だ。このような取り組みには投資が必要だ。投資とは、たとえば自分の部署に対して、熱意を持たせたりその熱意を再確認させたりするようなメッセージを送り続けることである。

ターゲットとしては正しい顧客であったにもかかわらず、社内の足並みが揃っていなかったばかりに間違った顧客にしてしまうという結末もあり得る。これを避けるには、営業部門とカスタマーサポート部門の関係が「衛生的」であることが欠かせない。逆に、最初は正しい顧客の要件が揃っていなくてもハッピーエンドを迎える顧客もいる。経営陣の支持を水平方向にも垂直方向にも組織全体に行き渡らせる必要があるが、その目的は自社製品を正しい状況に当てはめることでなく、カスタマーサクセスを重視する社風を示して顧客のエンゲージメント・ライフサイクルを成功に導くことだ。そうすれば、あなたと顧客とのリズムが合うだけでなく、**信頼できるアドバイザー**としてのブランドイメージも守られる。結局は、会社全体が顧客の状況に合わせて一致した解決策を用意することが、正しい顧客を生むのである。

社内の調整段階では、**正しい顧客への取り組み**というメッセージをぶれずに確認し続けなければならない。ここで足並みが揃えば、ＴＯＦＵの取り組みはマーケティング部門やデマンドジェネレーション部門の取り組みを通じて、営業部門、オンボーディング・専門サービス部門、カスタマーサクセス部門へとつながって、再び製品部門に戻ってくる。こうして、好意的な評価が得られるようになれば、最終的にはチャーンの削減や規模の拡大といった結果も得られるのだ。

もうひとつ重要なのは、営業と顧客との関係も「衛生的」であることだ。そのプロセスにデータを使うと、下した決定が正しい結果につながりやすくなる。理想の世界なら、会社は理想的な顧客だけに販売すればいい。だがもちろん、成長企業には収益を伸ばさないといけないという途方もないプレッシャーがあるものだ。そのため、効果的に成長するには、理想的な顧客の定義を拡大せざるを得ない場合もある。顧客の特徴をつかんで理想的な顧客の動きを追跡評価するには、規模の変化に適応できる仕組みを作って、その中にリソース配分、ＣＡＣ率、純チャーン、顧客のＬＴＶといった重要指標を入れることも必要だ。セールスフォース、マルケト、ゲインサイト、クラリゼンなどさまざまなＳａａＳのツールには、システムのオープンなアプリケーション・プログラミング・インターフェース（ＡＰＩ）構成を活用してデータの流れが途切れないようにつなげる機能があるため、顧客獲得サイクルの初期段階で顧客に合った基準を確立して、収益ファネル内のデータを常に追跡することができる。

場合によっては、理想よりも低い層の顧客に対しては特別な手法を採ることもあるだろう。たとえば、さまざまな要件を用意しておいて、ある層の顧客に対してのみ特別サービスパッケージの購入を求めてもいい。導入段階のようなリスク期には、早期リスクを緩和して顧客をうまく軌道に乗せるために、ハイタッチ寄りの手法を採用してもいい。逆に、限られた人材をＬＴＶの高い顧客に集中できるよう、低い層にはロータッチ寄りの一対多の取り組み（ウェビナーやウェブ上の自助型リソースなど）を行うことで投資を抑えてもいいのだ。

最優先すべきなのは、チャーンの理由を把握してそのデータを定期的に分析できるようなシステムを作り、製品部門とカスタマー部門の両方がさまざまな顧客層に関して多角的に分析することである。チャーンのうち何パーセントが定着率の低さによるものなのか、何パーセントが製品の適合性（プロダクトフィット）の問題、または顧客のニーズと製品のギャップ（ずれ）によるものなのか、何パーセントが合併、買収、リストラ、倒産などやむを得ない要因によるものなのかを把握しなければならない。

また、正しい顧客層に注力する必要性を感じられるように、会社全体の報奨制度を検討し、方向性を合わせるのも重要だ。あなたの会社でも当然、カスタマーサクセス部長はチャーンを削減したり、規模の拡大に向けて営業部門と協力したりすれば報奨が得られるはずだ。では、営業部長にはチャーン削減への報奨はあるだろうか。つまり、間違った顧客に販売しないことへの動機付けがあるかということだ。また、製品部長には、顧客のリテンションに対する報奨はあるだろうか。顧客のＬＴＶとチャーンの削減が重要業績評価指標（ＫＰＩ）に含まれているのは、ＳａａＳ企業の成功と評価のためだ。全社がそう認識しているなら、あらゆる部署の報奨制度で同じ指標を採用しなければ意味がない。

さらに、組織構造についても考える必要がある。組織全体が正しい顧客に販売できるように足並みが揃っているか、そうでないかを考えなければならない。あなたの会社では、営業部門とカスタマーサクセス部門が同じ最高売上責任者に直属しており、しかもその責任者は新規事業と既存事業両方に対する全体論的な視点を持っていて、どの顧客をターゲットとしてどの顧客からは離れるべきかについて正しい決断ができる存在だろうか。営業部門とカスタマーサクセス部門が縦割り型で分かれている会社なら、カスタマーサクセス部門のトップには不適切な取引に対する拒否権が与えられているだろうか。

成長中のSaaS企業ならどこでも、製品開発とPMF強化のためには営業部門とカスタマーサクセス部門からのフィードバックが極めて重要だ。特にフィードバックが欠かせないのは、理想的な顧客以外、またはコア市場の外側の顧客層にまで視野を広げることを選んだ場合である。また、新機能を要望する際には、顧客層の情報を把握することも大切だ。顧客層の区分がなければ、製品部門は間違った評価をして間違ったところに製品開発のリソースを集中してしまう恐れがある。さらに、事業の成長に適応できるようなプロセスやデータの流れを決めることも重要だ。コミュニケーションに課題があれば、優先順位の一致はますます難しくなる。

もちろん、ターゲット顧客の特徴と同じく、組織や会社の規範となる行動指針や戦略も、規模の変化に伴って進化・成熟するかもしれない。好意的な評価は会社のすべてであり、価値を重視しながら正しいコンテンツを構築すれば、そこから生まれる行動も正しいものになるはずだ。獲得する顧客数を増やすためだけの行動ではない。企業側の人材、特にトップが雇って育てる従業員のためにも、行動指針を決める必要があるのだ。

正しいカスタマージャーニーは、正しいPMFと組み合わせて、組織全体の優先課題をトップダウンで揃えたうえで、従業員、提携会社、顧客のすべてが協力できる透明性の高い行動指針に基づいて進めることのできるものだ。そうすれば、雑音は最小限に抑えられて、顧客がエンゲージメントのライフサイクルにいる間いつでも優れた業務力の維持が可能になる。そして最終的には、正しい顧客への販売活動に注力できるのである。

著者による補足説明

ホストアナリティクスのCEOであるディイブ・ケロッグが、私にこう話したことがある。「チャーンの90パーセントは販売時に起きる」。別の言い方をすると、少なくとも彼の会社では、チャーンの原因の大部分は間違った顧客への販売ということだ。これは、事業によって程度の差はあるだろうが、おおむね正しい。そして、間違った顧客に販売することによってかかる**コスト**は甚大だ。間違った顧客へのオンボーディングは大変なものになり、部署内の時間も能力も消耗する。また、製品部門への要求も大きくなりがちだ。オンボーディングが終われば、負担はカスタマーサクセス部門やカスタマーサポート部門に移る。カスタマーサクセス部門がこれまでにない使用事例を慌てて構築・実行してから顧客に使い方のトレーニングを行わなければいけない分、苦労はさらに大きくなる。そうこうしているうちに、90日後の更新を前に警報が鳴る。危険な顧客の「命を助ける」ために結成されるSWAT部隊には、幹部も数人参加せざるを得ない。ここまでしても、守れる更新率は50パーセント程度であり、しかもそれは値下げや一部金額の払い戻しや数カ月分の無料期間延長という対策によってやっと成し遂げられる数字というのが普通だ。やっていることは単なる問題の先送りであり、同じ問題は手つかずのまま新たな契約部門に回されることになる。ここでチャーンを選んだ50パーセントの顧客から失われた金額は、確かに痛い。だが、そのような顧客に大量の時間と労力をかけてしまったことで失われる機会コストの方が、ずっと痛いのだ。その時間とエネルギーを、成長と繁栄の機会のあるいい顧客へと切り替えることを検討すべきである。最後に、一番大きいかもしれないマイナス面が、間違った顧客から広がる口コミだ。責任の多くが顧客本人にあるとしても、その顧客が友人や同僚に話すあなたの会社の話はそういう風には伝わらないのである。

ハイタッチ

ハイタッチの会社は、正しい顧客に販売しないことの影響を特に受けやすい。定義上、最も価値が高いハイタッチ客は、つまり最も高い金額を払っている存在でもある。だが、危険にさらされているのは金だけではない。アフターセールスの世界では、顧客がいい経験をして成功する可能性が上がるように、あらゆる部門に人材が配置されている。つまり、各部門の負担が10～20パーセント上がるというとき、その影響はオンボーディング、トレーニング、サポート、カスタマーサクセスのすべてに及び、ロータッチやテックタッチの場合よりはるかに重くなるのだ。さらに、この種の顧客が持つブランド価値やブランド認知度は、ほぼ確実に他の顧客層より高い。そのため、彼らの否定的な意見がもたらす被害は、あまり知られていない顧客からのものよりも甚大になる。

ロータッチ

ロータッチ客を失う痛みの大きさは、確かにハイタッチ客ほどではない。とはいえ、顧客の数はロータッチモデルの方が多いため、正しい顧客への販売に真剣に取り組まなければ、ここでもかなり大きなダメージを受けかねない。一方で、ロータッチであるがゆえに、生じた危機的状況を十分に管理する力や顧客を守るために割けるリソースは落ちる。つまり、ハイタッチ層と同じくらいコストがかかる可能性があるのだ。いや、ある意味ではそれ以上かもしれない。この層に入る顧客数は多いため、知り合いの数も合計すれば増える。そのため、個々のブランド価値は小さくても、否定的な口コミがあればハイタッチ客以上に大きく影響するかもしれないのだ。

テックタッチ

ここでは先ほどハイタッチで定義した問題を取り上げる。ロータッチでは規模が10倍（以上）へと増えたが、テックタッチの規模はさらに10倍増える。階層が1つ下がるたびに、個々の顧客を救える可能性も著しく下がる。自社製品とまったく合っていない顧客を、ただEメールを送ったりウェビナーに参加させたりするだけで救うことが可能かどうか、一度考えてほしい。努力が実を結ぶ可能性は極めて低いことがわかるだろう。

だからこそ、まず間違った顧客に販売しないことが何よりも重要だ。その可能性を減らすにはどうすればいいのだろうか。

●話すだけでなく、データを使おう。売る相手を厳密に決めるには、データ主導で進めることが求められる。これからは、「前にも同じようなお客様に販売したことがあったと思いますが、その時はうまくいきませんでした」と報告するだけでは不十分だ。次のような伝え方に近づける必要がある。「今回と業種、割引率、使用事例、価格帯が同じお客様との取引は、過去に31件あります。うち14件で最初の更新時にチャーンが起き、2回目の更新時にも4件のチャーンがありました。8件はまだ更新時期が来ていません。残りの5件は更新しましたが、契約金額は平均で14パーセント下がりました。さらに、残っている13社に対して実施したNPS調査の平均点は5・2で、平均ヘルススコアは38・7です」

●カスタマーサクセス担当副社長に、進行中の取引への拒否権を与えよう。大胆で少々危険ではあるものの、うまくいく可能性を秘めている方法だ。これは、カスタマーサポート部門にリリースを発表するかどうかの決定に対する拒否権を与えるのと少し似ている。この場合なら、カスタマーサポート部門はその決定によって生じる結果に左右される部署なのだから、当然拒否権を持つべきだという意見が出るのではないだろうか。リテンションが会社にとって本当に重要なものなら、リテンションの担当者には多くの権限を与えなければならない。

●カスタマーサクセス部門を営業担当副社長の直下に置こう。第3章ではこの方法はお勧めしないと書いたが、営業部門が間違った顧客への販売を続けることが一番の問題という状況なら、販売を決定する副社長が同時にその決定の結果に対する責任も負う形にした方が、その副社長の視点に大きな変化がもたらされるはずだ。だからこそ、この原則①は、カスタマーサクセスと営業のトップを兼任している人に担当してもらった。もしカスタマーサクセス部門を営業部門の下に置かなければ、または置いたとしても関わり合いの程度が低いままなら、新規顧客への販売と高いリテンション率という2つの必要性を両立するには、CEO自らが深く立ち入るしかなくなる。

●営業担当副社長（そして幹部全員）に対して、新規事業だけでなくリテンションに対する報奨制度を設けよう。この案は、個々の営業担当者まで拡大しても構わないが、営業担当者は普通1年以上先のことを気にしないため、期待したほどの影響は起きないかもしれない。一方で、おそらく会社全体の業績に応じた動機付けを持つ営業部門のトップが、新規事業と同様にリテンションでも報奨が得られるようになれば、その影響は間違いなく大きくなるだろう。

●原則⑩を熟読しよう。カスタマーサクセスは、トップダウンの取り組みでなければならない。つまり、CEOに求められるのは、四半期ごとの業績を上げるために取引をつかみ取るだけでなく、長期的な視点でリテンションの考えを持ちながら会社を動かすことなのだ。それはきっと、CEOによる取引への拒否や、適切な動機付けや、正しい会社としての行動の強化につながるだろう。CEOや経営陣が得られる報奨とは、ここまで述べてきた長期的な会社の成功すべてなのである。

第6章
原則②
顧客とベンダーは何もしなければ離れる

執筆：カレン・ピシャ（コード42社カスタマーサクセス担当上級副社長）

エグゼクティブ・サマリー

顧客とベンダーとの関係の出発点は、湖の真ん中で並んだ2艘のボートのようなものだ。どちらにも誰も乗っていなければ、ボートはすぐに離れ始めてしまう。時間が経てば、高い確率で2艘の距離は広がるだろう。これは当然の性質だが、状況を変えるには何が必要だろうか。簡単だ。片方のボートに人を乗せて、オールを与えればいいのだ。もちろんもっといいのは、両方のボートに人とオールを乗せた状態である。

ここでは、変化は敵だ。何も変わらなければ、顧客とベンダーは常にぴったりとくっつ

各企業タイプとの関連度

	低	中	高
企業向け SaaS	★	★	★
サブスクリプション	★	★	★
従量課金	★	★	★
個人向け	★	★	★
従来型	★	★	★

いていられる。しかし、変わらないためには、変わり続けなければならない。どちらの会社でも人は変化する。ビジネスモデルは変化する。製品は変化する。トップも方向性も変化する。そのようにして時間は過ぎていくのだ。常に変化し続ける中で起きる自然な流れに打ち勝つには、一方または両方の会社が意図を持って積極的に連携するしかない。そこで、カスタマーサクセスの部門が生まれたのである。カスタマーサクセス部門の業務とは、顧客とベンダーの関係に介入して、両方の背中を押すことだ。片方のボートに乗って、オールをこぎ始めるのである。

会社の長期的な健全性は、顧客をつなぎ止めてチャーンを防ぐ力に直結している。チャーンほど、会議や眠れない夜が増える原因を示す指標はない。定期収益ビジネスでは、収益のほとんどは最初の売上の後で生まれる。実際、ＳａａＳ企業の多くで、１人の顧客に対して期待されるＬＴＶは初回売上の10倍に上る。ここで、チャーンは制約要因として、会社の成長にも評価にも悪影響を与えるが、それ以上に士気に与える影響は甚大だ。顧客を失うのは誰だって嫌なものだが、定期収益ビジネスの場合は特に深刻な損害が生じる。前章にも書かれていたとおり、顧客の契約金額ではなく人材こそが最大の損害だ。顧客を獲得して、オンボーディングを行い、補佐する人材。さらに、結局はチャーンになってしまう顧客を守ろうとして投じられたあげく無駄になってしまった人材である。チャーンは顧客基盤の規模に合わせて増えるものであり、解決は極めて難しい。

チャーンとは、サービス加入者のうち、そのサービスのサブスクリプションを一定期間で止める人の割合と定義できる。どの会社も、顧客の獲得にはかなりの人材を投入しているため、その初期投資へのリターンを最大にするにはできるだけ長く顧客をとどめておくことが欠かせない。顧客が長くとどまるほど、リターンは増えるのだ。

定期収益ビジネスでは、**部分チャーン**という概念についても理解する意味がある。これは要するに、顧客があなたの会社から離れたわけではない状況で起きる契約金額の損失のことだ。部分チャーンの例は、製品のチャーン、使われていないライセンスの返却、顧客からの値引き要請などであり、その原因は顧客があなたとの仕事で課題に直面したことや、当初の期待より低い価値しか得られないと感じたところにある。

では、なぜ顧客は関係を構築しているベンダーから離れてもっといい相手を見つけようとするのだろうか。顧客が巣立つきっかけは何だろうか。チャーンの発生には予測可能なパターンがあるのだろうか。それとも、偶然の出来事で予測はできないのだろうか。この問題については長い期間かけて分析が行われてきた。そして、調査と実体験の両方からわかってきたのは、チャーンが起きるのは偶然ではないということだ。

自分の顧客が競争相手の方を向くのを止めたいなら、顧客が確実に自分の製品やサービスを使って成功するようにしなければならない。当たり前だと思うかもしれないが、言うは易しである。「成功している顧客」という言葉の定義は幅広く、さまざまな要素によって変わる。顧客の成功とは、製品の定着率、エンゲージメント、利用率から直接つながった結果だと考える会社がほとんどだろう。だがそれ以外に、顧客があなたの会社をベンダーとして選んだときに目指していた利益を確実に得られるようにすることも重要だ。考えなければならないのは、最も成功している顧客が不満そうに見える場合もあることだ。このような状況が起きやすいのは、顧客があなたの製品や組織の限界を超えようとしているときだ。これをうまくいっていないことによる要求だと取り違えてはいけない。ほとんどの場合、事実はまったく逆だ。顧客が要求を出すときは、今まさにあなたの製品から最大級の価値を得ていて、単にもっと欲しいと言っているだけなのである。

顧客の解約には多くの理由があるが、大多数の会社はそのことを理解できず、気付いたときには顧客を守るには手遅れになっている。これは、特にサブスクリプション型の会社では待ったなしの課題だ。ここから、顧客がチャーンを選ぶ理由のうちよくあるものを取り上げる。秘訣は、危険信号を探せるような施策を決めておき、危険信号を発見したらデータに基づいて行動することだ。

金銭的リターンや事業価値が得られない

最初に正確なデータに基づいたビジネスケースを作っていなかった可能性もあるし、社内の環境が変化したのかもしれない。いずれの場合も、投資利益率が低いのは大きなリスクである。

- **危険信号**——契約後に利用率が下がるか、まったく利用されなくなる。
- **対応策**——カスタマーサクセス部門があれば、顧客の目標を再検討したうえで、製品導入段階にすぐ価値を得られるようにする。常に対応できる機能を増やして製品利用率が上がる方法を模索すれば、事業価値（つまりリターン）も増える。完全にテックタッチの企業である場合は、そもそもなぜ顧客は購入したのか、製品や関連サービスから得られる価値を増やすために人材をどう活用すべきかという点に戻って、自社のバリュープロポジション（顧客への提供価値）を強化する独自の方法を見つけることが必要だ。

実装が遅れたり完全に止まったりしている

顧客は、最初は始めたがっていても、プロジェクトが始まれば勢いや集中力を失ってしまうことがほとんどだ。自分の製品が生産段階に入れなければ、顧客はそこに価値を感じてはくれない。

- **危険信号**――顧客が製品の生産稼働モードに入っていない。
- **対応策**――パッケージやサービスを定義して、顧客がカスタマージャーニーに入るまでのタイムトゥバリューを縮める。作業範囲を細かい段階に分けて、その一部に対して製品を使えるようにする対応など。

プロジェクトスポンサーやパワーユーザーがいなくなる

プロジェクトスポンサー（プロジェクトにリソース（金、人）を提供する人）やパワーユーザーが変わることは、長期的な成功にとってはリスクだ。場合によっては、製品を購入した理由やアプリケーション管理のポイントといった背景情報を握っているのが、1～2人だけということもある。

●**危険信号**――顧客からの反応がなくなった。プロジェクトオーナー（プロジェクトへの出資を決定する人。通常は経営幹部）やプロジェクトスポンサーと連絡が取れない。

●**対応策**――新たなユーザーにもトレーニングを行って、組織内で製品の使い方を知っているのが1人だけという事態が起きないようにする。プロジェクトを一緒に管理できる程度の人間関係を継続しながら、新たな関係を生み出すことを目指して、重要人物の1人がいなくなったり役割が変化したりしても、他に頼れる人物がいる状態にする。

製品定着率が低い

事業要件を満たす必要があるはずの顧客があなたの製品を使わないということは、他社の製品に目を向けるか、もともと使っていた業務手法に戻ってしまう可能性が高い。

●**危険信号**――顧客があなたの製品をまったく使っていない、または使用率が低下している。

●**対応策**――顧客の協力のもと、顧客の事業ニーズを分析するプログラムを開発し、製品の中で使える機能を描いたカスタマージャーニーに顧客を導く。製品にログインして幅広い機能を利用するユーザーが増えれば、あなたの製品の魅力はこれまでより高まる（そして他社に乗り換えづらくなる）。また、顧客の興味や勢いが削がれたように見えるときは、顧客の投資利益率や利用履歴を集めたライブラリーの構築が大いに役立つ場合がある。

別のソリューションを利用している会社に買収された

定期収益モデルや従量課金モデルの会社のほとんどで、チャーンの要因のある程度を占めているのが、買収である。

● **危険信号**――顧客の担当者から連絡が来た。会社が買収されることになり、新しい会社のトップから別のソリューションへの切り替えを命じられていると告げられる。

● **対応策**――これは難しいケースだ。場合によっては、新たな会社のトップにあなたの製品またはサービスを見せる機会が得られるかもしれない。そうすれば、あなたのシェアは継続（または拡大）できる可能性もある。だが、多くの場合、すでに賽《さい》は投げられており、あなたの製品はもう承認リストに入っていない。つまり、これは制御できないチャーンということだ。

製品の機能が足りない

あらゆる製品や会社で競争が激化している。他社が直感的なＵＩやモバイル、ソーシャル機能などの新しい特徴を打ち出したり、低価格であることを魅力として見せたりすれば、ベンダーを切り替えるところも多いはずだ。

●**危険信号**――顧客が新しい機能や拡張機能の追加を求めてくるか、強気の価格交渉を持ちかけてくる。

●**対応策**――ＣＳＭは、自社製品のロードマップに精通しているだけでなく、自社が製品のどの部分に投資しているかについても理解している必要がある。会社にカスタマーサクセス部門がなければ、製品と会社にとって前向きな将来ビジョンを既存顧客に伝える別の方法を見つけなければならない。製品の方向性について顧客から意見を聞き、考えを尋ねる。その意見を製品管理部門と共有して、顧客にとって最大の問題が何かを伝える。顧客が自分から深く関わるようになって、自分もプロセスに参加していると感じられるようになれば、その顧客はあなたから離れがたくなるはずだ。

新たなトップが方向性や戦略を変えつつある

顧客側のトップが変わると、方向性や戦略を変化させることがある。その場合、新たなトップはそれまでの製品に対して強固な意見や偏見を持っていることがあり、あなたの製品の評価や切り替えを強行するかもしれない。

●**危険信号**――提案依頼書（ＲＦＰ：Request for Proposal）の作成やソリューションの評価プロセスへの参加を求められる。

●**対応策**――プロジェクトオーナーやプロジェクトスポンサーに協力してもらい、自分から新しいトップに電話をかける。自社の組織、製品、バリュープロポジションの概要を伝える。機能の拡張や利用率向上によって、対価や新たな投資利益率を得られる機会を強化する。重要なのは、とにかく先んじて行動することだ。すでに設置されていて欠点もわかっているあなたの既存製品は、先に競争相手の紹介資料やデモ版と比較されてしまえばどうしても見劣りするからだ。

品質の低さや性能の問題に影響されている

製品の品質や性能の問題は顧客にとって大きな苦痛となるため、顧客はより良い安定したソリューションを探す方向に向かいがちである。

●**危険信号**――顧客が利用するサポートチケットの枚数が増えて、深刻な事例も増加している。

●**対応策**――まず、本当の危機になる前に行動できるように、危険信号への対処方法を決める。

たとえば、顧客が利用するサポートチケットの枚数が一定の基準（週に3枚程度など）を超えて危険信号が発せられたら、電話やEメールのキャンペーンといった実行計画を開始する。ハイタッチかロータッチの会社なら、豊富な知識に裏打ちされたソリューションや代替策を親身にタイミング良く提示しなければならない。上司にも報告し、この問題に対して全社を挙げて取り組んでいることを顧客にも伝える。常に最重要課題として扱い、自分から進捗状況を連絡する。顧客もソフトウェアが完璧でないことは理解している。サポートによって問題が解決に向かっていることや信頼関係が伝われば、価値があると感じてくれる。ただし、問題がいつまでも解決しなかったり、重大な影響につながったりすれば、顧客が離れる恐れもある。

製品が自社にとって適切な解決策でないことがわかった

創造性のある営業担当は、完全に顧客の要望に合っているわけではない製品でも販売できてしまうことがある。この点については原則①を読み直してほしい。顧客の製品購入の動機であったニーズは、その製品の得意分野と合っていないかもしれないのだ。

●**危険信号**――あなたのコア製品の機能に対して顧客が正しく理解していない、または顧客が求めている機能があなたの専門領域から外れている。

●**対応策**――営業部門に対して、最高のカスタマーエクスペリエンスを生み出せるような使用事例や顧客指標を教える。商談中も営業部門と協力して、潜在顧客が理想の顧客の情報と一致していない部分を見出して、その顧客の事業上の問題を解決する別の方法を提案できるようにするのだ。専門サービス部門にも危険信号が出ていることを伝えたうえで、プロジェクトの早期段階でリスクをあぶりだす方法を教える。間違った顧客への販売を防ぐ方法の詳細は、原則①に書かれている。

人的要因

最高のカスタマーサクセスの専門家でさえ、時には顧客と合わないことがある。大切なのは、顧客とやり取りする担当者の全員に十分注意を払って、顧客との組み合わせが理想的なものではないことを示す危険信号が出ていないかを常に確認することだ。

●**危険信号**――電話やアンケートの中で、顧客から自部署の社員について称賛とは言えない意見を受け取るかもしれない。または、顧客とつながりのある提携会社や第三者を通して、同様の意見が間接的に届くこともあるかもしれない。

●**対応策**――否定的な意見を無視してはいけない。自分から顧客に連絡を取り、自部署の社員に関する情報や意見を得るのだ。関係修復が可能なのか、担当者を変更すべきかの決断を迅速に行わなければならない。人を替えてほしいという要望への対応の遅れは、長期的な悪影響につながり得る。

肝心なのは、顧客が健全かどうかを見極めるには積極的な対策が必要ということだ。自分の顧客、その事業上のニーズ、そして製品の使い方をしっかり理解すれば、契約の更新時期など、顧客がこれからもあなたの会社が最高の仲間かどうか決める時期が来たときに、取り組みは実るのである。カスタマーサクセス管理部門による積極的な支援策も、Ｅメール、ウェビナー、コミュニティなどのテックタッチ経路による介入も、長期的な関係やカスタマーヘルス全体に大きな影響をもたらし得る。顧客とのやり取りを持続するには、以下の方法が優れている。

- ＣＳＭや幹部が積極的に支援する
- 適切な内容のＥメールをタイミングよく送る
- 製品の使い道を広げる手法をテーマとした、質の高い顧客向けウェビナーを実施する
- 活気ある顧客コミュニティから最新情報を入手したり、コミュニティに介入したりする
- ユーザーグループ会議を定期的に開催する
- 顧客による諮問機関を構築する
- ユーザーカンファレンスを開催する

著者による補足説明

本文にもあったように、変化は敵だ。たとえ最高の顧客が相手であっても、最初と同じ程度の価値を保つことは、または相手にそう感じさせることは非常に難しい。それは、個人向けのアプリケーションでも同じである。大多数にとって、フェイスブックの価値が最も高く感じられるのは利用し始めてから最初の数カ月だ。価値が消えてしまうわけではない。実際には、製品の潜在的な価値はほぼ必ず上がる。さまざまな取り組みが欠かさず続けられているし、機能も増えるからだ。しかし、エンドユーザーが認識している価値は下がることが多い。それは、目新しさが徐々になくなったり、価値が当たり前のものとみなされるようになったり、競争によってあなたの製品と他社製品との間にあった差が縮んでいったりするからだ。既存顧客にとっての価値を保ってしかも引き上げるという戦いに終わりはない。何とかやっていくというのが唯一の選択肢なのだ。

ハイタッチ

あなたが対応しているのがハイタッチ客なら、この課題は簡単であると同時に難しい。簡単なのは、顧客との関係が緊密であるからでなく、顧客による製品ロードマップ策定を手助けしたり、既存製品のあらゆる側面に対するさまざまな要求に応えたりすることで、会社全体が高いエンゲージメントを得やすいからだ。また、販売終了後も他のモデルほど関係が変化しないことが理由として挙げられる。むしろ、取引が成立してからの方が関係は深まる。この種の顧客は初回取引よりその後のＬＴＶの方がずっと大きくなるため、投入される人材も多くなる傾向があるからだ。

一方で、ハイタッチ客との課題は難しいものにもなり得る。他の層よりもハイリスク・ハイリターンという点だけでもそうだが、それ以上に難しいのは、顧客側で起きている変化にも耐えうるような幹部間の関係を続けることだ。顧客側のトップが今日持っている力や権限は、組織変革や新たなトップの就任によって一夜にして変わってしまうかもしれない。大企業の組織は想像以上に複雑なものになりがちだし、派閥抗争も幅広く行われている。このような事情はどれも、あなたの製品を支持・保証する担当者との関係を保とうとする努力に水を差すことになる。

ロータッチ

ロータッチ客についての課題は意外なものではない。ここでは、大口顧客に比べて会社規模の劇的な変革がはるかに起きやすい。また、やり取りの機会がそれほどあるわけではないため、顧客側の変革の度合いやこちらへの影響の大きさも把握しづらい。この種の顧客に対しては、もちろん注視することは必要だが、あまりに個々の事例にとらわれてしまえば木を見て森を見ずということになりかねない。ロータッチ客やテックタッチ客を相手にする事業では、ある意味でハイタッチ客よりも楽観的かつ広範囲に取り組まざるを得ない。1～2社の顧客の要望に過剰反応しようとしてもまずうまくいかないのだから、顧客を手放さず満足させるには、規模の変化に左右されない物事、つまりプロセスや製品を重視する姿勢が必要だ。突き詰めて考えれば、事業の中で最も規模の変化に耐えられる部分は製品である。製品作りに注ぐエネルギーと労力を絶やさず、さらに製品の配送や、導入補助、利用状態向上のサポートといった補助プロセスにも力を入れ続ければ、最大手の顧客からの特別な要望に応えるよりはるかに効率的に規模を拡大できる。この事実を受け入れれば、社内にも非常に前向きな雰囲気が生まれるだろう。

この点に関連して、もうひとつ覚えておいてほしいことがある。ロータッチ層におけるリテンションやチャーンの目標は、ハイタッチ客とは違うのだ。ほぼ例外なく、ピラミッドの下に行くほどリテンション率は下がる。このことが心底納得できれば、1~2社の顧客に集中しすぎてプロセスや製品といった規模の変化に左右されない総合的な側面を犠牲にすることもなくなるだろう。

テックタッチ

10原則のすべてにおいて同様だが、ロータッチをハイタッチと比較したときに言えることは、テックタッチモデルではさらに顕著になる。ロータッチ客に対する課題やプラス面として先ほど述べたことはすべて、テックタッチ客に対してはもっとはっきりと見られるのだ。テックタッチ客と直接会話する機会は一切ないため(例外は大口顧客だが、実際のフィードバックはごく限られている)、顧客のビジネスモデルや組織が変化していることに気付く可能性は極めて低い。ここで大いに助けになり得るのが次の3つの手段だ。

❶各種調査——この種の顧客から継続して意見をもらうには、これが最適な方法かもしれない。顧客のトップまたはビジネスモデルに変化が起きているかどうかという点に直接役立つもので

はないが、製品のさまざまな部分に対する継続的な意見は非常に貴重なものだ。このような情報を集めて、常に市場を注視して総合的な変化に対応している製品部門に届けるようにすれば、製品の要件が変わった際にもすぐ対応できるだろう。

❷コミュニティ――活気のあるコミュニティからは、顧客の考えや意見に関する見通しが得られる。また、大規模なグループであれば、質問を投げかけた際にすぐ応答が得られるという点でもこの上なく貴重な存在だ。コミュニティの持つ力を十分に活用しつつも、得るのと同じくらい与えることを心がけよう。

❸チャーンの原因把握――個人向け事業の場合、たいていアンケートを送るくらいしか手段がない。だが、テックタッチモデルでも企業向け事業なら、チャーンを選んだ顧客から一部を厳選したうえで、金と時間を割いてフォローする意味がある。目的は、物別れに終わった原因と、このような事態を避けられたとすればどうすべきだったのかを正確に理解することだ。どんな場合でも、顧客がチャーンを選んだ原因を把握することは、顧客がとどまっている理由の把握以上に重要である。チャーンは個別の現象であり、多くの場合そこには理由があり、考慮を重ねているはずだからだ。定期収益ビジネスを進めるうえで、チャーンの十分な理解は**欠かせない**。このテーマは、第11章で詳しく取り上げる。

ハイタッチ客は金銭的な成功の原動力になる。一方で、ロータッチ客やテックタッチ客も、規模や効果を考慮すれば、原動力として同じくらいの力を持ち得るのである。

第7章

原則③

顧客が期待しているのは大成功だ

執筆：ネロ・フランコ（タレンド社カスタマーサクセス担当上級副社長）

各企業タイプとの関連度

	低	中	高
企業向け SaaS	★	★	★
サブスクリプション	★	★	★
従量課金	★	★	★
個人向け	☆	☆	
従来型	☆	☆	

エグゼクティブ・サマリー

顧客はあなたのソリューションを、その特徴や機能を使うために買うわけではない。顧客があなたのソリューションを買うのは（そして金を払ってあなたとの関係を始めるのは）事業目標を達成したいからだ。営業部門がチャレンジャー・セールスモデル（指導、適応、支配という3つの柱から成る営業アプローチ）を採り入れているのと同じく、カスタマーサクセス部門とその業務も、顧客に新たな気付きをもたらす挑戦《チャレンジ》でなければならない。ベン・ホロウィッツ（ベンチャーキャピタルのアンドリーセン・ホロウィッツ社の創業者）も、2015年にコロンビ

図 7.1　価値実現が滞った場合

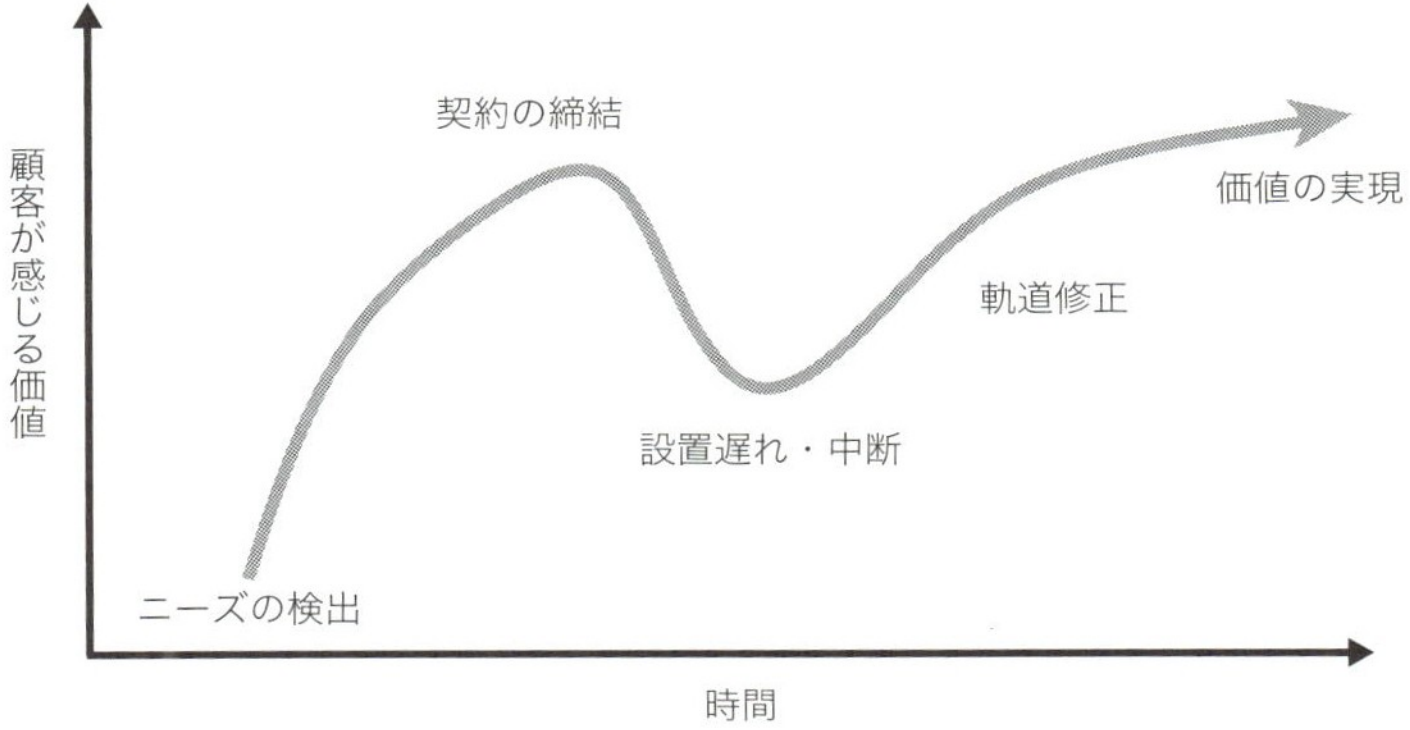

んだのはいい決断だったという確信があっという間に得られたことになる。この時に重要なのは、価値実現を早めに達成することである。どんな拡大計画も、まずはあなたの成功が前提だからだ。早めに勝利を収めれば勢いが持続する。さらに、早い段階での勝利は今後（技術、事業、環境、社内外の政治などで）困難に遭遇した場合にも大いに役立つ。あなたから価値を得た経験を持つ顧客の担当者は、困難に直面した際そのことを思い出して、サポートを得るべくあなたを頼ってくれるはずだ。

自社運用型ソフトウェアの設置も、ＳａａＳソリューションに向けたユーザーアカウントの設定も、個人向けソリューションやモバイルアプリをごく簡単に使えるようにすることも、製品の機能に関する基本的なトレーニングさえも、結局はポーカーのチップでしかない。どんな取り組みの[illegible]

図7.2 価値実現が順調に進んだ場合

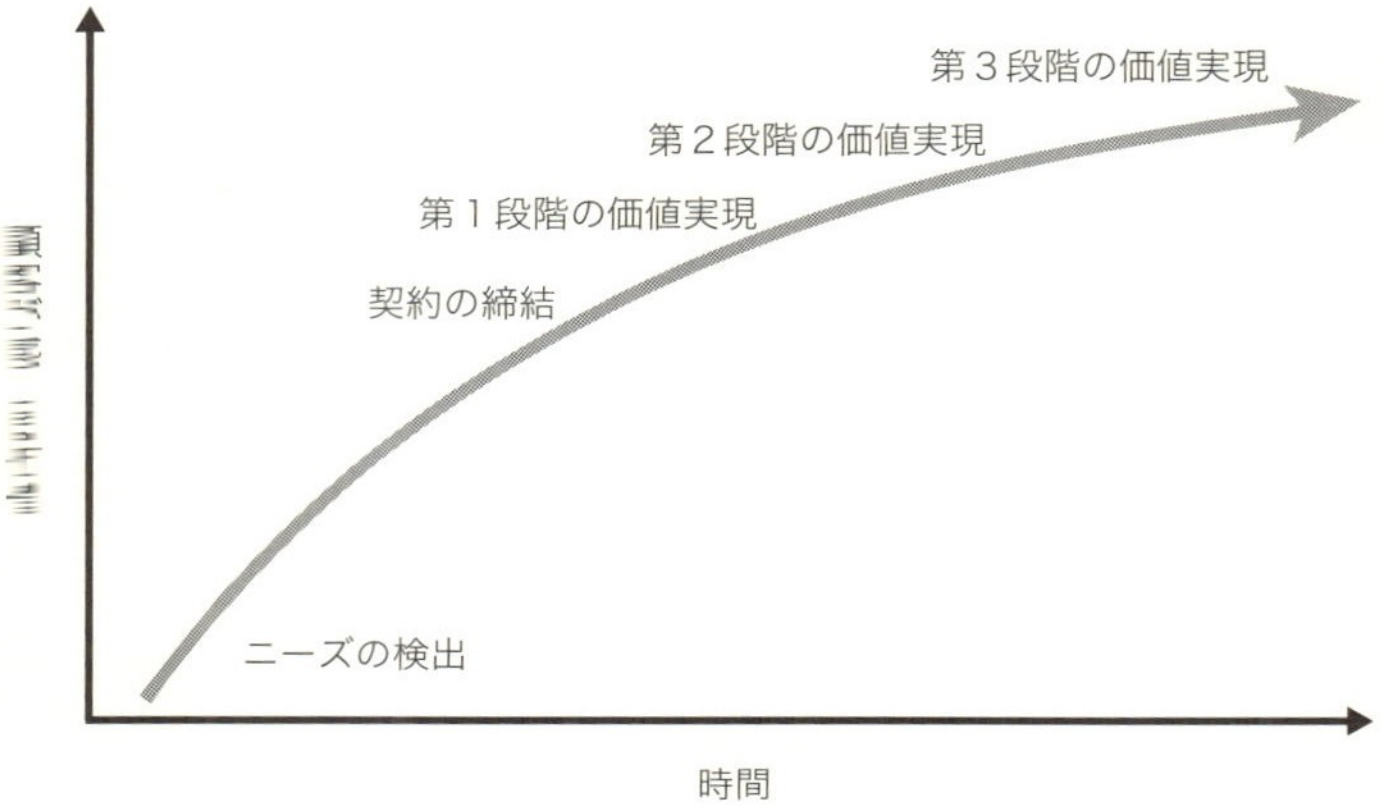

それでゲームに勝てるわけではないのだ。もしあなたの会社でイノベーションが起きたら（そしてそれが成功している他社でも起きていないものなら）、その恩恵を会社の外に発信することが重要だし、顧客の業務効率を高めるためにその新機能をどう使えばいいかについても絶対に伝えなければならない。優れた会社には、大掛かりな手法で知識の伝達や指導を行うことが求められる。この時、単に高いスキルを持つプロのサービスコンサルタントを出来高払いで雇えばすむわけではない（これも、企業向けの事業なら、高度な技術ソリューションと並んで非常に重要な方策ではあるが）。素晴らしい内容（知識ベース、成功事例、ハウツー）とその内容を効果的に届ける方法も必要なのである。

そもそも、顧客があなたの製品を購入した一番の理由は、製品の機能がかっこよかったことではない。顧客にはやらなくてはいけない業務があり、あなたのソリューション（と会社）が業務向上に役立つと期待したからこそ、購入したのだ。たとえば、あなたの会社が提供しているのがデジタルマーケティングのソリューションなら、必要なのは単なるEメールの送り方ではなく、顧客がデジタルマーケターとして成果を上げるためのツールや技術やトレーニングや補助コンテンツである。さらに、効果の高いソリューションの利用方法や、他の顧客が効果を上げるためにどう使っているかという事例、そして総合的なデータがあるなら、顧客の主要指標（利用率など）のいくつかを類似企業や業界平均と比較した結果についても、顧客が常に得られるようにしておきたい。比較対象の基準や達成目標がなければ、顧客にとって現在の実績データが持つ価値は限られてしまう。

顧客が大成功するのを支援するには、まず何が顧客にとっての成功なのかを理解しなければならない

大成功へ向かう道のりの中で顧客を管理するには、常に顧客について次の3つのことを理解しておかなければならない。

❶**顧客はどうやって成功を測っているのか。**具体的には、顧客が成功の計測に使っている主な指標、すなわち「通貨単位」と、顧客があなたのソリューションに価値があったと納得するには何単位の追加／節約／除去／削減が必要か、ということだ。さらに、顧客が部門全体として（あなたのソリューションとは関係なく）どのように実績を評価しているかも知る必要がある。

❷**その指標から判断すると、顧客は成功しているか。**または途中段階なら、順調に進んでいて予定期間内に成功できる見込みかどうか。

❸**成功への過程で、顧客はどんな期待をしているか。**①と②はごく明快だし定量的に測ることもできるが、この項目はそうではない。しかし、極めて重要であり、顧客との関係ややり取りの傾向を決める項目だ。顧客があなたのテクノロジーを使って自社の目標を達成したとしても、そこまでの過程が苦痛だったり、納得できる以上の労力を強いられたりすれば、その顧客を成功に導くのにかかるコスト（目に見えるものも見えないものも含めて）が激増するだけでなく、チャーンの可能性も高まることになる。

投資利益率は概念ではなく、方程式だ

もうひとつ、営業サイクルでは重視されているのに実装後は見過ごされやすいのが、投資利益率の定量化だ。あなたが提供しているのがカスタマーサクセスのソリューションであれば、顧客には次のような目的があることが多い。

- チャーンの削減
- アップセル機会の創出
- チームを拡張する力の向上

この3つの目的それぞれの達成に対して、あなたのソリューションがどの程度貢献できるかを見積もるのは難しいが、まずは（可能であれば）予想される結果を数値化しよう。たとえば、どこまでチャーンを削減したいのか。新たなアップセルの機会はいくつあって、その規模はどのくらいなのか。合計金額は？　部署としてどのくらいの生産性向上を見込んでいるか。生産性の計測方法は？　製品の利用率（または製品の特徴）をチームの拡張性《スケーラビリティ》につなげる方法はあるか。1回目の価値実現段階で、ヘルススコア関連の主要指標を顧客ごとに明確に示すことはできるか。このような今後予想される数値を把握すれば、その数値を明確な目標として設定することもできる。

定期的に進捗を確認しよう

顧客と一緒に決めた目的と目標への進捗を確認する手段のひとつが、(ハイタッチ客なら)定期的なビジネスレビューである。自分の成功があなたにも一定の影響をもたらし、互いに同じ目的に向かっているのだと理解している顧客なら、定期的な関わり合いを嫌がることなく、達成まで協力してくれるはずだ。この目的に向けて四半期に一度などの頻度で実施される戦略的ビジネスレビュー(SBR)は、定期的に関わる**理由**を与えてくれる。また、目的があればビジネスレビューでのやり取りの方向性も決まりやすい。私がこれまで見てきた四半期ビジネスレビュー(QBR)には、成功の基準が明示され理解されていないために顧客があまり参加しないものが多かった。製品ロードマップの更新や、すでに開示されているサポート案件の確認だけでは、QBRはそこそこのところまでしか行かない。さらに、QBRにその要素しかなければ、守りの方向に大きく偏ってしまう。まだ存在しない機能やうまく動かない機能しか話題がなくては、あなたと顧客の両方が成功する道などないのである。

ビジネスレビューは、十分に理解された「成功」を目指す長い旅路の一部として位置づけられなければならない。顧客の成功基準を明確に理解できていれば、毎回QBRの最後には、次の成功基準に向けて計測可能な目標を設定できるはずだ。私が最近会った顧客には、当社の製品を使って今後2カ月以内に莫大なデータを新しいリポジトリに移すという目標があった。顧客がこの最終目標を確実に達成するには、まずCSMが個人的なやり取りを重ねることになる。その間に部署全体が目標を定量化しておけば、次回のQBRでこの目標に対する進捗を確認できるのである。

成功は目的地ではなく、旅路だ

中には、初めから成功の基準を決めている顧客もいるかもしれないが、パートナーとしてのあなたの価値のひとつは、顧客が次に何を考えるべきかを決める手助けができることだ。あなたは、自分の製品が顧客に今後どんな価値をもたらし得るかはわかっているだろう。また、うまくいっている他の顧客がどのような使い方をしているかも把握しているはずだ。顧客が次に考えるべき方向性を示すのに、この情報を使わない手はない。カスタマーサクセス自動化ツールを購入した顧客が、目的はリテンション率を85パーセントから88パーセントへと上げることだけと話したとしても、最高レベルの会社では90パーセント以上の更新率を達成していると伝えてもいいし、そのような成功を得るためにパートナーとしてどんなサポートが可能かを示しても構わないのである。相手がロータッチ客でも、成功事例をオンライン上にアップすれば、同じことは達成可能だ。ハイタッチ客であれば、この種の取り組みは高度な連携を生む機会になり得る（し、そうしないといけない）。これは両者の戦略に影響を与え合うだけでなく、関係を強化する機会でもある。最初に設定されていた価値を超えた方向性に顧客を導くのに役立つツールのひとつが、価値と進捗を示す効果モデルだ(https://blog.nellofranco.com/2013/07/09/demonstrating-value-and-progress-to-your-customers/)。顧客があなたとの協力関係によって事業目標を達成できるように、目標とそのスケジュールを設定することができる。

理論上は理論と現実の間に差はないが、現実には差がある

理論だけなら、すべてが素晴らしく見える。しかし、（営業プロセス以降の）顧客との関係では、あらゆる側面で完全に足並みが揃って合意が得られていない限り、顧客が交渉の場につかない、重要な情報を見せてもらえない、または手ごわい対決姿勢を取られるという事態が起きる。あるいは、おそらく営業の楽観的すぎる対応のせいで、顧客があなたと異なった理解をしていることも、可能なレベル以上に期待していることもあり得る。現実は、製品上の問題にぶつかることもあるし、サポート部門やサービス部門も常に完璧なサービスを提供できるとは限らない。だが、それでも私はこう言う。「カスタマーサクセスの世界へようこそ」。どの問題も対処するしかないものだし、一度問題が起きればすぐ難しいやり取りを強いられる。問題が勝手にどこかに行ってくれることはない。どこかに行ってしまうのは顧客なのだ。

しかし、適切に取り組めば、この種のやり取りは最悪でも学びの機会としては大いに役立つ。あなたの会社が持つべき最善の視点は、顧客のレンズを通したものだ。顧客が物事をどう捉えているかや何を考えているかをどれだけ必死に想像しようとしたところで、顧客が言葉にするまでは絶対にわからない。顧客との率直なやり取りは、会社にとって情報の宝庫になるし、時には神の啓示に

さえなり得る。

困難な時期は、関係を固める機会でもある。「一番硬い鉄を作るのに必要なのは地獄の炎」という言葉もある。厳しい状況に顧客と立ち向かう中でパートナーとして本音を伝えれば、または自分の責任を認めて、短期目標を決め（そしてその目標を達成し）、信頼を回復し、顧客を成功に導くことができれば、いつかこの言葉が実感できる日が来るだろう。顧客が自分の責任を果たそうとしなければ、上司に報告して、営業部門などの他部署とともに戦略を練り、顧客側の適任者と厳しいやり取りをすべく作戦を考え出すしかない。カスタマーサクセスの責任は全員にあるのだ。使えるあらゆるリソースを使おう。顧客もそうされることを望んでいる。

顧客が期待しているのが、あなたのもたらす大成功であるのは間違いない。だが、あなたと協力して成功を収めることも顧客のやる気につながる。顧客には、少なくともあなたと同程度に互いの成功に対する利害関係がなければならない。顧客が要求を突き付けてくるのは、成功したいからなのだ。確かに、顧客に異議を唱えるのは難しい。顧客との人間関係、互いへの尊重、そしてどちらも同じ目標に向かって取り組んでいるという感覚が必要なのだ。最近、あるディナーミーティングで顧客にこう言われた。「君が我々に伝えた課題は、整理するのも受け入れるのも難しいものだった。要するに我々が間違っていると言われたわけだから、最初は頭に来たし、一度は関係も悪化した。でも、最終的には、君が我々と同じ船に乗っているのだと思えたから、受け入れられたよ。あれ以来、むしろ関係性は強まったからね」

改善の機会となり得る顧客からのフィードバックは、状況の悪化や課題のようにはっきりしたものとは限らない。注意すべきなのは、顧客の成功を妨げかねないが捉えづらい手掛かりだ。この種の手掛かりは、顧客が言ったことではなく言わなかったことの中に潜んでいることが多い。予定や優先順位の変更の中に危機が見えることもある。どのような場合でも、問題の根本的な原因を突き止めて、カスタマーサクセスに向かうために必要な軌道修正策を見出さなければならない。

忘れないでほしい。顧客はテクノロジーを買っているわけではない。顧客が買っているのは問題への解決策であり、より良い道のりなのだ。あなたが責任を負っているのは、顧客の目標を理解して、その目標に向かって（ハイタッチとロータッチどちらの方法でも）顧客の舵を取ることなのである。顧客が成功を測る方法を理解したうえで、その成功と道中の楽しさの両方を確実に叶えられるようになれば、得られるのは最も価値の高いもの、つまりアドボケートだ。現代は、SNSなどのネットワークが促進剤となって、否定的な意見も肯定的な意見も一瞬のうちに広がるようになったため、アドボカシーの価値は計り知れない。

チャレンジャー・セールスの手法とコンテンツマーケティングの高まりが相まって生まれたのは、自分が購入したのは単なる製品ではないのだと顧客が期待できるような環境だ。顧客が付き合いたいのは、その事業目標をより効果的に達成させてくれる相手なのである。それなら、CSMは（そして接客部門全体も）顧客のライフサイクル全体において、チャレンジャーとしての役割を果たす必要がある。大成功は偶然起きるものではない。厳しい課題を投げかけて、目標の計測と管理が行われて、目標が達成できたらまた水準を上げて同じことを繰り返す。そうやって初めて生まれるのが大成功なのだ。もう一度言おう。「顧客の（大）成功の世界へようこそ！」

著者による補足説明

ミレニアル世代を攻撃したいわけではないが、現代は何でも権利の時代だ。インターネットはあらゆるものを根本から変化させてきたが、中でも特に変わったのが期待値である。かつて、アンソニー・ホプキンスがアカデミー賞を受賞した回数を思い出そうとひたすら考え込んで、結局答えが見つからなかった時代があった。遠い昔の話である。今では、この程度の質問なら答えが得られるまで2分もかからない(それ以上かかるようなら、インターネット・ムービー・データベース［IMDb］の性能やレストランのWi－Fiが悪いと文句を言うはずだ)。また、テクノロジーによって、私たちはIMDbをはじめとする使い勝手のいいモバイルアプリを大量に手に入れた。そのすべてが、今の(そして今後も)顧客を甘やかして、応えるのが困難な期待を抱かせるようになってしまった。そのような期待のひとつが、自分ではなくベンダーの負担で成功をもたらしてほしいというものだ。好む好まざるにかかわらず、サブスクリプションの世界ではこれが現実だ。私たちが応えなければ、競合他社が応えてしまうからだ。たとえそれが間違った経営方針であっても、費用がかかりすぎて持続できないようなものであってもだ。私たちはこの現実から抜け出すことはできないのだから、対処の方法を学ぶ必要がある。繰り返すが、唯一の選択肢は受け入れることだ。抗ったところで、時間と情熱を無駄にするだけである。

残された現実には、仮にでも当てにできる部分はほとんどない。顧客も、会計報告の一元化や期末ごとの決算ができるアプリケーションが、イェルプ〔店舗などのレビューサイト〕やワーズ・ウィズ・フレンズ〔単語ゲームのアプリ〕より多少複雑で使いづらいという程度のことなら受け入れてきた。だが今は、この両者の差さえも明らかに縮まっている。企業向けのソフトウェアでも大成功しているものは、間違いなくUIのヒントを個人向けアプリから得ているし、その恩恵は誰もが受けている。だが、水準が上がればその分だけ超えるのが難しくなる。販売しているのが4カ月のオンボーディングプロセスを必要とする製品であっても、アップストアでダウンロードしてから30秒後に使い始めたいという製品でも、日々の生活を楽にしてもらえるはずだという顧客の期待は同じなのである。

ハイタッチ

ハイタッチ客は、論理的にはこの原則③に最も合う層のはずだ。私は、**競争相手との差別化という点でいえば**、どの層でも期待値は同じだと考えている。比較対象がオラクルの経理アプリケーションとウーバーの配車アプリケーションという場合は、その限りではないが。だが、ハイタッチモデルではこの負担が極めて現実的であり、その多くが個々の肩にのしかかっている。一般的に、顧客にとっての成功の定義は、担当者が1人で把握しなければならない。投資利益率の定義付けに協力するのも、その結果を顧客に報告するのも、製品を効果的に使うために必要なトレーニングを担当するのも、1人だけだ。いずれも、将来的には自動化が進む可能性があるが、今のところは大多数の製品が個人の職務に委ねられている。

カスタマーサクセス部門にとっては、まさにこの部分が実力の問われるところだ。部署は決して孤立しているわけではないのだから、製品部門、トレーニング部門、オンボーディング部門、サポート部門からの支援を期待しても何もおかしくはない。にもかかわらず、最終的に顧客が成功しなかった場合の責任はCSM個人が負わされてしまう。どんな場合にでも言えることだが、プロセスに関わる顧客は能力も方向性も熱意もばらばらだ。この世界にいるならご存じのとおり、多くの場合、顧客の成功を左右するのは私たちではなく顧客自身である。それでも、結果が悪ければ、その結果を引き起こしたのが私たちでなくても、私たちが対応する責任を負わなくてはならない。誰が悪いかは関係ないのである。

ロータッチ

この原則③において対応が最も難しいのは、おそらくロータッチ客だろう。長期的な解決策は、間違いなく自動化だ。だが、顧客は完璧な状態を期待するものであり、テクノロジーの担う部分が顧客のニーズを満たしていなければ、それも人が提供するしかない。課題は明白だ。顧客が期待しているのは、(おおむね正当な期待ではあるのだが)必要なときに自分を助けてくれる人がいることである。この時に顧客が見落としやすいのは、人材は無限ではないということだ。そう、私たちは限られたリソース(この場合は人材)でやりくりせざるを得ない。すると、まったく資源がない場合よりも期待値の設定や維持はずっと大変なものになる。たとえば、以下の2種類の顧客に異なるメッセージを送る場合のことを考えてみてほしい。相手にはどう伝わるだろうか。

ロータッチ——「当社がお客様を成功へと導くプロセスには、さまざまなテクノロジー中心のリソースがございます。お客様は、当社のナレッジベース、成功事例ライブラリー、オンデマンドトレーニング動画のすべてに無制限でアクセスいただけます。さらに、限定的ではありますが、カスタマーサクセスマネージャー／部門によるサポートもご利用いただけます」

テックタッチ――「当社がお客様を成功へと導くプロセスには、さまざまなテクノロジー中心のリソースがございます。お客様は、当社のナレッジベース、成功事例ライブラリー、オンデマンドトレーニング動画のすべてに無制限でアクセスいただけます」

誤解の余地が小さいのはどちらだろうか。悪用につながりやすいのはどちらだろうか。間違った期待が設定されやすいのはどちらだろうか。

こういう課題があるのだと心積もりしておこう。乗り越えられないわけではないが、かなり大きな課題になるはずだ。

テックタッチ

この層に対しては、期待値の設定自体は比較的簡単だが、その水準は非常に高いことを忘れてはいけない。繰り返すが、常に顧客のニーズに適合するには、顧客から本当の意見を得る手段が必要だ。前述したような各種調査を活用するといいだろう。また、アプリケーションも役立つはずだ。ウォークミーをはじめとした汎用ツールも多い。このようなツールを使えば、リアルタイムでユーザーにアプリの使い方を伝えられるだけでなく、カスタマージャーニーをはるかに効率的かつ平易にすることができる。また、アプリにフィードバックの仕組みを構築しておけば、たとえばユーザーに対して、「特定のページや手順で動きが長時間止まって困るときはないか」と尋ねることもできる。ユーザーをとどめておく手法として、製品やプロセスの必要性を軽んじてはならない。それこそが顧客の求めていることだし、競合他社も取り組んでいることなのだ。

また、今回の原則でも、初期段階の危険信号は極めて役に立つ。もし新規顧客がアプリケーション内の（あなたが定義した）価値地点に到達していなければ、前へ進むきっかけとなるようなEメールも有効な手段になる。ここではもちろん、理想的なカスタマージャーニーや製品の**必ず使ってほしい部分**について綿密に計画しておかなければならない。ちょうどいいタイミングで適切に介入するためだ。

一般論として、サブスクリプション・エコノミーでは従来に比べて顧客に委ねられる部分がずっと多くなる。原則③では、この事実を具体的に取り上げてきた。カスタマーサクセスを重視した事業がうまくいくには、顧客の大成功に必要な負担をあなたが肩代わりすることが求められるのである。

第8章

原則④

絶えずカスタマーヘルスを把握・管理する

執筆：ダン・スタインマン（ゲインサイト社CIO）

各企業タイプとの関連度

	低	中	高
企業向け SaaS	★	★	★
サブスクリプション	★	★	★
従量課金	★	★	★
個人向け	★	★	★
従来型	★	★	★

エグゼクティブ・サマリー

カスタマーヘルスは、カスタマーサクセスの核心である。これは単なるデータではなく、正しく使いこなせば適切な行動を促すこともできるものだ。カスタマーヘルスとカスタマーサクセス部門との関係は、販売のパイプラインと営業担当副社長との関係と同じであり、今後の顧客の行動の手掛かりとなる。カスタマーヘルスが良ければ更新やアップセルの可能性が上がるし、カスタマーヘルスが悪ければその可能性は下がる。そのため、営業担当副社長が自分のパイプラインを管理するのと同じように、カスタマーサクセス部門もカスタマーヘルスを管理しなければならない。
定期収益ビジネスにとってリテンションは生死にかかわる問題なのだから、カスタマーサクセス部門の活動の中心に来るのは、カスタマーヘルスの現状把握と管理だ。これは必ず取り組まなければならないことだし、うまく、しかも絶えず実行しなければならない。

ここで、原則④のタイトルを使って試してほしいことがある。声に出して4回読んでほしいのだ。次のように、強く読む部分に変化を付けてみよう。

- 絶えず**カスタマーヘルス**を把握・管理する
- 絶えずカスタマーヘルスを把握・**管理**する
- 絶えずカスタマーヘルスを**把握**・管理する
- **絶えず**カスタマーヘルスを把握・管理する

カスタマーサクセスのビジョンを積極的に進めていくには、どの部分も同様に重要だ。少し前提を確認した後で、1つ1つの言葉の分析に戻ろう。

本書で何度も述べられてきたとおり、サブスクリプション型のビジネスモデルでは、顧客への意識が求められる。それは好意的な評価が欲しいからではない（それも素晴らしいことだが）。ケーススタディにしてほしいからでもない（それも素晴らしいことだが）。そして、CEOが顧客中心と宣言したいからでもない。確かに、どのCEOも実行するか否かはともかく宣言はするだろうが、そういうことではない。私たちには顧客に注意を払う以外の選択肢はないし、その理由はごく単純で、生きるか死ぬかの問題だからだ。定期収益ビジネスは、顧客に成功をもたらさない限り生き残れない。それは、顧客は成功すれば次の行動を取るからだ。（1）高い確率で契約を更新する。（2）あなたからもっとモノを買う。ごく単純な話だ。サブスクリプションや従量課金のモデルでは、この顧客の行動が起きなければ事業が立ち行かないのである。

公平を期すために言っておくが、これまでも、顧客を管理したり育てたりしなくてもいい時代は一度もなかった。私たちは顧客に自社製品を使って成功してもらいたいし、他の人と製品について話したり自分からレビューを行ったりする形で、私たちのマーケティングに協力してほしいと心から思ってもいる。ほぼどの会社のCEOも掛け値なく顧客の成功を望んでいるが、それは金銭面の理由に限らない。顧客に価値をもたらそうと懸命に取り組んできた製品から、実際に顧客が事業価値を引き出してくれるという事実が、単に心地良いからだ。従来、顧客の成功は、切望するものではなく、動機付けにすぎなかった。今も、顧客に事業価値を得てほしいという思いはもちろんあるが、それ以上に事業の存続がかかっているのである。

この、「事業存立」に関する指摘は誇張ではない。数字を見れば、議論の余地はないのだ。永久ライセンス型のソフトウェアでは、顧客のLTVのうち圧倒的な割合が最初の売上時に集まる。場合によっては90パーセントに達することさえある。サブスクリプション・エコノミーではおそらく、初回取引の金額は顧客LTV全体の10パーセントにも満たないはずだ。たとえば、年間契約額が2万5000ドルの顧客を考えてみよう。予想取引期間は最低7年間だが、健全な顧客であれば10年以上続く可能性が高い。その場合、この顧客は更新を9回行うということだ。年間契約額の増加率が5パーセントのみだったとしても、取引期間全体で支払われる金額は、初回取引額の10倍を大きく上回ることになる。しかもここには、サービスやトレーニングによって生じる定期収益以外の収益や、前述した二次収益は含まれていない。

このように、カスタマーサクセス部門という、製品利用を通じてすべての顧客が価値を得るという目的に特化した組織が誕生した結果、高いリテンション率と健全な経営が可能となった。さらに、部門として達成度を測るわかりやすい指標も生まれた――純リテンションだ。では、カスタマーサクセス部門の担当者が実際に毎日取り組んでいることは何だろうか。

それが、「絶えずカスタマーヘルスを把握・管理する」ことだ。

それでは、要素を1つずつ見ていこう。

カスタマーヘルス

カスタマーヘルスの意味を定義する前に、まずはその**理由**を解明しよう。動機づけはほとんどの場合、**本質**や**方法**ではなく、理由だからだ。さて、なぜ私たちはカスタマーヘルスを気にするのだろうか。答えは一見明らかだが、もう少し具体的に見ていこう。ここでは営業部門と比較して考えてみたい。営業部門は昔からあり、ほぼ誰もがその仕組みを理解しているため比較しやすい。カスタマーサクセス部門がカスタマーヘルスを理解することは、営業部門のトップ（または会社の幹部）が自社のパイプラインを理解することと非常によく似ている。では、営業担当副社長がパイプラインを明確に見通せると、何が起きるだろうか。少なくとも次の3つが考えられる。

❶将来の行動が予測できる
❷将来の行動が起きる時期が予測できる
❸部門をうまく管理できるようになる

要するに予測と管理だ。カスタマーヘルスは、カスタマーサクセス担当副社長にとってこれと同じ価値を持っている。これは顧客の将来の行動（更新、アップセル、チャーンなどの危険な状態）を示す日々の指標であり、自部署を日々管理できるものだ。CSMがチャーンやリテンション率を算出するまで12カ月も待つ必要はないのである。

では、次は「本質」だ。カスタマーヘルスとは何か。実は、**健康**《ヘルス》という言葉が使われているのは偶然ではない。カスタマーヘルスは、人間の健康と非常によく似ているのだ。病院で健康診断を受けると、ヘルススコアが出てくることがある。ある受診者は体温も心拍数も正常だ。血液には重大な問題は見られないものの、コレステロール値がやや高い。また、理想的な体重よりも10ポンド重く、運動するのは月に3回だけだ。他にも色々検査する可能性はあるが、年齢を考慮すれば結果は標準範囲内だった。すると、100点中84点というようなヘルススコアが得られるのである。

カスタマーヘルスも同じように機能する。健康状態全般の判断には、さまざまな検査が使えるのだ。もちろん、検査結果と比較できるように、まずはどういう状態が**健康**かをあらかじめ定義する必要がある。きっと、あなたにもたくさんの健全な顧客がいるだろう。あなたには相手の特徴がわかっているし、おそらく相手を健全と判断した根拠もわかっている。たとえば、製品をほぼ毎日使っていて、高度な応用機能も使っていること。積極的に製品を使っていることがわかる程度にはサポート部門に電話をかけてくるが、頻度が多すぎるわけではないこと。期日までに支払ってくれることや、直近の顧客満足度調査の点数が90点だったことなどである。カスタマーヘルスの判断には経験・科学のどちらのアプローチも可能だ。最終的には、両方を組み合わせた形になるだろうが、とにかく何らかの方法では取り組まなければならない。どの会社も別物なのだから1つの方法で解決できるわけではないが、カスタマーヘルスの要素のうち、顧客の健全性全体の判定に使えるものを以下に挙げてみよう。

●**製品定着率**――このデータがあるなら、ぜひ入手してほしい。カスタマーヘルスの判定に非常に役立つはずだ。データはあらゆる角度から確認しよう。顧客が製品を使う頻度はどのくらいか。最も魅力的な機能を使っているかどうか。利用者は何人いるか。幹部レベルの人は使っているか。役員会議や取締役会や部内会議などで使われているか。カスタマーヘルスを最も雄弁に語るのは、顧客が製品を使っているかどうかやその使い方だ。とはいえ、カスタマーヘルスの要素はそれだけではない。製品利用のデータが手に入らなければ、以降の要素を活用しよう。

●**カスタマーサポート**——顧客が電話をかけてくる頻度はどのくらいか。問い合わせへの対応期間は何日間か（優先順位1の件数と優先順位2や3以降の件数を比べるとどうか）。そう、健全な顧客は、ある程度定期的に電話をかけたりサポート体制を利用したりするものだ。これも、カスタマーヘルスを測る良い指標である。

●**調査結果**——顧客との関係を人間関係と同じように考えてみよう。言葉のやり取りもそれ以外のやり取りも重要だが、何か訊かれたときに顧客がどう答えるかは特に重要である。

●**マーケティングへの関与度**——顧客にマーケティングのEメールを送ったとき、何が起きるだろうか。エラーで戻ってくるだろうか。配信停止の手続きを取られるだろうか。それとも、メールを開いて、クリックして、ダウンロードしてくれるだろうか。結果に振り回されるのではなく、起きたこと自体に注目しよう。

●**コミュニティへの参加度**——あなたの会社にコミュニティがあれば、顧客は健全度にかかわらずそこで過ごすことがあるはずだ。そのときの顧客の行動は極めて興味深いものになり得る。質問や回答はしているだろうか。製品への要望を出しているだろうか。他者の提案に対して投票しているだろうか。

●**マーケティングへの参加度**——顧客からのレファレンスはあるだろうか。ケーススタディはどうだろうか。カンファレンスでの発言はあるだろうか。健全な顧客なら、すべてあるはずだ。

●**契約金額の増減**——あなたのテクノロジーやサービスに対する顧客の投資額は、ロイヤルティを明確に示す指標である。最初の契約から5年経っても初めと規模が変わらない（または小さくなっている）顧客は、おそらく契約金額が倍増している顧客ほど健全ではない。

●**自立度**――あなたの助けがなくても製品を効果的に使える顧客は、先に進むためにあなたに頼りきりという顧客に比べて健全であることが多い。

●**支払履歴**――健全で満足しているロイヤルカスタマーなら、期日までに支払いをする。以上。

●**幹部との関係性**――各顧客との関係が個人レベルでどの程度良好かという要素は、その関係がどれくらい上の階層まで続いているかと合わせて考えれば、カスタマーヘルスの中でも非常に重要な要素になり得る。

少なくとも、カスタマーヘルスの意味を考え抜いて、個々の顧客に対してさまざまな角度で分析することは義務だ。進め方としては、上記のようなリストを作った後で、入手が難しい項目や点数の算出が複雑すぎる項目を取り除くという方法を採ってもいいし、製品利用率のみを主要項目と決めてもいい。最初は実行と説明が可能な方法を採るしかないのだから、それで構わない。ただし、リストは残しておこう。今は採用しなかった項目の中にも、今後新たに議論や考慮の的になって光が当たるものがあるかもしれないからだ。

最終的な結論がどうなったとしても、途中経過にこそ気付きがあるものだし有益だ。最後には、カスタマーサクセス戦略にはカスタマーヘルスの算出が欠かせないことに、心から納得できるだろう。

管理する

シンプルだが深い言葉である。掘り下げて考えてみよう。これは、会社にカスタマーサクセス部門があれば、日常業務の中心に来る活動だ。「正確に算出されたカスタマーヘルスは、ロイヤルティの明確な指標であるとともに、将来的な顧客の行動の手掛かりにもなる」というのが我々の仮定だが、これを正しいものとして話を進めると、もしカスタマーサクセス部門の業務の中にカスタマーヘルスの点数を上げることが目的でないものがあるなら、それはおそらく止めるべき業務ということになる。また営業の例を持ち出すが、営業部門の業務の中にパイプラインの確立にもそのパイプラインを使った機会にも関係のないものがあれば、社員の時間をうまく使っているとは言えないはずだ。

カスタマーヘルスの計測は、統計学の演習ではない。それには明確な目的があるのだ。それだけでなく、正しく進めれば部署が事業を進めるための行動可能な指針も得られるのだ。たとえば、顧客が何らかの調査に対して低い点数を出したらヘルススコアが下がるという基準を決めたとすると、低い点数が出たときに何とかして顧客をマイナスの道から切り替える方策が必要となる。これが、私が**管理**という言葉に込めた意味である。行動を起こすのだ。ただ観察して考えるだけではなく、何かしなければならない。行動が伴わなければ、分析や指針にはほぼ意味がない。そろそろ営業との比較はしつこいと思われるかもしれないが、これは営業担当が「パイプラインにある案件の段階がもう180日間変わっていない」と報告しているようなものだ。事実の観察も報告も、事業を進展させる力は持たない。この場合なら、180日目よりずっと前の段階で、営業担当副社長は「動きなさい。さもなければ失うぞ」と訓戒を与えているはずだ。

では、ヘルススコアを上げる話に戻ろう。その方法は、全体の点数ではなく構成要素を伸ばすことだ。CSMにとっては、ヘルススコアを構成する要素こそが極めて重要なものである。それが点数全体を変える力を持っているからだ。こんな風に考えてみてほしい。もし全体の点数しかなければ、個々の顧客の点数を上げるためにCSMであるあなたには何ができるだろうか。……顧客を幸せにすること？　たしかに。言い換えれば、曖昧すぎて実現不可能なのだ。

しかし、同じ課題を別の角度から見て、点数を要素中心で考えてみよう。たとえば、**製品定着率**という要素は、購入されているライセンスのうち有効なものの割合を測るものだ。あなたはCSMで、ヘルススコアを上げたい顧客がいるとする。その製品定着率を調べてみると、保有ライセンス100のうち有効なものは13しかなく、著しく低かった。ここまでわかれば、具体的で的を射た行動にすぐ入れるだろう。利用ユーザー数が13から60へと増えれば、ヘルススコア全体も確実に大きく向上するというわけだ。

ヘルススコアを上げればロイヤルティの向上につながるし、将来的な更新やアップセルなどの喜ばしいことが起きる可能性も上がる。こう想定したうえで、算出したカスタマーヘルスの点数に対して管理すればいいのである。

把握する

わかりきっている項目かもしれないが、せっかくだから先に進もう。カスタマーヘルスを管理するには、まず把握しなければならない。テクノロジーは、ここまで取り上げてきたどの分野でも非常に大きな役割を果たせるものだが、特に把握する際には絶対に外せない。顧客の健全性を把握するシステムが何もなければ、膨大な表計算ソフトのデータやレポートを分析する時点で行き詰まり、どんな対策が可能かという結論も出せなくなってしまうだろう。科学的かつ体系的な方向に進む道を選ぶ方が、理に適っている。ただ、自動化への適切な動機付けという目的でいえば、まずは手作業で取り組んで苦労してみるのも役に立つ。自動化する前に自力で問題に取り組みながら、最初は体系だっていないプロセスを作るのもためになるはずだ。プロセス自体が適切に仕上がっていなければ、自動化だけしても何の意味もない。失敗が早まるだけだ。

把握していないことは管理できないのだから、手法にかかわらずこれは絶対に欠かせない要素である。この原則では、ここまで述べてきた3つの要素は同じくらい重要だ。どれか1つだけで残りの2つの要素を持たなければ何の役にも立たない。

絶えず取り組む

さて、この原則には「絶えず」という副詞が入っている。この部分は他の3つに比べたら重要ではないと思われるかもしれない。単に、業務をどう進めるかを表しているだけだからだ。カスタマーヘルスの把握や管理はとても良い考えのように思える。ほぼ間違いなく良い考えだ。だが、賢人が言ったように「なすに足ることなら立派にやるだけの価値がある」のである。ここまでの話で、今回の原則が「なすに足ること」であることは皆同意しているはずだから、絶えず取り組めば「立派にやれる」だろう。裏返せば、絶えず実行していないのであれば、成すに足ることではないかもしれない。間違いなく、私たちが生きているのは緊急性の高い世界であり、やることも多い。しかし、定期収益ビジネスモデルを長期的に実行するには、ロイヤルティ（カスタマーサクセス）を引き出すことが何よりも重要なのだから、絶えず取り組む以外の選択肢などあるだろうか。あなたの会社のCEOがこう質問されたとして、他の選択肢を答える可能性はあると思うだろうか。

大多数にとって、日常業務は真空に放たれたガスのようなものだ。ガスは広がって空間全体を埋め尽くす。他にすることが何もなければ、メール対応だけで業務時間が尽きるはずだ。それだけでは業務の生産性が失われるということを否定する人はいないだろう。であれば、**絶えず**という言葉をここで使うことに何のためらいがいるだろうか。ここで話しているのは**必須**事項であり、実行する人の達成度はどれだけ立派にやったかで決まるのだ。先に進むには、**絶えず**が唯一筋の通った方法である。

今回の原則のまとめとして、もう一度すべての言葉を繰り返したい。

絶えず、カスタマーヘルスを、把握、管理する。

著者による補足説明

カスタマーヘルスは、顧客の把握と管理において最も重要な項目だ。しかし、ここで理解すべきことがある。カスタマーヘルスはずっと変わらないものではないし、変化するときも普通は直線的な動きをするわけではないことだ。私が思い付く限りでは、カスタマーヘルスが描くのは等比数列のグラフではなく正弦曲線(一定の間隔で上下を繰り返す曲線)である。長年顧客と直接やり取りしてきた人であれば、「カスタマーヘルスはシカゴの天気と同じくらい変わりやすい」と言えば頷いてくれるはずだ。晴れて暖かい時間が1分続いたと思えば、次の1分は風が吹き始めて横殴りの雨が降る。たとえば、あなたのアプリケーションにとても満足して、こちらの希望どおりの使い方をする顧客がいた。その後あなたは新たなリリースを実施したが、それは重要機能がなくなり、顧客に面倒なアップグレード手順を強いるものだった。昨日、顧客から届いたレビューはひどいものだった。今日はそれすらない。だが、あなたが電光石火のごとくこの困難に対応して、解決に向けてうまく手助けすれば、来週には顧客の状況は元通りになるか、むしろ前よりいい状況になっていることさえある。このように、カスタマーヘルスの正弦曲線を理解することは非常に重要だ。そうすれば、山頂を活用することも谷底で介入することもできるからだ。

ハイタッチ

ハイタッチ客に対しては、山頂の活用と谷底の介入のどちらも、主に一対一の状況で起きる。それがハイタッチの性質であり、このモデルが理解しやすい所以でもある（このモデルを採用するか否かはともかく）。もし私が顧客担当CSMなら、山頂ではおそらく直接顧客に電話をかけて当社のためにリファレンスユーザーになってほしいと頼むだろう。最悪でも、個人的にEメールを送るはずだ。谷底でも同じく、課題を理解して乗り越える手法として、ほぼ間違いなく電話から始める。しかし、ハイタッチモデルであっても、一部にテックタッチの手法を活用できることは忘れないでほしい。たとえば、自動メールだが私が個別に書いたように見えるメールが届いて、その中に製品レビューの依頼とそのためのウェブサイトへのリンクが入っていたら、たとえ最上級のハイタッチ客相手でもそれほど悪印象を与えることはないはずだ。そもそも、顧客に訪れてほしいリンク先を伝えるには、顧客と自分のどちらにとってもEメールを使った方が明らかに効率的なのだから。さらに、適切なツールを使えば、たとえばまだレビューのない顧客、ヘルススコアが85を上回っている顧客、現在サポートチケットを利用していない顧客のみを対象に自動メールを送ることもできる。顧客とハイタッチの関係を保つには、レビューを記入してくれた顧客に対して個別に電話してお礼を言ってもいいし、同じ目的のEメールをテンプレート化しておいて送っても構わないのである。

ロータッチ

本書の前半で**ジャストインタイム（JIT）**という言葉を使ったのを覚えているだろうか。ロータッチ層に対する今回の原則は、JITを実践するには最適な場面だ。ロータッチ客に対しては、その定義からして定期的な電話や四半期ビジネスレビューを行う余裕はない。そのため、この世界では、定期的かつ決められたやり取りはわずかしかなく、ほとんどはJITの取り組みにせざるを得ない。1つ前の項目で挙げた、山頂で顧客にレビューを依頼する場合がまさにこれで、ちなみにこの例は3つの層のどこにもうまく当てはまる。谷底の例としては、たとえば顧客への調査を定期的に行っていれば、その中で顧客満足度の数値が平均未満という顧客が見つかるだろう。その結果を顧客に介入する機会と捉えて、詳細を把握したうえで電話フォローしてもいいし、介入するのは顧客のヘルススコアが70未満という条件が加わった場合のみとしてもいい。そのうち、介入すべきタイミングや同様の状況で期待する結果がわかってくるはずだ。経験からも学べるが、データが十分あれば、データサイエンスを活用して介入のきっかけを見極めたり、最適なタイミングで介入したりすることも可能になる。

テックタッチ

テックタッチは基本的に無料なので、やりすぎということになりやすい。誰もが日々膨大なEメールを受け取っているだろう。Eメールは自由に使える優秀なツールだが、使いすぎる恐れも当然ある。テックタッチ客とのやり取りにおける最高の手段でもあるので、ついやりすぎと思われるまで送ってしまうのだ。しかし、その危険性を抑えることのできる心強い方法がある。顧客に送るあらゆる自動メールを、担当するカスタマーサクセス部門や顧客専属のいわゆる**サクセス担当秘書**から届いているように見せればいいのだ。顧客の個人情報に特化していて、タイミングも内容も自分にぴったりのEメールであれば、顧客からスパムメールだと思われることも、やりすぎと受け取られることも絶対にない。

絶えずカスタマーヘルスの把握と管理を実施していれば、テックタッチでもあらゆるやり取りからその雰囲気が顧客に伝わり、普通は諸手を挙げて受け入れてもらえる。しかし、本当にそうなっているかを判断するには、そして間違った方に進んでいないかを見極めるには、メールが確実に届いたかどうかを確認するだけでなく、開封率やクリック率などの追跡も欠かせない。

カスタマーヘルスは、顧客の将来の行動を示す重要な指標だ。全顧客に対して絶えずカスタマーヘルスを実行して、その結果を効果的に活用しよう。

第9章

原則⑤

ロイヤルティの構築に、もう個人間の関係はいらない

執筆：バーニー・カサール（ミックスパネル社カスタマーサクセス兼サービス担当上級副社長）

各企業タイプとの関連度

	低	中	高
企業向け SaaS	★	★	★
サブスクリプション	★	★	★
従量課金	★	★	★
個人向け	★	★	★
従来型	★	★	

エグゼクティブ・サマリー

現在は、ベンダーにとって顧客とやり取りできる体系的プログラムの構築は欠かせない。多くの会社では、顧客基盤の中で最大の割合を占める層に対してどうサービスを提供するかが切迫した問題となっている。関係構築の手段として人手がかかるものではなく、テクノロジー寄りの方法を採ることが求められているのだ。「顧客の最も大きな層」とは、個々の年間支払額という点での価値は高くなくても、全体の成長に対しては大きな役割を果たしている層のことである。これは、顧客と個人的な関係を持つ必要は一切ないという

話ではない。顧客基盤の各層に合わせて構築するプログラムを変えなければならないということだ。顧客とベンダーとの強いつながりが消えてしまうような進め方をしてはならない。それは最終的にロイヤルティを育み、単なる顧客とベンダーとの関係を相互パートナーの関係へと変化させるものだからだ。

カスタマーエクスペリエンス（CX）によって自社とのつながりを強化するには、製品やサービスに応じて方法を決める必要がある。概要が固まったら、そのCXをカスタマーサクセスの部門と業務に組み込み、運用しながら継続的に改良する。この時、CXは会社の最重要課題として扱わなければならない。顧客との個人的な関係や、1つの部署からしか生まれないものであってはならないのだ。あなたと顧客との関係を強めるようなCXを生み出すには、最初の営業サイクル（ウェブ上のやり取りでも人間同士の直接のやり取りでも）から取り組むことが欠かせない。その後のオンボーディング、品質管理、サポート、そしてソリューション導入という流れにおいても、2社間のやり取りと顧客コミュニティ内のやり取りの両方を重視しなければならない。

以上はどの会社にもある取り組みのようにも思えるが、最適なCXを届けることを目的とした統一性のある計画（**統一性**は重要な概念だ）を持つ組織はほとんどない。組織全体でCXの青写真を描いたうえで、そのプロセスをカスタマーサクセス部門が進めるようにすれば、全顧客との関係に変化をもたらし強化できるデータが会社に備わることになる。それを活かせば、ウェブデザインやフロー、直感的な製品デザイン、顧客企業の規模に合わせた新たなカスタマーサクセスプログラムなどの変革が可能になる。一方で、最も価値の高い顧客に対しては高価な個別対応に戻すこともできるのだ。

事業の規模が変わるのは、顧客の規模が変わったときだけだ。ほとんどの会社にとって、それはつまり**価値の低い**顧客のロングテールのことである。全体としての価値は極めて高いものの、個々は上質なサービスに値するほど大規模でもないし戦略が必要な存在でもない。顧客層のピラミッドでいうと、**ロータッチ**や**テックタッチ**に入る顧客のことだ。この層に対しては、大切に思っていることや愛情を伝えるのにあまり個別対応を使いたくない。その結果、製品と会社の長所と短所の両方がさらけ出されることになる。相手がロイヤルカスタマーになるか否かを決めるのは、顧客が個人的な関係から得ている価値ではなく、製品そのものから得られる価値になるからだ。

提供《デリバリー》モデルとしてSaaSが登場したことで、幅広いソリューションから事業価値を引き出すために、今や各部署のトップはかつてないほどの権限を持つようになった。事業用アプリケーションの提供と保守においてITに依存しなくなったことで、あらゆる規模の会社に門戸が開かれるようになり、どの会社も自部署の生産性と効率性を高めるためにソリューションの評価と投資を行えるようになったのだ。このイノベーションは顧客とベンダー両方に勝利をもたらしたが、同時に顧客関係管理の手法を変える必要性をも生み出した。

従来、ベンダーが顧客に行うサービスは一対一の関係に基づいたものだった。最初の営業担当が保守も行うか、別の顧客担当部門が管理していたのである。このモデルは、顧客の支払額が多いことと、会社側に高コスト構造を支える力があることを前提としていた。しかし、今のソリューションベンダーは、収益が軌道に乗るまで中小企業への販売を続けて、その後大口顧客との取引に移行するという流れで急速に成長している。そのため成長して多額の年間定期収益（ＡＲＲ）が得られるようになるまでは、従来の顧客関係モデルは機能しなくなっている。ＳａａＳベンダーのうち、このような販売モデルから始まったところを少し挙げてみると、ドキュサイン、コーナーストーンオンデマンド、マルケト、セールスフォース、ＳＡＰサクセスファクターズ、エグザクトリーなどの有名企業のほか、最近はゲインサイト、ミックスパネル、ゼネフィッツなどの比較的新しい企業も登場している。このような会社が実績を重ねて各分野を率いる存在になったのは、卓越した製品を持ったうえで、カスタマーサクセスの取り組みを優先して実施してきたためだ。彼らの初期の成功要因は売上の成長だったが、長期にわたる持続的成長のために、どの会社も新たな取引と同様に顧客のリテンションに注力したのである。以下の原則とプロセスを採用すれば、自社と顧客との関係を強化しながら、カスタマーサクセスの取り組みを順調に進展させることができるだろう。

- 自社の事業に合った指標で顧客をセグメント化する
- セグメントごとに顧客カバレッジモデルを決める
- 対象モデルごとに顧客とのやり取りの指針を作る
- 顧客とやり取りする頻度を決める

● 強固なロイヤルコミュニティを構築して顧客同士を結び付ける
● 顧客のフィードバックループを作る

自社の事業に合った指標で顧客をセグメント化する

どのベンダーにもターゲット市場があり、そのソリューションに応じて、100パーセントの力を注げる対象は異なってくる。中小企業向け（ゾーホーやゼンデスクなど）や大企業のみを対象とする会社（ワークデイなど）のほか、企業と個人両方を対象とする会社（人事部向けソリューションと個人向けプレミアム会員制度の両方を持つリンクトインなど）もある。対象となる市場が何であれ、顧客をセグメント化することが必要だ。定期収益ビジネスのほとんどでは、法人顧客のセグメント化にARRやそれに類する指標を利用している。顧客を規模や今後の可能性によって分類するのに役立つからだ（セグメントのやり方自体は事業によって異なるが）。顧客をセグメント化すると、それぞれがどう行動するかを把握しやすくなる。それを分析することで、各セグメントの大きな傾向が見えやすくなるのである。ここで判明するのは、たとえば以下のような傾向だ。大口顧客は一定の目標に到達した後で更新する傾向があるが、小口顧客は目標達成後高い確率でチャーンに至っている。一方で、早く成功に導くことができた小口顧客は、ソリューションやライセンスを追加購入する可能性が高い。——このような傾向を把握できれば、それに応じて顧客関係の戦略も調整できるはずだ。

セグメントごとに顧客カバレッジモデルを決める

顧客カバレッジモデルは、フリーサイズというわけにはいかない。提供するソリューションや組織の成熟度によって、カバレッジモデルは次第に進化する。起業したばかりの初期段階であれば、カスタマーサクセス部門にはさまざまな役割が求められ、オンボーディング、トレーニング、サポート、更新などにも対応せざるを得ないかもしれない。会社が成熟すれば、各機能に対応する専門部署も自然と生まれるはずだ。

会社の規模が拡大して、専門のカスタマーサクセス部門が持てるところまで来たら、カバレッジモデルを決めよう。仮に、カスタマーサクセス部門の設立に適さない事業であっても、テックタッチモデルによるカスタマーサクセス原則の適用は可能だ。第1段階は、顧客を関係性に応じて3つの層（ハイタッチ、ロータッチ、テックタッチ）に分けて、それぞれにどれくらいの顧客が入るかを定義することだ（次項を参考にしてほしい）。自社の顧客層について理解する方法のひとつは（ARRを指標にしている場合）、パレートの法則が機能する部分を確認することだ。つまり、収益の80パーセントがどこから生み出されているのかを分析するのである。その結果から、ハイタッチまたはロータッチの顧客がどれだけいるかを判断できる。顧客を各層に分ければ、1人1人のCSMが適切に管理できる顧客数も求めやすい。ソリューションの複雑さや顧客の支払意志額によって異なるが、たとえば、1人のCSMが管理できるハイタッチ客は5～15件で、ロータッチモデルのCSM

なら20～50件かさらに多くの顧客を管理できる、といった具合だ。複数の部署または会社全体を対象に、高いＡＲＲ（たとえば50万ドル以上）を見込める複雑なソリューションを提供している顧客なら、ハイタッチ客になるだろう。ここで重視すべきなのは、最も価値の高い顧客から現在得られている収益（そして今後見込まれる増加分）を守るためにどれだけ投資するかということだ。

カバレッジモデルに基づき顧客とのやり取りの指針を作る

視点を一対一の関係から一対多の関係に移そう。幅広い顧客を対象とするベンダーなら、顧客のエンゲージメントに応じて複数のプログラムを作る必要がある。このようなプログラムには、顧客があなたの会社とのつながりを感じられるような工夫が必要だ。さらに、顧客に特徴や機能を教えるだけでなく、全体の定着率を上げるという目標に合わせた成功事例を伝えられるものでなければならない。顧客をどうセグメント化したかによって変わってくるが、以下の指針が顧客とやり取りする方法や時期の決定に役立つだろう。

ハイタッチ

- 四半期中に複数回、顧客と直接打ち合わせをする（回数は顧客によって変わる）
- 四半期ビジネスレビュー（ＱＢＲ）を実施する
- サクセスプランの青写真を作成する

- 個別に幹部ミーティングを行う（1回または複数回）

ロータッチ

- 四半期中に1回（または必要に応じて）、顧客と直接打ち合わせをする
- 月に1回以上のウェブ会議またはビデオ会議に力を入れる
- 個別に幹部ミーティングを行う（1回）

テックタッチ

- 製品導入に関するウェビナー型の一対多会議を行う
- 毎月または年4回ニュースレターを発行する
- データを活用したEメールのキャンペーンを行う
- オンデマンドトレーニングやガイダンスを行う
- コミュニティポータルサイトを活用する

これはあくまで指針の提案であり、CSMがどの分野に時間と労力を投じるかについては、顧客情報から導き出した健全度に応じて個別に判断してほしい。ハイタッチ、ロータッチ、テックタッチのやり取りとして何を採用するかは、会社ごとに決めるしかないのだ。顧客の構成や利用金額によっては、ハイタッチモデルだが対面式の打ち合わせや幹部同士の一対一のやり取りは求められない

こともあるし、それでも構わない。たとえば、販売対象が中小企業なら、幹部レベルのやり取りは多くの顧客とまとめて行うこともあるだろう。それなら、地域ごとに幹部の円卓会議を行うという形でもいいのである。重要なのは、やり取りの方法をセグメントごとに決めることだ。そうすれば、顧客基盤からの評価も上がるし、どのモデルにも合った応対ができるようになる。

顧客とやり取りする頻度を決める

ここまでで、**タッチ**モデルごとの顧客のセグメント化が完了した。次に、決まったやり取りの方法を全体のコミュニケーション戦略に組み込む必要がある。目標は、包括的なコミュニケーション戦略（会社や製品のニュースレター、地域のユーザーグループ、年1回のユーザーカンファレンスなど）によって月に1回以上は顧客と接触することだ。包括的なコミュニケーション戦略は、全顧客が対象であり（層によって内容を変える場合もある）、手段も同じであることが望ましい。年間の包括的なコミュニケーション戦略を立てると、カスタマーサクセス部門のトップとCSMが顧客層に合わせてどの「タッチ」のやり取りを行うかが決まってくる。

こうして包括的なコミュニケーション戦略とエンゲージメントモデルが完成したら、次に行うのが年間計画の策定だ。包括的コミュニケーションのカレンダーを作っておくと、「タッチ」ごとに部署や個々のCSMが行うべきやり取りの時期も把握しやすいだろう。

強固なロイヤルコミュニティを構築して顧客同士を結び付ける

カスタマーサクセス対象モデル、包括的なコミュニケーション戦略、やり取りの頻度が決まったら、顧客関係の維持を目的とした会社の計画の大部分が完成したことになる。この計画は、あなたと顧客が相互的につながるものでなければならない。しかし、現在は顧客と顧客が高いレベル（たとえば、リンクトイン、ツイッター、フェイスブックなどのＳＮＳ）でつながっているため、顧客同士がやり取りできるフォーラムも必要だ。フォーラムにはあなたがいない場合もあるので、顧客が自分で出会って協力したり体験を共有したりしやすい場所にした方がいい。その手段は、顧客ポータルサイトのようなツールでもいいし、地域ごとのユーザーグループや会合やカンファレンスなど、あなたの会社や提携会社のエコシステムが主催するハイタッチ型の集まりでもいいだろう。顧客のコミュニティを受け入れて、コミュニティに対する戦略を積極的に立てれば、ユーザーによる関わり合いや知識交換の場が生まれるし、最終的にはあなたが手を差し伸べながら関係が育っていく。顧客のコミュニティが素晴らしいものだということは、多くの企業がわかっている。概念自体は特に新しいものではないのだが、コミュニティの中で顧客に経験してほしいことを自分から計画すれば、イノベーションを生むかもしれない。顧客は、マーケティングと見込み客を生み出すエンジンの役割を引き継いでくれる。あなた自身が会社と製品が素晴らしいと声を上げてもいいのだが、それでは成果が出るまで時間がかかってしまう。しかし、その役割を顧客が担ってくれるなら、顧客が自分の成功について話すことで**あなたの会社の成功代理人**になり、短期間でユーザーに変革をもたらせる可能性もあるのだ。このような成功代理人は、既存顧客と潜在顧客に会社の価値を伝えるだけでなく、他の顧客との関係を強める役割も果たしてくれる。少なくとも、会社のCSMと同じくらい価値の高い役割だ。もっとも、それを生み出すには、会社がカスタマーサクセスの取り組みやCSMに投資する必要がある。

顧客のフィードバックループを作る

強い顧客関係とロイヤルティの構築と育成には、フィードバックループが欠かせない。この手順を進めるには、アンケート、ウェブ上の投書フォーム、顧客の定性調査、個別会合、顧客による諮問機関などの手法が考えられる。どれ（またはすべて）を採用してもいいが、肝心なのは、顧客が製品戦略、品質、カスタマーサポート、導入補助制度、会社のビジョンに対して意見を言う手段が必要ということだ。そうでなければ、総論的なフィードバックで終わってしまう。

この種のフィードバックは会社の将来的な成功にとって極めて重要であり、現在の取り組みを進めて将来につなげられるものでなければならない。会社が顧客の声に耳を傾けるようになると、製品の定着率を上げてロイヤルティを高めるようなアイデアも生まれやすくなる。さまざまな目標に合わせて複数の伝達手段を用いることが必要だ。目標は、具体的な製品やサービスへのフィードバックを会社の戦略や将来的な取り組みへとつなげるものでなければならない。結局のところ、顧客は会社が成長する原動力であるとともに、もちろん収益を生み出す存在なのだから、顧客に発言する場を与えることには正当性があるのだ。実際、大成功を収めているＳａａＳ企業は、話し合いの場で顧客に上席を与えることが多い。

ここまでの話で、顧客と効果的な関係を築くにはコミュニケーションが鍵であることがわかっただろう。定期収益ビジネスの時代に顧客との関係を強化してロイヤルティを生み出すには、次の３つの原則を守ったやり取りが必要だ。（１）連絡を取る頻度を増やす。（２）明確な見通しを決める。（３）できるだけ透明性を保つ。ベンダーには、もちろん事業価値が得られるような質の高い製品を届ける責任があるが、一方で、従来は社内のＩＴ部門が対応してきた分野への責任もある。アプリケーションの可用性や運用期間、性能監視、さらに使いやすい製品にタイミング良く適切な機能追加やバグ修正を行うことまで対応しなければならないのだ。

ほとんどのベンダーにとって、数百万ドルで販売して顧客管理の関係分野に人材を投じるという時代は終わった。現在では、そんなレベルのやり取りができる顧客はほとんどいない。だが、それは喜ぶべきことである。今では、ＳａａＳからサブスクリプション型や従量課金や個人向け事業に至るあらゆるベンダーが、規模にかかわらずどんな顧客にも（望むなら）手が届くようになったからだ。しかし、取引ごとに金額の規模は大きく異なっており、課題もその点にある。カスタマーサクセス戦略の立案には顧客からの評価が反映されていなければならないし、逆もまた同じだ。価値の高い顧客に対する個別の管理は残るとしても、ほとんどの顧客基盤に対しては、費用対効果が見合うようカスタマーサクセスプログラムで対処する必要がある。

強固な顧客関係とロイヤルティは、成功しているカスタマーサクセス中心の会社に共通する「血統」だと言える。安定した更新率と優れた顧客満足度との相関関係は、カスタマーエクスペリエンスという変数によって変化する。顧客との関係構築はもはや個人レベルではなく、組織として担うべきものだ。会社全体で取り組まなければならない。そして、あなたが設計から製造、販売、納品、保守まで対応してきた製品こそが、この関係を決める要素なのだ。顧客との関係構築の方法を、変数の面から再度考えてみよう。そうすれば、計画を立てて会社内の適切な部門と協力できるようになるし、それがあらゆるカスタマーサクセスの取り組みの内容と評価につながるのである。

著者による補足説明

B2B事業の世界で、顧客関係は劇的な変化を遂げた。企業向けソフトウェアの時代にさかのぼると（それほど昔ではないが）、あらゆる顧客との関係はすべて個人レベルのものであり、個別にカスタマイズされていた。Eメールキャンペーンやコミュニティやウェビナーさえ、実践している会社はほとんどなかった。顧客との関係を個別に構築することがすべてであり、個人的な関係こそが顧客が企業にロイヤルティを抱く大きな理由のひとつだったのだ。本当は、これまでも製品が約束どおりに機能しないのに長期にわたって生き残ってきた会社などない。だが多くの場合、顧客のロイヤルティを維持していたのは営業担当やアカウントマネージャーが築き上げた個人的な関係だった。そのような関係が、好意的な評価や追加購入にもつながっていた。営業スキルや製品の機能ももちろん重要だったが、それ以上に人の部分が欠かせなかったのである。

第1章でも説明したが、この図式が変化したのは我々がSaaSと呼ぶ提供《デリバリー》モデルが始まったときである。市場の拡大によって、100万ドルの支払いなどできず、何とかできるのは年間4万5000ドルまで、という顧客のもとにもあらゆる製品が届くようになった。時とともにこの金額は下がり続け、大量生産される企業向け製品の一部やあらゆる個人向け製品の取得コストは極めて小さくなったし、最初は無料というところも増えた。このことは、ロイヤルティは個人的な関係から生まれるという考え方にも変化をもたらした。現在では、そんな手法を採用できるのは高額を支払うごく一部の会社や最上層の顧客に対してのみで、他の大多数に対しては不可能になった。ここで、個人的な関係なしでロイヤルティを築くという課題が生まれたのである。

ハイタッチ

実は、原則⑤はハイタッチ層の顧客にはまず適用されない。定義からして、個人的な関係を構築するのがハイタッチ客だからだ。さまざまな意味で、この層は企業向けソフトウェアの時代から変わっていない。だから、1990年代のアカウントマネージャーは、2000年代にハイタッチ客へのカスタマーサクセスマネージャーへと移行できたのだ。とはいえ、SaaSのハイタッチ客の管理には、企業向けソフトウェアのそれとは大きく異なる要素もある。たとえば、従来のソフトウェア時代には一般的だったソリューションのカスタマイズは、今では不可能だ（設定はできてもカスタマイズはできない）。それでも関係性の大切さはほとんど変わらない。ただ、テックタッチの登場によって完成させてきた手法は、ほぼすべて最上層の顧客にも適用できる。個人同士の関係という価値自体は変わらないとしても、最も戦略的な話し合いに一対一の時間を費やすために、一部のやり取りを自動化するのは悪いことではないのである。

ロータッチ

今回の原則が適用されるのは、この層からだ。すでに何度も話したとおり、製品ベンダーのほとんどにとって成功のために欠かせないのは、顧客への対応に一対多の手法を取り入れることである。ジャストインタイム（ＪＩＴ）モデルはこの目的に特化しており、個人的なやり取りを最小限に抑えながら顧客に成功をもたらすものだ。この層でも、専門のＣＳＭがいる顧客や、そのＣＳＭの名前まで把握しているという顧客もいるかもしれないが、ロイヤルティの原動力として見ると、ここでの関係は控えめに言ってもごく弱い。ＣＳＭが管理する顧客の規模が大きくなっているところが多いため、さまざまなやり取りを自動化せざるを得ないからだ。

テックタッチ

この顧客層こそが、今回の原則の存在意義である。顧客の支払額に対して個別対応をしていたらまったく採算が合わないという段階まで到達したら、会社がロイヤルティの方向性を変えるべき時期なのは明白だ。方法のひとつは、カスタマーサクセスの達成にあらゆる一対多の手段を用いることだ。幸い、すでに触れたとおり手段はいくらでもある。

●Eメール
●ウェビナー
●コミュニティ
●ユーザーグループ
●イベント

このような手段で、ロイヤルティ構築に欠かせない一対多の手段が築けるのである。このあたりについては、次の章でも取り上げる。

何よりも重視すべきなのは、カスタマーサクセス中心の会社は、個人的な関係を築かなくても顧客に成功をもたらす技能に長けているという点だ。大規模な企業向け事業とあらゆる個人向け事業には他に選択肢はない。ここはまだほとんど開拓されていない世界だが、すぐに成熟する。事業の存続可否にかかわる、絶対に欠かせない要素だからだ。最終的には、人間関係ではなく価値構築によって成功をもたらす方法を学ぶしかないのである。

第10章

原則⑥

本当に拡張可能な差別化要因は製品だけだ

執筆：カーステン・マース・ヘルベイ（コーナーストーン社クライアントサクセス上級副社長）

各企業タイプとの関連度

	低	中	高
企業向け SaaS	★	★	★
サブスクリプション	★	★	★
従量課金	★	★	★
個人向け	★	★	★
従来型	★	★	★

エグゼクティブ・サマリー

顧客のリテンションや顧客満足、そして顧客サポート／サービス組織の調整においても鍵となるのは、よく練られた製品と最高レベルのカスタマーエクスペリエンスとの組み合わせだ。消費者向け技術の変化は、私たちの活動と顧客の期待の両方に伴って起きている。顧客の要望と期待を満たす製品を作り続けるには、顧客エンゲージメントの枠組み内で制度作りに取り組むカスタマーエクスペリエンス部門が必要だ。この組織は、顧客間のコミュニティを推進して、顧客基盤のあらゆる段階と役割にエンゲージメントを推奨して、製品の改善を伝えられるような明確なフィードバックループをもたらすものである。カスタマーエクスペリエンス部門が使えるシステムのうち、あらゆる機能に対して絶えず改善を繰り返し、カスタマーエクスペリエンスを高め、それを製品設計に直接反映できるのは、事業プロセスの機能面に対する製品諮問機関（ＰＡＣ：Product Advisory Council）と実践コミュニティ（ＣＯＰ：Community of Practice）だ。ＰＡＣもＣＯＰも、ソフトウェアのライフサイクル開発プロセス内で投入されるもので、最高の成果物構築に欠かせない製品性能の事業価値に関してやり取りされる。使いやすく事業の本質となるような製品を生み出すことができれば、幸せなロイヤルカスタマーの誕生にもつながるはずだ。

カスタマーサクセスマネージャー（ＣＳＭ）の労働時間は1日12時間に及ぶことも珍しくなく、顧客だけでなく社内からも質問を受けて、自分の担当とは関係ないものも含めてあらゆる質問に答え続けなければならない。ＣＳＭは総合窓口として、顧客からの難題や質問にいつでも１日中対応している。満足している顧客が相手でも話し合いは必要だ。話し合いの目的は価値を引き出すことであり、そのために新たな機能の利用を勧めたり、製品利用者が増えるよう働きかけたり、投資利益率を計測したりしている。一般的に、ＣＳＭが取り組む優先課題には次のようなものがある。

● 製品の定着率を高めて価値を引き出す

●顧客のライフサイクルやサポート機能に関する問題への対処などによって、不満の真因を取り除く
●自社製品が同分野で最高の製品であるようにする

顧客のリテンションや顧客満足、そして顧客サポート／サービス組織の調整では、よく練られた製品と最高レベルのカスタマーエクスペリエンスとの組み合わせが鍵になるのである。繰り返しになるが、顧客の要望と期待を満たす製品を作り続けるには、顧客エンゲージメントの枠組み内で制度作りに取り組むカスタマーエクスペリエンス部門が必要だ。この枠組みは、CSMの優先事項を前に進めるために、顧客間のコミュニティを促進して、顧客基盤のあらゆる層と役割においてエンゲージメントを促進し、製品の改善を伝えられるような明確なフィードバックループをもたらすものだと先ほど述べたが、それ以外に、あなたの会社にはカスタマーサクセス管理を進める体系的な手段があると顧客を納得させる役割もある。制度ごとに、目的だけでなく成否を判定する主要指標を決めておこう（図10・1）。

指標や分析から行動につながるヒントが見つかれば、CSMの優先事項がわかり、テックタッチ客を成功に導く取り組みもうまく回るようになる。測定の手順を決めてから、顧客満足度やネットプロモータースコア（NPS）や顧客努力指標（CES：Customer Effort Score）などの主要指標に重点的に取り組めば、満足と不満が生じる原因を明確に検出できる（次頁、図10・2）。

一般的には、顧客が不満を持つ主な原因は製品だ。ということは、顧客が製品を使えば使うほど、

図10.1　コミュニティ、エンゲージメント、フィードバックループ

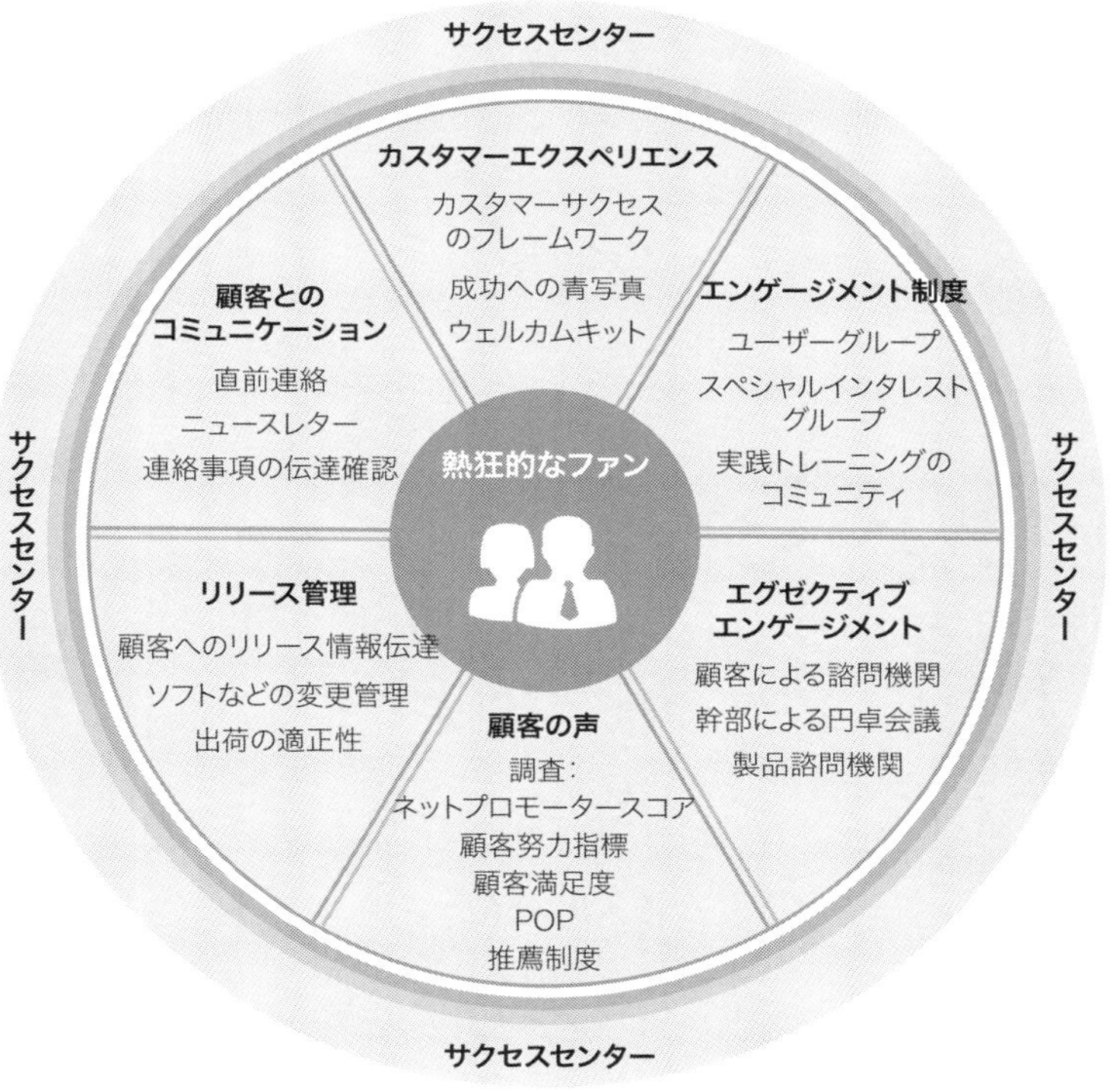

図 10.2 計測していないことは管理できない

顧客満足度（CSAT）
顧客の（または全般的な）満足度を表す。5段階の数値を使う場合がほとんどだが、変えても構わない（重要なのは、これまでのデータと照らし合わせて評価できることだ）。トランザクション調査とリレーション調査の両方で使われる。

ネットプロモータースコア（NPS）
製品を他の人に勧めたいかどうかの調査によって、満足度ではなくロイヤルティを測る。数値は必ず0〜 10 の 11 段階。スコアの算出は、9〜 10 と答えた割合から0〜6と答えた割合を引く。主にリレーション調査。

顧客努力指標（CES）
比較的新しい指標で、会社との仕事のしやすさを評価する。質問への顧客の同意度合いを1〜7段階に分け、「問題は対処しやすかったか」という質問に対して「どちらかといえばそのとおり」から上の回答者の割合を算出する。主にトランザクション調査。

その製品が顧客をしっかりと成功に導いてくれる。私たちは、事業上の問題に対応できる製品を開発するが、カスタマーサクセスを重視する会社の目標は、その製品から顧客が価値を実感できることだ。設計段階から素晴らしい製品を生み出すべく力を注ぎ込めば、それは他のあらゆるカスタマーエクスペリエンスの要素が入っているうえに、サービスやサポートが容易かつ顧客が価値を得やすい製品となるのである。

重視すべきなのは、直感的な製品にすることだ。顧客との打ち合わせがいつも機能性やすでにある機能の使い方に関する話で終わっているとしたら、付加価値を生み出す機会を逸していることになる。そもそも、製品を理解するのに膨大な時間がかかるようでは、魅力に乏しい製品とみなされて誰にも使ってもらえない。まずは、日常生活で気に入っているアプリの場合は使い方に慣れるまでどういう流れだったかという点からヒントを得てみよう。使う人の立場になるということだ。

たとえば、検索方法やその検索結果には標準的な形がある。私たちは、何でも簡単に調べられて苦労がいらないことを当たり前だと思っている。だから、ユーザーが欲しい情報をいつでもどこでも必要なときに慣れ親しんだ方法で見つけられるようにするには、あなたの検索機能にも膨大な情報が入っていなければならない。

また、人は問題が起きたら自分で気付いて対処したいものだ。自己診断ツールが構築されていれば、ユーザーは自分で答えを見つけられるし、取るべき行動もわかる。消費者向け技術の変化は、私たちの活動に伴って起きてきたという話を思い出そう。もう、ただデスクにかじりついてパソコン1台で仕事をする時代ではない。仕事を進めるには、さまざまなデバイスが必要なのだ。情報への素早いアクセスに対応できる製品設計が求められるし、モバイル機器（スマートフォンやタブレットや時計型のもの）でもすぐ実行できなければならない。

フィードバックが確実に製品部門や他の営業部門、サービス部門、カスタマーサポート部門などの部署まで行き渡るようにする一番いい方法は、顧客の意見を取り回す明確なフィードバックループを決めることだ。あらゆる機能に対して絶えず改善を繰り返して、カスタマーエクスペリエンスを高めて、それを製品設計に直接反映できるシステムとして有用なのが、前述した事業プロセスの機能面に対するPACとCOPだ。

PACとは、構造的かつ相互的なプラットフォームだ。ここで顧客がフィードバックすると、今後の製品の方向性に影響を与えるという形で会社の製品管理部門に協力することになる。PACの中心活動には、次のものがある。

- 製品のビジョンや戦略を決めやすくするとともに、顧客が現在直面している問題を把握して今後に活かす
- その問題に対する製品の解決策を顧客がどう思っているかを話し合う
- 顧客が捉えている市場や技術の傾向、そして起こり得る影響を考慮する
- 戦略レベルで機能面の優先付けをしやすくする

PACは、製品管理部門が管轄すべきだ（図10・3）。

PACは顧客基盤全体の代表なので、参加者の役割と責任、さらにその基準も明記しなければならない。たとえば、顧客の責任には以下のような項目を入れるといい。

- PACの会合や打ち合わせに積極的に参加して、戦略的な事業の推進に力を入れる
- 仲間や顧客基盤全体の代表として参加・活動する
- 現在と将来における製品のロードマップに関する知識レベルを高め続ける
- プロジェクトに適した設計の発見や試用に参加する
- 要望に応じて、リファレンスプログラムや顧客または潜在顧客との座談会に参加する

図 10.3 PAC の存在意義

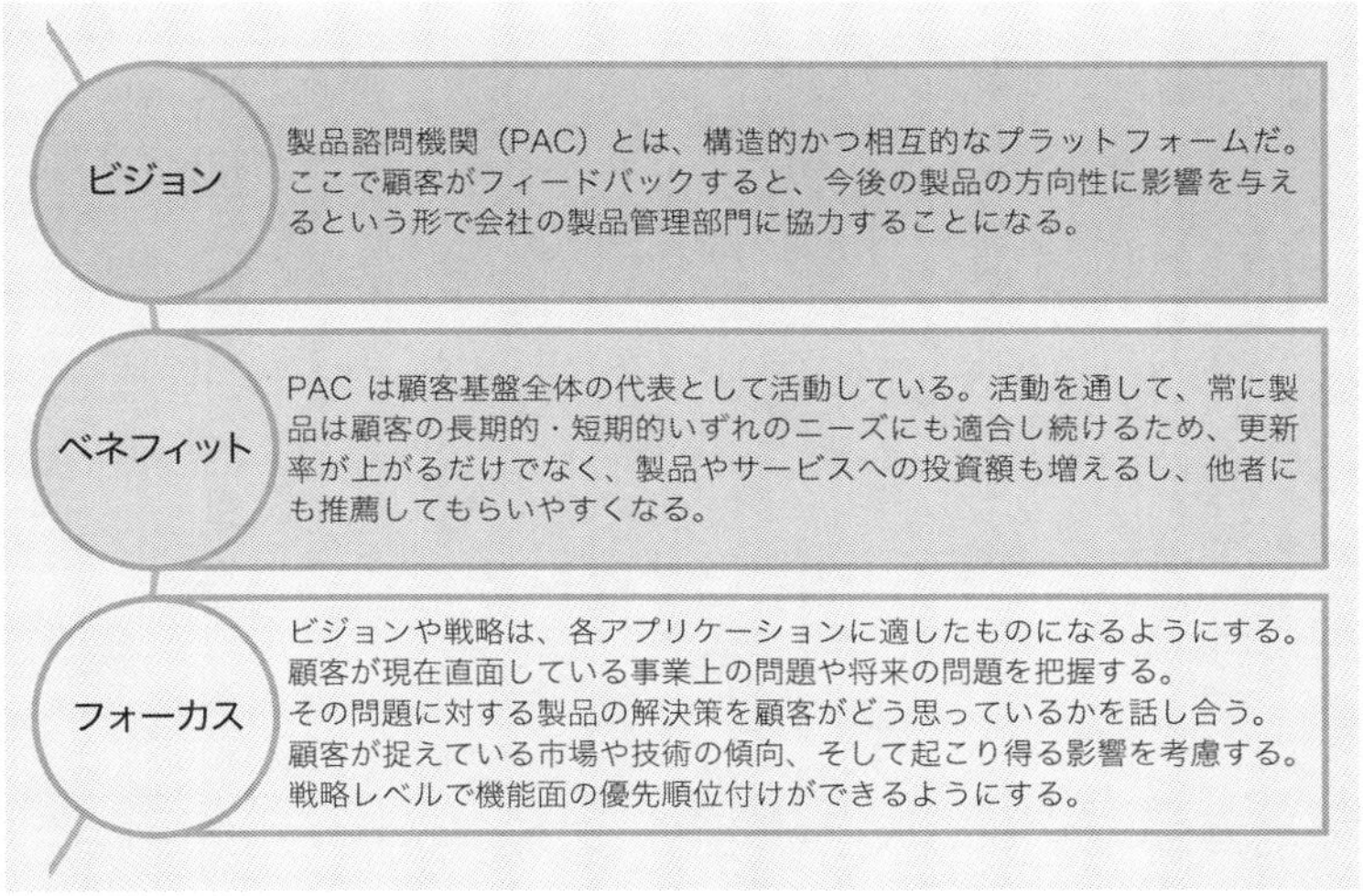

ビジョン	製品諮問機関（PAC）とは、構造的かつ相互的なプラットフォームだ。ここで顧客がフィードバックすると、今後の製品の方向性に影響を与えるという形で会社の製品管理部門に協力することになる。
ベネフィット	PAC は顧客基盤全体の代表として活動している。活動を通して、常に製品は顧客の長期的・短期的いずれのニーズにも適合し続けるため、更新率が上がるだけでなく、製品やサービスへの投資額も増えるし、他者にも推薦してもらいやすくなる。
フォーカス	ビジョンや戦略は、各アプリケーションに適したものになるようにする。顧客が現在直面している事業上の問題や将来の問題を把握する。その問題に対する製品の解決策を顧客がどう思っているかを話し合う。顧客が捉えている市場や技術の傾向、そして起こり得る影響を考慮する。戦略レベルで機能面の優先順位付けができるようにする。

また、PAC会員に対する基準には以下のような項目を入れるといいだろう。

- 製品ビジョンを戦略的に進めるために、最高幹部または幹部レベルが参加する
- PACへの申請が完了した者のみが会員になることができる
- 会員は、1年間PACに積極的に参加する
- 会員は、以下の年5回の会合に参加する
  - 四半期ロードマップレビュー兼優先順位決定会合（年3回）
  - 要望機能の優先順位決定会合（年2回）（主催はPAC会員または代表）
- 会員は、四半期ロードマップレビュー兼優先順位決定会合の参加に関しては、他者に権限を委任することはできない
- 会員は要望に応じて、リファレンスプログラムや顧客または潜在顧客との座談会に参加する

あなたの組織と顧客の双方にとってPACの価値が高い状態を維持するために極めて重要なのが、明確な構造と頻度だ。PACと顧客基盤全体に対して、製品設計やロードマップにとってPACの影響力が大きいことや、顧客の声を頼りにしていることを常に伝えよう。たとえば、四半期ごとにニュースレターを送って、顧客から要望のあった製品変更や、顧客のフィードバックに対してどのような組織・プロセスの改善が行われたかを伝えるのもいい方法だ。

ＣＯＰも進め方はＰＡＣと非常に似ているが、こちらは具体的な製品に関する事業プロセス、ビジネス手法、課題をテーマとした意見交換の場だ。ＣＯＰとは、顧客がさまざまな事業分野の相手とつながる協働フォーラムである。一般的に、ＰＡＣよりも規模が大きいものになりやすい。

ＰＡＣもＣＯＰも、ソフトウェアのライフサイクル開発プロセス内で投入されるもので、製品性能の事業価値に関するやり取りが交わされる。開発部門が事業価値のモデルを決める際は、自社事業に基づいているか否かだけでなく、新たな機能の評価に活用できるかについても考える必要がある。最高レベルの製品の構築には、顧客参加型プログラムと製品管理部門や製品開発部門の協力が欠かせない（図10・4）。

顧客参加型プログラムとは、製品を重視して、常に製品が顧客や市場の要望に合っている状態を保つための優れた手法だ。また、カスタマーサクセスを重視した会社において同じくらい重要な取り組みが、顧客のフィード

図 10.4 事業価値

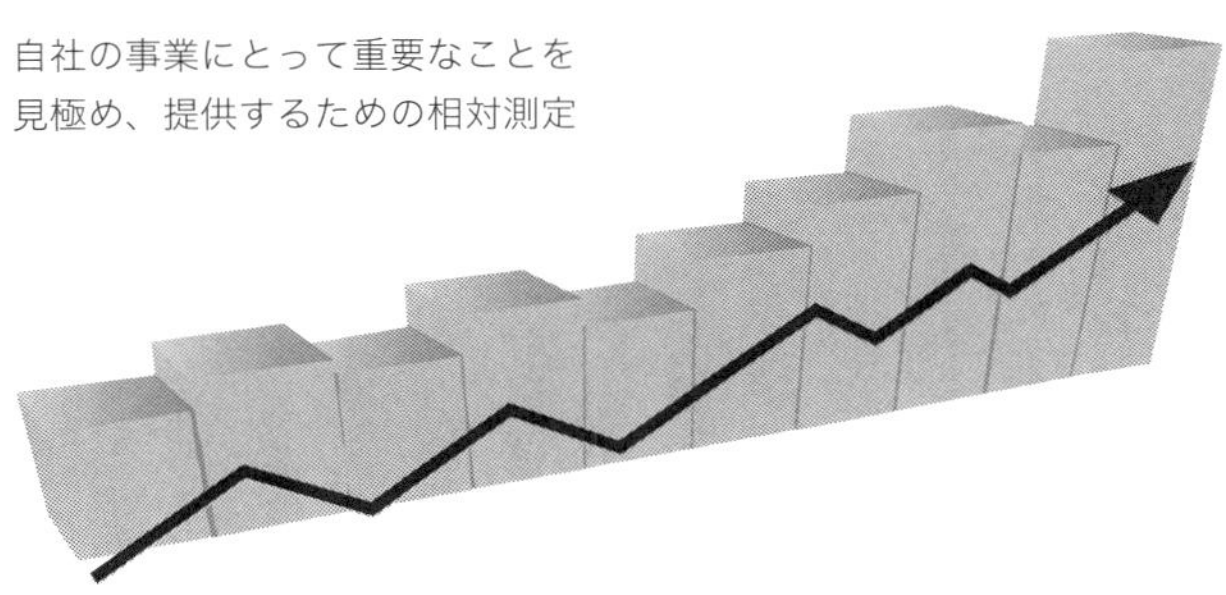
自社の事業にとって重要なことを
見極め、提供するための相対測定

バックである。いずれにしても、企業文化の中心にカスタマーサクセスが根付いていなければならない。これはCEOや上級幹部からのトップダウンで始めなければならないのだ。会社のあらゆる人間に職務があるが、どの職務もその背景には製品と顧客がある。何よりもこの2点を優先して取り組むような企業文化が必要だ。あなたは顧客を熱狂的なファンにしなければならない。社是に「顧客中心」と明記しよう。会社の目標には、必ず「顧客重視」の項目を入れよう。社内のあらゆる部署が顧客の方を向くことのできる目標が必要だ。会社が作るカスタマーサクセスの枠組みには、必ずカスタマージャーニーの概要とどんなカスタマージャーニーにすべきかが組み込まれていなければならない。さらに、フィードバックが全部署（特に製品管理部門）に行き届くためのフォーラムも必要だ（図10・5）。

最前線に立つあなたの会社の従業員に対しては、特に従業員が実際の製品ユーザーでもある場合は、顧客と同様に、製品のあらゆる側面に対して意見が言える仕組み

図10.5　カスタマーサクセスのフレームワーク

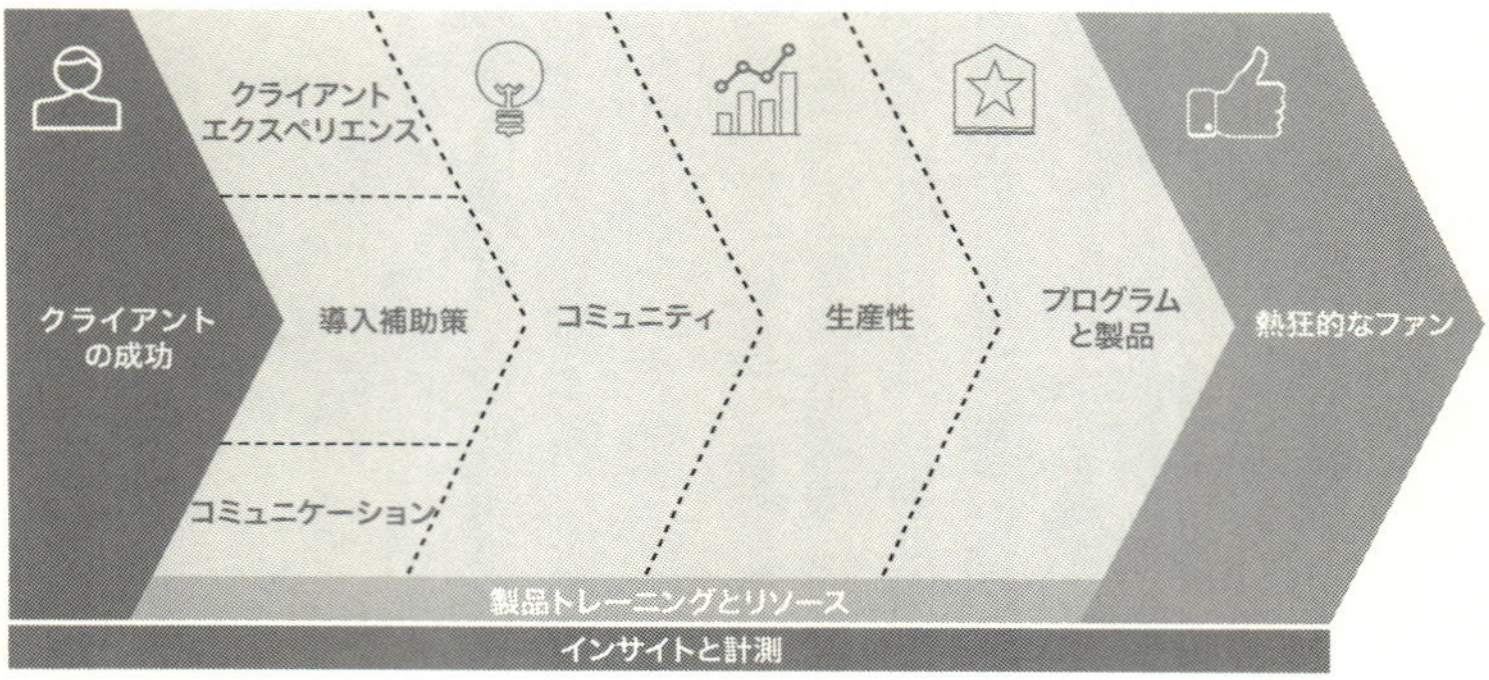

が必須となる。従業員からフィードバックを得る最善の方法は、顧客用のものと類似した枠組みを使って、従業員が製品やプロセスの向上に関する意見を出して話し合えるような明確なチャネルを決めることだ。自社製品を業界トップにするには、従業員の意見が欠かせない。営業部門や実装部門やカスタマーサポート部門からも意見を募ることで、うまくいっていることと行き詰まっていることの両方に関して、あらゆる角度から意見が得られるのである。

新鮮な視点を得るには、新入社員に製品自体や製品に関するプロセスについて意見を聞くのが最善の方法だ。これを、新人研修の柱にするのである。新入社員に製品について学ばせたうえで、営業部門や実装部門やカスタマーサポート部門など、製品やプロセスの担当部門に対する意見を述べる機会を与える。常に、従業員が顧客と同じ体験をできるような形を目指すことが大切だ。最良のレファレンスは、自分で製品を使うことである。

カスタマーサクセスの目標は、製品を通して成果と投資利益率がもたらされることだ。設計が優れていれば、目標は機能性に偏ることなく、付加価値を伸ばす取り組みに向かっていく。管理や運用や利用が面倒になってしまう製品では、顧客に価値を感じてもらえず捨てられてしまうかもしれない。カスタマーサクセス部門は毎日顧客とやり取りしているため、製品がどう使われているかを深く把握している。そのカスタマーサクセス部門と製品部門との間には、必ずフィードバックループを形成しておかなければならない。

かつてに比べれば、切り替えコストはずっと下がった。今ベンダーが責任を持っているのは、製品自体の質と機能、そしてその周辺のサービスとサポートだけだ。サポートは、使いやすい製品があることが前提である。「あると便利」程度の目新しい機能を付けたがるベンダーが多いが、顧客の社内プロセスはそんな機能を使いこなせるほど成熟していないことも多い。製品そのものが提供すべきなのは次の段階への足掛かりであり、プロセス変更後に高度な機能に対応できる余地を持たせればいい。使いやすい製品は高度な機能への基盤となり、顧客側も準備を整えやすくなる。何よりも大切なのは、隔たりを埋めることなのだ。

あなたの製品の本質が顧客の事業の進め方に合っていて、しかも使いやすければ、顧客は満足するしロイヤルカスタマーになるだろう。製品から価値が得られるからだ。そうでなければ、顧客は他の方を向いてしまう。

顧客が自立できて価値をもたらすようによく練られた製品は、カスタマーサクセスに欠かせない。そのような製品なら、ロイヤルティが高まるだけでなく、自社の部署が顧客と有意義な話し合いを行えるようになり、そこから会社全体がさらに成長するのである。

著者による補足説明

会社全体の中で本当の意味で拡張可能《スケーラブル》なのは、製品だけだ。確かに、会社のどの部分も効率性を高めればある程度の規模の拡大に耐え得るのだが、あなたが作る製品はどれも、いったん作ったら何百万人のユーザーに何百回も使われる可能性を秘めている。「一度作ってたくさん届ける」は、うまくいけば利益を生み出す秘訣なのだ。こんな風に考えてみよう。仮に完璧な製品ができたら

（これは、どこから見ても本当に完璧ということだ）、会社の中でいらなくなるのは誰だろうか。一般的な会社なら、次の部署は完全になくせるはずだ。

- プロビジョニング
- 実装
- トレーニング
- カスタマーサポート
- カスタマーサクセス
- 運用
- 専門サービス（少なくともその大半）
- 更新

言い換えると、**アフターセールス**という概念自体がなくなる。アフターセールスが目指しているのは、何百万もの顧客が製品を愛用して、世界中に製品の良さを伝えたいと思う世界だけだからだ。

個人向け事業の中でもモバイルアプリケーションの世界では、常にこの現実に取り組んできた。好例はグーグルやフェイスブックだ。フェイスブックのインストール方法や使い方を教える担当者や、初めてグーグル検索する人に手を貸す担当者などいない。不要なのだ。製品が洗練されていて、簡単で直感的に使えるうえに、とてつもない価値が得られる。だから顧客が離れることも極めて少ないのである。グーグルやフェイスブックの場合、モバイルへの移行が使いやすさの水準を引き上げたのは間違いない（空の検索ボックスほど使いやすくなったわけではないが）。だが、利益をもたらしたのは当初パソコンで製品を使っていた大勢のユーザーだった。しかし、最初（または唯一）の製品がモバイル機器経由で使われるものという会社の場合、難易度はかなり上がる。この業界にはすでに数百社が参入しているし、今後も数千社かそれ以上が入ってくるはずだからだ。

会社にはさまざまな部署があるが、その中で最も優先すべきなのは製品部門である。その一番の理由は、享受したい大成功へと続く**唯一の**道が製品であるという点だ。成熟して成功している会社には、企業文化以外にも独自性があることが多い。アップルの独自性は、美しくて洗練された製品だ。ザッポスの独自性は、究極のカスタマーサポートとカスタマーエクスペリエンスだ。ウォルマートの独自性は、値段と利便性だ。だが、ここで挙げた会社の成功はどれも、それぞれの市場で最高の製品を生み出したことの延長線上にある。「卵が先か鶏が先か」の議論になってしまうかもしれないが、ザッポスはオンラインの靴市場でも、カスタマーサポートを武器に最有力企業になれるだろうか。それとも、カスタマーサポートはザッポスの製品そのものなのだろうか。結局のところ、今回の話の目的からすれば、それは大した問題ではない。肝心なのは、どの市場でも実質的な最有力企業は最高の製品を作っている企業でもあるということだ。もし、最高の製品はあなたが手元に置いて使っているものではなく、その周辺にあるサービスやサポートだと世界（または自社市場）を納得させられるベンダーがあれば、健闘を祈りたい。偉大な会社は世界を納得させるのが非常にうまいものだ。だが、偉大な会社は例外なく、何よりもまず優れた製品を生み出しているのである。製品を最優先事項にすることなくカスタマーサクセスの活動に加わろうとしても、長期的な成果は得られないはずだ。

ハイタッチ

カスタマーサクセスの主要モデルがハイタッチである会社や、ハイタッチ層の顧客を抱える会社にとって、製品に力を入れるための鍵はコミュニケーションだ。特に、カスタマーサクセス部門と製品部門の間のコミュニケーションである。ここで先頭に立つのはCSMだし、製品がどう使われているかやどう使ってほしいかを社内の誰よりも把握しているのもCSMだ。この事実を受け入れるには、CSMのことを現場の製品管理者だと考えるといい。CSMが何を把握していたとしても、プロダクトマネージャー（PM）に伝わらない限りその内容の価値が認識されることはないのだ。会社は、確実に伝達されるようにプロセスを設計しなければならない。仮に私がCSMを40人管轄していて、その全員に「製品が最優先」だと伝えている状況なら、たとえCSMが顧客の課題解決に毎日12時間を費やしていても、私はCSMと顧客とのやり取りの内容がPM部門に伝わるようにコミュニケーションプロセスを作るはずだ。もちろん、顧客が直接伝えられる手段も必要だが、その場合でもCSMによるフィルターは不可欠だ。最初は、単にカスタマーサクセス部門と製品部門の間で顧客とのやり取りを共有するための打ち合わせを月1回行うところから始めてもいいだろう。この部門の目的のひとつは、拡張応用の利く方法とは言えないが、取り掛かりとしては悪くない。機能への要望だけでなく事業上の問題を把握することが重要で可能なプロセスを考え出すことだ。

ある。特に、顧客が将来的にあなたの製品に解決してほしいと思う問題を把握することかもしれない。それは漸増的な変化ではなく一足飛びの改善につながり得る。

ロータッチ

タッチモデルを1つ下るごとに、拡張可能なプロセスの必要性はますます高まる。あなたが一番求めているのは、顧客からの製品への要望や不満がすぐPM部門に伝わるような仕組みだろう。これを広い規模で実現するために使えるのが、コミュニティ、フォーラム、各種調査、ユーザーグループなどだ。コミュニティやフォーラムでは、良し悪しの評価や投票が可能なSNS機能を使ってみよう。あなたが十分深く参加しており、投票する製品の要素がわかりやすいものであれば、非常にうまくいく可能性がある。前述のとおり、選りすぐりの製品諮問機関（PAC）や顧客顧問委員会（CAB）は、あなたの顧客基盤に合った構成であれば極めて価値の高いものになり得る。事業の70パーセントの対象が中小企業なのにCABには大企業だけを参加させる、などということはしてはいけない。もし、層ごとに市場や製品の対象者がまったく異なるという状況なら、2種類のCABを設置してもいいかもしれない。階層が下がるほど、正しい製品であることの重要度が上がる。だから、顧客を巻き込んで正しい製品にする方法を見つけることが絶対に必要なのだ。サービスやカスタマーサクセスの人材がどれだけいようと、製品の不備を補う武器にはなり得ない。

テックタッチ

何度も述べたとおり、B2C市場や大規模なB2B市場では、あらゆることをテクノロジーによって進めなければならない。しかし、それはもう顧客と話せないとか、直接フィードバックを得られないという意味ではない。ユーザーグループや定性調査などを利用してフィードバックを得るのも有用だ。とはいえ、テックタッチモデルにおける一番の推進力は、やはりコミュニティやフォーラムや調査などの一対多ツールである。この層は規模が大きいので、最も有効なフィードバックは、おそらく直接製品から得られるはずだ。多くを物語るのは一番よく使われている部分だし、利用時間が長い箇所には良くも悪くも意味がある。ある程度限定的なフィードバックの仕組みを製品に組み込んで、顧客の行動に合わせたデータを集めることも可能だ。自社製品とともに向かう素晴らしい未来は、現在の使われ方の延長線上にあると考えても誇張ではない。ユーザーが大勢いれば簡単に実験ができるし、規模が大きいことはそれ自体に価値がある。1日だけ新たな機能を加えてみて、その結果を確認してもいい。これは、アマゾンでもイーベイでもマッチ・ドットコムでも、現場で毎日起きていることである。

さあ、十分に興味が出てきただろう。製品を最優先にするのだ。そうしなければ、控えめに言ってもカスタマーサクセスの実現は難しいし、会社全体が失敗に終わってしまう。顧客に接する担当がいるなら、その方法や形式にかかわらず、製品の質と価値を高めることこそが自分の最優先課題であることを担当者本人にも納得させなければならない。

第11章

原則⑦

タイムトゥバリューの向上にとことん取り組もう

執筆：ダイアン・ゴードン（ブレインシャーク社CCO）

各企業タイプとの関連度

	低	中	高
企業向け SaaS	★	★	★
サブスクリプション	★	★	★
従量課金	★	★	★
個人向け	★	★	
従来型	★	★	

エグゼクティブ・サマリー

なぜ人や会社はモノを買うのだろうか。それは、買ったものがその後価値をもたらしてくれると思っているからだ。消費者の立場で考えた場合の、高級レストランでたくさん金を使うのは平均以上の料理を期待しているから、という話と同じかもしれない。そして、期待どおりだったかどうかは、直後に判明する——美味しいかそうでもないかだ。そのレストランを再度訪れるかどうかは、この結果からすぐ決めることができる。

だが、販売するのが企業向けの製品やサービスという場合、その価値を取引直後に実感させるのは難しいことも多い。購入した側もそれはわかっているのだが、それでもこのくらいで価値が得られるはずだと期待する期間はある。SaaSやサブスクリプション型の企業にとって、その期間とはサブスクリプションの長さだ。更新の交渉が始まるまでに顧客がまったく価値を感じていなければ、更新の可能性は極めて低いだろう。ここでベンダーにとって逆風になるのは、顧客をソリューションで軌道に乗せて前に進めるまでに長い時間がかかり得ることだ。この困難に対処する方法は、タイムトゥバリューの向上にとことん取り組むことである。

営業の業務の大部分を占めるのは、潜在顧客に対して、製品やソリューションを購入すれば確実にそこから価値が得られると納得させることだ。SaaSやサブスクリプションの世界では、この価値を迅速にもたらすことがリテンションや収益拡大の鍵となる。約束されていた価値が得られていないのに（あるいは得られる前に）、更新や契約継続を選んだり、追加購入したりする顧客はいない。

サブスクリプション形式で企業向けソフトウェアの実装を行っている会社の場合、オンボーディング段階だけで数カ月かかって、価値を感じるための生産期間は数カ月しか残らないこともある。1年契約の更新期間が迫ってきており、極めて危険な状態である。問題点をわかりやすくするために極端な例で考えてみよう。12カ月間の契約期間に対して、導入と運用に11カ月かかった場合と60

日で完了した場合とでは、更新率はどちらが高いだろうか（図11・1）。

オンボーディングの期間と初回更新の可能性には、はっきりした相関関係がある。すべての契約が月額制の従量課金ビジネスであれば、緊急性はさらに高い。

では、ソリューションの購入後にできるだけ早く顧客が価値を感じられるようにするには、どうすればいいだろうか。以下がその秘訣だ。

- 顧客と協力して、具体的な成功の指標を固める。
- 早い段階での価値達成に向けて何度も取り組む。最初は一番成果が見えやすい指標を達成して、その後残りに取り組む。
- 調整はすぐに行う。期待値が危機にさらされていることに気付いた瞬間に、すぐ行動に移す。

では、それぞれのポイントについてもう少し詳しく見ていこう。

図11.1 タイムトゥバリューのプロセス

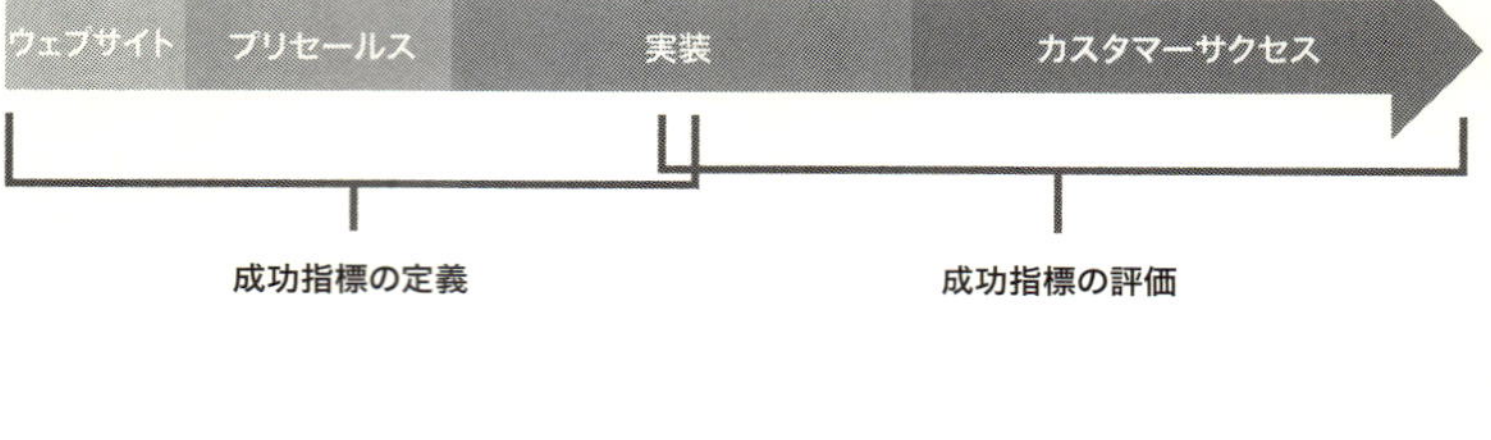

具体的な成功の指標を固める

顧客が購入するとき、その意思決定の土台に製品やソリューションがあるのが理想的だ。さらに、これからその価値をどう測るかについても顧客自身が把握していれば、言うことはない。

早い段階で、顧客側のビジネススポンサーと一緒に指標を決めよう。てこ入れは、まだビジネススポンサーの関心が高い営業プロセスのうちに行っておくことが欠かせない。彼らは施策の実施自体にはそれほど気乗りしないものだからだ。ライフサイクルの後半になってからビジネススポンサーの関心を引こうとしても、もう他のことに気持ちが移ってしまっていて難しい。組織の事業レベルに合った成功の指標を固めるには、早めにビジネススポンサーの注意を引きつける機会を活用するのが最善だ。

運が良ければ、顧客側に「新任担当者のオンボーディングにかかる期間を半分に削減したい」のように具体的な答えがある場合もある。だが、大枠としての推進要因は挙げられても、具体的な指標は頭にない（または頭にはあっても、その指標に対する現在の基準値はわからない）という顧客の方がずっと多い。その場合、顧客に指標を考え出すようお願いするのではなく（特に構造が複雑な組織では時間がかかるかもしれない）、他の顧客は成功を測る際にどのような指標を使うことが多いかという例として、次のようなリストを見せた方がいいだろう。

- ノルマ達成までの時間を減らす
- ノルマを達成できる社員の数を増やす
- 売上につながる見込み客の数を増やす
- 取引規模や収益を伸ばす
- セールスフォースを活用している社員の割合を上げる
- 社員がコンテンツを検索する時間よりも販売に費やす時間を増やす
- 社員のオンボーディングにかかる期間を縮める
- 初回取引の成立までの期間を縮める
- 上司が社員の指導を行う時間を減らす
- 社員の業務遂行能力を伸ばす
- オンボーディング課程を修了した社員の数を増やす
- 視聴者数を増やす

以上のような例から顧客に指標を選んでもらったうえで、選んだ指標に対する基準値も必ず決めるようにする。

この時、指標はオンボーディング部門にも伝えておくのが望ましい。スムーズに進めるには、プリセールス部門が成功の指標を決めて文書にまとめておき、実装プロセスの最初にその指標をオンボーディング部門に引き継ぐという手順がいいだろう。そして、オンボーディングのキックオフ電話会議で、プリセールス部門の技術者が指標について顧客にこう確認するのだ。「お買い上げの時点では、従業員のオンボーディング期間を縮めることが重要な要素と伺いました。今もお変わりないでしょうか。でしたら、まずは現在のオンボーディング期間から確認させていただきたいと思います」

オンボーディングを開始してもいいのは、このように成功指標を明確に定めた後だ。この順番にしなければ、オンボーディングに何カ月も費やす羽目に陥ってしまうか、ひどい場合は実装が完了しても、顧客はあなたのソリューションから価値を得られたかどうかわかっていないということにもなりかねない。

この種の具体的な指標があれば、後々までいい効果を持続させることも可能だ。顧客との間に四半期ビジネスレビュー（QBR）など定期的な見直しの場があれば、その都度（1）指標は今も事業にとって適切な指標かどうかを再確認してから、（2）その指標の進捗を確認することができる。営業段階では投資利益率の計測を断固として譲らなかったにもかかわらず、いざ始まると難しいからと尻込みしてしまう顧客も多い。だが、おわかりだと思うが、ここで手助けして顧客が指標を計測できるようにしなければ、後で結局痛い目に遭うことになるのはあなたなのだ。

早い段階での価値達成に向けて何度も取り組む

非現実的なことをすべきではない。価値達成への最速の道は、まず最も達成しやすい基準を満たすことだ。たとえば、販売効率を改善するためにソリューションを購入した顧客にとって成功指標は、営業担当のオンボーディングにかかる期間の削減、潜在顧客に対するエンゲージメント効率の向上、担当者のノルマ達成率向上など2、3種類（またはそれ以上）あるかもしれない。

どの指標も達成自体は可能だが、顧客に少しでも早く価値があることをわかってもらおうと思ったら、最も重要な指標から始めた方がいい。その際は、何度も実装プロセスを繰り返そう。つまり、第1段階のトレーニングとオンボーディング期間に集中してから、第2段階として潜在顧客へのエンゲージメント向上に取り組むのである（図11・2）。

早い段階で価値達成する方法は他にもある。たとえば、ユーザー全体ではなく特定のグループや区分や地域に絞って展開活動をする方法や、1～2個の具体的な活動（ブランド再構築など）や製品ラインに力を入れる方法などだ。達成可能な小課題になるまで細かくしてから繰り

図11.2 反復実行の例

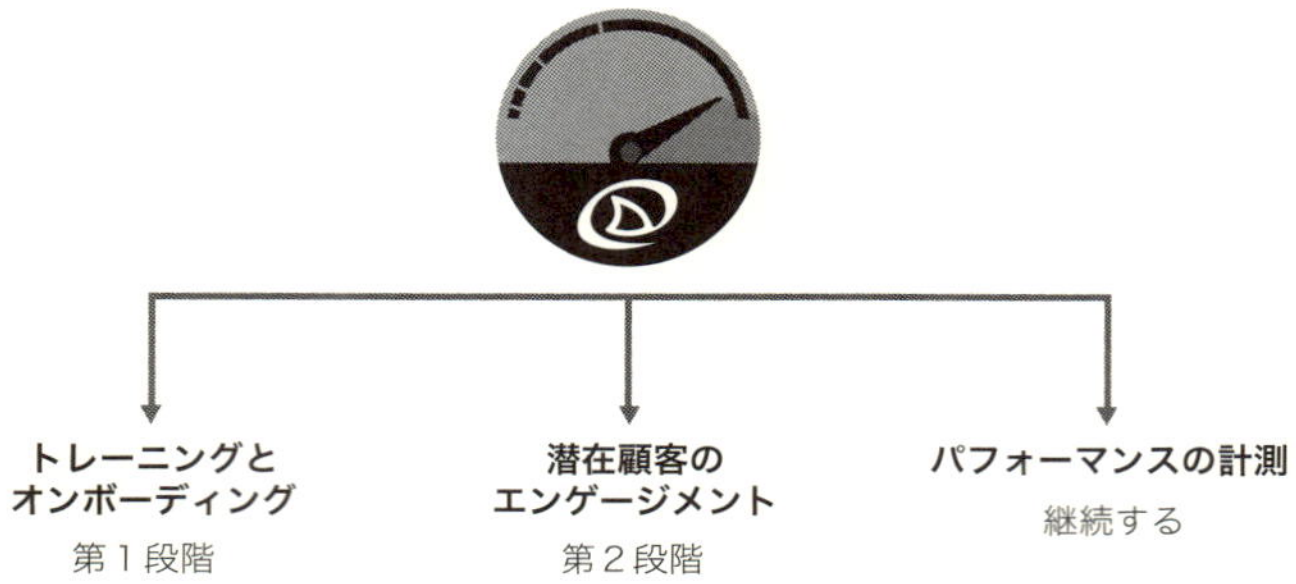

返し取り組めば、早い段階で、しかも何度も価値が得られる。

また、確認を欠かさないことも大切だ。販売時にビジネススポンサーが指標を決めて、それを顧客側のプロジェクト部門も承認したからと言って、いつまでも同じ指標が重視されているなどと思い込んではならない。

- 状況報告の最初に指標を挙げて、確認電話のたびに注意を促す。「あくまでも確認ですが、現段階でもこの指標を重視されていると考えてよろしいでしょうか」
- オンボーディング中には、ビジネススポンサーと直接つながる機会を何度も作り、指標が適切かどうか確認する。

すぐ調整する

オンボーディングの完了が近づいてきたら、CSMやカスタマーサクセス業務を顧客に紹介しよう。プロジェクトの現状確認会議にCSMを参加させて、厳選した成功基準を伝えるのである。オンボーディング後数週間から数カ月におけるCSMの最優先課題は、顧客が定めた価値に必ず到達できるよう粘り強く取り組むことだ。それ以外の、従来のカスタマーサクセス業務（新機能の導入や四半期ビジネスレビューの実施など）はどれも、この最優先課題に比べれば二の次である。

なぜこの課題がそこまで重要なのだろうか。オンボーディングが終了すると、顧客側のプロジェクト部門は日常業務に戻るため、場合によっては集中力が切れてしまう。そうすると、今後の顧客は自分たちほど価値達成のみに集中しなくなることが想定されるのだ。だから、顧客と顧客管理部門の両方に進捗を報告することと、その後で価値達成する前に問題が起きたら迅速に人材を再投入することがCSMの業務となる。

タイムトゥバリューの向上にこだわるべき理由は他にもある。顧客にソリューションを拡大してほしいからだ。ベンダーから見ればアップセルだが、顧客の立場からすれば、自分がベンダーのテクノロジーに投じた価値を広げることを意味している。サブスクリプションの世界で重要なのは、長期的に顧客が支払う総契約金額が増加することだ。その流れは、顧客が製品から本当の価値を得ていると実感しなければ始まらない。価値がないと感じている製品に対して、ライセンスやモジュールを追加購入する顧客などいないのだ。その重要性を測るために、顧客数に30日の日数を掛けてみよう。これを次の顧客ではタイムトゥバリューを30日間改善した場合とみなせば、計算結果は追加販売に使える日数ということになる。30日という数字が適切でなければ、掛ける数を5日間にしてみよう。計算結果が出たら、こう自分に問いかけてみるのだ。（あなたの会社の）優秀な営業部門なら、これだけの追加販売の日数があれば何ができるだろうか。

顧客が購入するのは、支払った金額をはるかに上回る価値がソリューションから得られると信じているからだ。だが、サブスクリプションビジネスでは、いつかそうなるというだけでは安心できない。顧客自身が価値の計測方法を把握できるように、そして更新連絡のずっと前の時点で指標が上向いていると感じられるように取り組まなければならないのである。

著者による補足説明

この原則のキーワードは「**とことん**」だ。一般論として、物事にかかる時間を改善したいとは誰でも思っている。あらゆる業務の改善は、会社員のDNAに組み込まれているからだ。だが、その中で心底こだわっていることはいくつあるだろうか。それほど多くはないだろう。この原則こそが、とことん取り組むべき分野である。

ここでも営業と比較してみよう。優秀な営業担当者は取引成立にとことん取り組んでいるものだ。とことん取り組んでいるからこそ優秀であるとも言える。金曜日の夜、土日を楽しみにしながら帰宅する途中で見込み客から電話がかかってきたとしたら、彼らはどうするだろうか。もちろん電話を取るはずだ。営業担当は、営業サイクルにおいてはどの1日も欠かせないことも、契約に適した日はわずか1日でありそれが今日であることもわかっているからだ。長く営業に携わっている人なら、誰でも魚を逃した経験があるだろう。水曜日にはまとまりかけていた契約が、木曜日には社員の解雇や収益不足や組織変革の話が出てきて、結局駄目になってしまったという経験だ。営業担当は、毎日とことん取り組むことの重要性を理解している。毎日が勝負だからだ。

SaaSやサブスクリプションが登場する前、アフターセールスの心構えにはそこまでの緊急性がないのが普通だった。実装サイクルは全部で6カ月以上もあるのだから、1日の重みなどどれだけあるというのだろうか。この考え方の問題点は、1日を大切に思えなければ2日あっても大切にできず、それ以上の日数に対しても同じ傾向を引きずってしまうことだ。何も、実装部門と顧客がアフターセールスをどうでもいいと思っていたわけではない。どちらも非常に高い関心を持っていた。だが、サブスクリプションが登場したとき、その特性として更新時期が常に差し迫っていることや解約の可能性ができたことで、緊急性は飛躍的に高まったのである。

企業向けソフトウェアの世界では、ソリューションの実装過程が複雑なため、タイムトゥバリューは数カ月のスパンで測ることが多い。Ｅコマースのソリューションや顧客向け製品を販売する場合も、タイムトゥバリューは適切な考え方だし重要でもあるが、計測のスパンは数時間や数分になることさえあるかもしれない。たとえば、モバイルアプリの「ゴー・トゥ・ミーティング」をダウンロードして使い始める場合、処理全体にかかる時間は5分未満だと思う。これを長い時間だと考える人はいないはずだが、では処理時間を4分からさらに3分に短縮するという緊急性はどこから生まれるのだろうか。そう、（1）エンドユーザーか（2）ライバル社であるウェブエックスのどちらかだ。タイムトゥバリューにとことん取り組まなければ、どこの業種でも代わりに競合他社が取り組んで、それは他社の差別化要因になる可能性が高い。これは、画一化した市場では特に起こりやすい。ゴー・トゥ・ミーティングを作っているシトリックスが、一般ユーザーの目に見えるような形で自社アプリをウェブエックスのアプリと差別化するのは難しい。それはつまり、他にもっと重要なことがあるということである――価格やタイムトゥバリューやサポート、そしてカスタマーエクスペリエンス全体だ。数分が重要なのだ。その時間にとことん取り組もう。その時間のために戦うのだ。

ハイタッチ

普通、ハイタッチには価値が高いという意味が含まれているため、ほぼ必ず複雑な手順となるし、話し合いの内容も実装プロセスから数日（あるいは数週間）を削る方法を探るものになるのが常である。この際、タイムトゥバリューの多くが実装に関するものになりがちだが、課題をそれだけに限定しないようにしよう。これは**実装にかかる時間**ではなく、**価値にかかる時間**《タイムトゥバリュー》なのだ。ハイタッチ客を扱うベンダーでは、自社の実装部門とカスタマーサクセス部門がこの責任を分け合うのが普通だ。**プロジェクトの完了＝価値の達成**となることはまずあり得ない。プロセスの大きな一歩になるのは確かだが、その後も必ず取り組むべき事柄は続く。ＣＳＭにとっては、ここから報酬に値する仕事が始まるのである。自社の扱うソリューションが十分に機能的であれば、購入時に顧客が解決したかった事業上の問題を解決する手段として、ＣＳＭはソリューションを使い始めるように顧客を促すことができる。

この両部門の引き継ぎから生まれる課題のひとつが、顧客が価値を得た時期を計測することだ。プロジェクトの実装プロセスにかかる期間を計測するのは、まったく難しいことではない。キックオフの日も完了日もわかっているからだ。もしキックオフから完了までにかかる平均期間が97日間であれば、次の四半期の目標は89日間に設定して、その次の四半期目標は83日間にすればいい。計測は極めて簡単だ。だが、**価値**という言葉はそれほど具体的なものではないため、おそらく代わりの指標を作らざるを得ない。一般的には、製品の中で最も価値の高い部分を決めてから、各顧客がその機能を使っているか否かとどの程度使っているかを計測することになる。または、顧客に「どの部署の管理者も、翌年度の予算入力の手段として当社の製品を利用しましたか」と直接尋ねてもいいかもしれない。このような質問に対する答えが「はい」なら、この部分が顧客の購入理由であり、確かにその価値は達成できていると考えられる。カスタマーサクセス管理に最新のテクノロジーを活用している会社なら、顧客のヘルススコアから価値を測れるところも多いかもしれない。手段は何でもいいのだが、タイムトゥバリューにとことん取り組もうとするなら、価値を決める方法と測る方法を見つけ出すことが必要だ。そうしなければ、カスタマーサクセス部門も会社も取り残されて、困難な状況に陥ることになるだろう。

ロータッチ

ロータッチモデルの場合、多くの会社でタイムトゥバリューに対して受ける重圧が強まる。普通、ロータッチは顧客層のひとつを指しているだけで、会社の取り組みの中心ではないからだ。つまり、ほとんどの場合、この層の顧客はハイタッチ客と同じ製品を購入して実装しているものの、ハイタッチ客ほどの金額はかけてこなかったし、プロジェクト完了に向けた人員の配置方法もハイタッチ客とは異なっているし、ソリューションのサービス部分に対してもハイタッチ客ほどの金額は払っていなかった。それでいて、ロータッチ客の期待するレベルはたいてい高い。「うちは貴社の他の顧客に比べたら小さな会社なのに、どうしてこんなに時間がかかるの?」と言われてしまうのだ。

この難題を解決するには、この顧客層に対する実装やカスタマーサクセスの段階を他よりも厳格で画一的に進める方法が考えられる。実装では、プロセスを1つ1つ決めて対応内容と顧客の期待値を明確に定義すればいい。プロセス8まで終わればプロジェクトも完了だ。カスタマーサクセスでも同じ考え方を採用して、引き継ぎ電話、60分間の講習会、2週間後の30分フォロー、そして四半期ヘルスチェックというようにプロセスを1つずつ進めていく。さらに、プロセスの合間に何度も、価値の高い内容を盛り込んだ自動メールを適宜顧客に届けるのだ（「ジャストインタイム」の話を覚えているだろうか）。

これは普通、高い価値を持つハイタッチ客に対しては適切な方法ではないし、ある程度のリスクも間違いなくある。だがロータッチ客に対しては、その定義からしてもハイタッチ客と同等の時間をかけることはできないのだから、他には選択肢がないのである。ただ、確かにこの層の顧客を失う可能性は上がるため、この部分については全社で見通しを決めておくべきだ。かける時間や関心度を下げているにもかかわらず、同じリテンションの成果を期待するのは現実的ではない。そのため、チャーン予測の正確性がはるかに上がるという理由だけでも、自動化は緊急課題だ。ここでも、カスタマーサクセス管理におけるテクノロジーの発展は、極めて貴重な手段になり得る。

テックタッチ

タイムトゥバリューは、前述のとおりテックタッチ客に対しても重大な問題だ。ここでもうひとつ問題となるのは、製品の複雑性である。（1）ダウンロード（2）設定（3）利用の3点よりも複雑な操作が求められる製品では、テクノロジーだけですぐに価値をもたらすのは現実的には不可能だ。しかし、そうだとしても、顧客ができるだけ素晴らしい経験ができるよう、ぜひあらゆるテクノロジーを活用してほしい。フェイスブックやグーグルを例に挙げれば納得できると思うが、個人向けアプリへの登録がこれほどまで多い理由のひとつがテクノロジーなのである。設定や認証手順の一部を飛ばすことで、ユーザーが実際に製品を使い始めるまでの時間が短縮されているのだ。企業向け事業であっても、ここから学ぶことができる。少なくとも、プロセスにかかる時間を短縮する方法の検討という点だけでも、役に立つはずだ。

アプリ内ガイダンスもこの原則に適した方法だ。個人向け製品の多くはごく単純なため、たいていガイダンスがなくても開始できる。だが、企業向け製品は（ものによっては個人向け製品も）、内容が複雑なのでユーザーがプロセスを進めるにはある程度のサポートが必要になることが多い。ドロップボックスを例に考えてみよう。このソフトをダウンロードしてそのまま使い始めたという人は極めて多い。あえてユーザーのプロセス完了を促す部署は必要ないのだ。ユーザーエクスペリエンスはどれもＩＴ主導**でなければならない**し、ここでは実際にそうなっている。ドロップボックスのウェブサイトは、製品のダウンロードとインストールの方法を案内するという目的に特化した構造だ。アイコンやメッセージによって途中の流れがわかるし、インストールが終われば、まずドロップボックスの有効な使い方が書かれた10ページのＰＤＦがドロップボックスフォルダに入る。同時に、画面にはまずはファイルを1つドロップボックスに移すよう促すメッセージが表示される。この5分間の体験が、本章で述べてきたことのすべてだ。簡単な画面上（またはアプリ内）ガイダンスがダウンロードやインストールの方法を教えてくれて、しかも何よりも重要なのだが、実際に最初のファイルのアップロードを促すのである。ドロップボックスにおけるタイムトゥバリューの時計は、明らかに1ファイル目がアップロードされるまで止まらない。ダウンロードやインストールの時点では価値が生まれていないからだ。

タイムトゥバリューにとことん取り組もう。製品の種類や利用する顧客の階層が何であれ、取り組めば絶対に後悔することはない。これは顧客の成功へとつながるたった1本の道なのだ。

第12章

原則⑧

顧客の指標を深く理解する

執筆：キャスリーン・ロード（インタクト社営業兼カスタマーサクセス副社長）

各企業タイプとの関連度

	低	中	高
企業向け SaaS	★	★	★
サブスクリプション	★	★	★
従量課金	★	★	★
個人向け	★	★	★
従来型	★	★	★

エグゼクティブ・サマリー

サブスクリプション型の会社が成功するには、収益の成長を堅持・加速できるか否かがチャーンやリテンションの内容次第であることを深く理解しておかなければならない。会社の成長を最も阻害してしまうのが、インストールベースからの収益が消滅することだ。インストールベースからの収益が増えていくと、チャーンレートが1パーセント上がるだけでも会社の勢いに甚大な影響を与えるようになる。仮に、現在のランレート（直近の傾向が続くと仮定した場合の将来予測値）が2500万ドルで、成長率は50パーセント以上を維持したいとする。ここでチャーンレートが1パーセント上がるということは、成長率を守るには営業部門が新規契約を20パーセント余分に上げるしかないということだ。本章で説明する5段階のステップを進めれば、チャーンとリテンションの定義と深い理解につながる。そうすれば、会社は適切な優先課題に集中して取り組めるようになるし、会社の成長率も上がり、顧客を最後までとどめておくこともできるのだ。

サブスクリプション型の会社が初期段階に直面する最大の問題は、顧客をどうやって獲得するかだ。実際、会社のリソース（時間と金）の大部分が顧客獲得に投じられている。この問題さえ解決すれば、会社のビジネスモデルの実効性が確認できると思っているからだ。しかし、会社が顧客増という難題を何とか解決するとすぐに、誰か——たいていCEOか財務担当——が会社の顧客数の合計と既決月間定期収益（CMRR：Contracted Monthly Recurring Revenue）が減少していることに気付くのである。

CMRRとは、月単位で確認されたサブスクリプションの全定期収益に、現在処理中の契約済み案件と生産段階に入った案件を足して、そこからチャーンを引いた金額である。裏を返せばチャーンとは、すでにサービスを停止したか将来停止することが予想される顧客から今後はもう得られなくなるCMRRのことだ。営業担当副社長の中には、自分が新規事業という素晴らしい業務に取り組んでいるというのに、なぜチャーンが起こってしまうのか理解できないと考える人もいるだろう。

残念ながら、大量のリソースを投じて獲得した顧客が離れないように十分な金額をかけている会社は多くない。これこそが本書が書かれた動機であり、カスタマーサクセスと呼ばれる組織が登場した経緯でもある。

サブスクリプション型の会社が長期にわたって生き残るには、チャーンとリテンションの両方を深く理解する必要がある。チャーンについては、顧客が離れてしまう理由とその頻度という視点から、そしてリテンションについては、顧客が離れずに製品とサービスを使い続ける理由とその頻度という視点から理解しなければならない。会社が創業後の早い段階でチャーンとリテンションに取り組み始めれば、それだけ問題解決も容易になる。

チャーンとリテンションを定義・計測・理解するには、以下の5つのステップで進めるといい。

❶計測方法とCMRRの要素を定める
❷計測期間と頻度を定める
❸CMRRの予想値とチャーンの種類を決める
❹チャーンの疑いがある状態とチャーン間近の状態とを区別する方法を決める
❺会社の上層部が足並みを揃えて、チャーンとリテンションの基準となる定義と報告方法を固める

ステップ1――会社がまず定めなければならないのは、チャーンとリテンションの計測方法だ。

計測するには、顧客単位か契約単位かまたはその両方か、どの形が最も理に適っているだろうか。その結論は、顧客の規模（中小企業か大企業か）や、顧客1社に対して別々に管理されている契約があるか否か（ゼネラル・エレクトリックの5部門を顧客としている会社など）によって大きく変わる。また、チャーンとリテンションを把握・算出する際には、将来を重視した進め方が求められるため、その方法を決めることが極めて重要だ。運営面でも、ＣＭＲＲの金額という観点と数量という観点の両方からチャーンやリテンションを定められるようにするといった変革が求められるだろう。

次の手順は、ＣＭＲＲをどう定義するかの決定だ。ＣＭＲＲの構成要素には通常、新規ＣＭＲＲ、追加ＣＭＲＲ、更新ＣＭＲＲ、チャーンなどがある。**図12・1**は、期初のＣＭＲＲにこの構成要素がどう加わって期末のＣＭＲＲが算出されるかを

図12.1 CMRRの定義

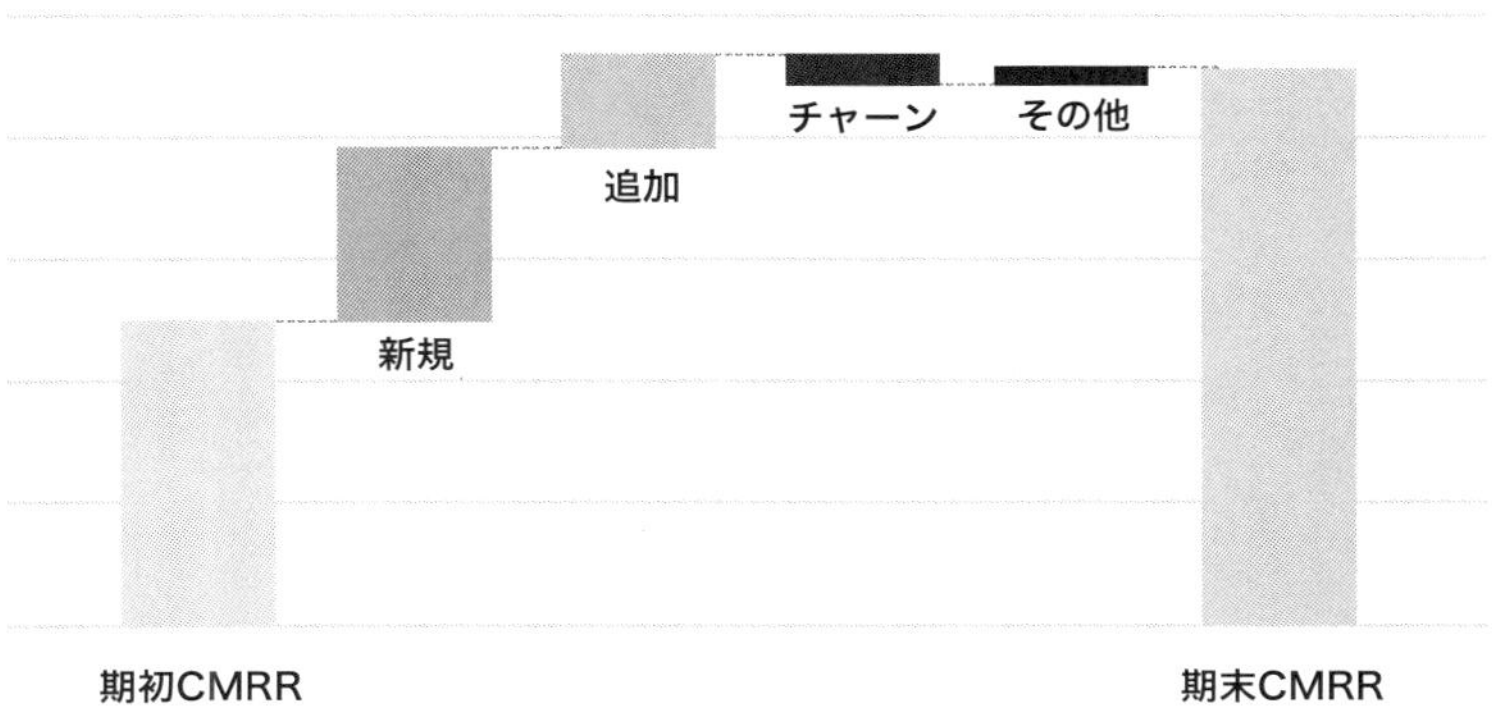

表しており、この差のことをＣＭＲＲの正味変化量という。正味変化量とは前期から事業が成長した量であり、将来を視野に入れた事業の健全度を明確に示すものでもある。

最良の方法は、きめ細かい視点で観察することだ。そのために、更新ＣＭＲＲをさらに、撤回、ダウングレード、アップグレード、初回アーカイブといった細かい項目に分けるといい（注記：クラウド事業を行う会社の多くが実施しているアーカイブサービスとは、前年のサブスクリプション額の一定の割合に対して、顧客があまりサービスを利用しなくなった後も、読み取り専用でデータにアクセスできるというものである）。このように更新ＣＭＲＲを細かく分類すると、自社の更新ビジネスへの理解が深まり、チャーンとリテンション率の数字を高い精度で把握できるだけでなく、問題が生じる可能性のある箇所の特定も効果的に行えるようになる。

たとえば、５万ドルの契約をしていた顧客が更新して、新たな契約額が５万５０００ドルになったとする。万歳！　と喜んでいいだろうか。もちろんいいのだが、あまり急がないでほしい。もう少し詳細を見てみよう。

- 製品Ａと製品Ｃの契約４万５０００ドル相当は同一条件で更新
- 製品Ｂの契約８０００ドル相当に対しては、チャーンが発生
- 製品Ａについては追加ライセンスの購入あり。１万４０００ドルのアップセル
- 割引率が25パーセントから22パーセントへと減少したため、４０００ドル増加

このような点に注意を向ける人もいるのだ。プロダクトマネージャーは確実に製品Bに注目するし、CFOもほぼ間違いなくそうするだろう。ぜひ、あなたもこのくらい細かく追跡する方法を探ってほしい。

会社としては、チャーンとリテンションを（顧客単位や契約単位などで）報告できるくらいの精度で、必要なデータを集められる注文プロセスを構築する必要がある。ここに入るデータは、注文種別（新規、追加、更新）、更新時のアップグレード／ダウングレード額（製品の新たな拡張機能の追加は、別途追跡することをお勧めしたい）、最小管理単位（SKU）ごとのダウングレードの理由、そして更新撤回の理由だ。CRMシステムに組み込む際には、理由の候補リスト（標準化によって報告を楽にすることが目的）と、別の観点の意見も得られるように自由記入欄の両方を入れるのが最も効果が高い方法である。理想を言えば、会社の注文プロセスは量のダウングレードと価格のダウングレードを区別して集計できる形にしたい。この両者は取り組み方がまったく異なるチャーンだからだ。

また、ダウングレードやチャーンの理由が自動的にチャーン種別欄に入るようにすれば、回避できるチャーンと回避できないチャーンを迅速に報告する際にも大いに役立つ。参考までに、回避できないチャーンを**死亡や結婚**になぞらえる人も多い。言い換えると、普通は「回避できない」という言葉を使えるのは、顧客が事業から撤退したか買収されたときに生じたチャーンということだ。ダウングレードやチャーンの理由の報告を始めて最初に取り組むべき課題を決めるとき、この点が極めて重要になる。ERPやカスタマーサクセスのアプリケーションは、さまざまな種類の取引に対してこのような精度で内容を追跡できるものがほとんどだが、営業部門や財務管理部門にもある程度の負担はかかるだろう。

ステップ2——チャーンとリテンションの計測方法に対する基盤ができたら、次に計測の期間と頻度を決めなければならない。計測は定期的に行い、その頻度は週ごと、月ごと、四半期ごと、年ごとなどから会社のビジネスモデルに応じて決めよう。計画と実績との比較をスムーズに行うには、この頻度が顧客側の関与度合いを下げない程度の期間に基づいており、かつ会社によるＣＭＲＲやチャーンの計画とも一致していることが望ましい。多くの会社では、計測の間隔は短い（たとえば毎月）が、指標を主な利害関係者へ報告するのは年1回という方法を採っている。この方法なら、利害関係者はチャーンとリテンションが年単位でどう影響しているかを明確に理解しやすい。

もうひとつ重要なのは、計測期間のうち早めの更新と更新遅れの両方への対処方法を定めることだ。会社にとって、早めの更新契約は非常に素晴らしい。しかし、求められるのは確実に期限までに更新契約を交わすことだ。早めに契約すれば、チャーンとリテンションの指標を気にする必要はほとんどなくなる。更新遅れへの対処方法だが、会社のチャーンとリテンションが正確な数字になるようにするには、サブスクリプションの開始日と終了日は変更せずにＣＭＲＲの予想値と予想顧客数を次の期間に動かすのが、最も効率的だ。そうすれば、会社は指標を正確に計測しつつ、更新遅れについて報告することもできる。これは、会社が計測すべき主要指標だ。サブスクリプション終了日の30～60日前までに、すべての更新が終わるのが理想である。

ステップ3——更新率の計測手法を決める際には、まずＣＭＲＲの予想値の定義方法を決めよう。

ＣＭＲＲの予想値を決める最良の方法は、今期の増加分を年額に換算してから、そこに前期の更新ＣＭＲＲを追加することだ。これが、会社のチャーンとリテンションを算出する際のベースとなる。この進め方はつまり、今年度の初めにあなたが設定したチャーン計画は、その後の1年間に顧客が段階的にサブスクリプションを拡張すると、それに伴って変化するということでもある。

カスタマーサクセス部門と財務部門は、自社のＣＭＲＲ予想値を確定する時期について合意しておく必要がある。一番いい方法は、年度初めの更新期限の時期（月ごとか四半期ごと）に設定することだ。顧客の動きが大きい場合（「死亡や結婚」が定期的に発生するなど）、ビジネスモデル全体が許容できる適切なチャーンのランレートを決めなければならない。たとえば、あらかじめ適切なチャーンレートを10パーセントと決めたなら、年度初めにはＣＭＲＲ予想値の10パーセントをチャーンの目安とする計画を立てたうえで、各期の最初に更新後のＣＭＲＲ予想値の10パーセントになるように計画を調整する。この調整を行わないと、期中の増加分によって、計測される会社の健全度が大幅に狂って、潜在的なチャーンの問題を隠してしまうのだ。この種のチャーンは回避できないものに分類されるが、事業の将来を予想しやすくするには、このチャーンも契約数や収益計画に組み込んだ方がいい。

たとえば、年度初めに会社計画の基礎として算出するＣＭＲＲの予想値は、次のようになる。

- 昨年度の更新額＝２５００万ドル
- 想定チャーン：10パーセント（死亡や結婚などによるもの）＝２５０万ドル

●計画におけるＣＭＲＲの予想値＝２２５０万ドル

期中に発生した追加分については、年額に換算したうえで各期の初頭にＣＭＲＲ予想値を更新する際に組み込むのが妥当な方法だ。たとえば、第２四半期の初めにＣＭＲＲの予想値を更新したい場合、次のように計算すればいい。

●当初の計画におけるＣＭＲＲの予想値＝２２５０万ドル
●第１四半期の期中に発生した追加分を年額に換算して追加＝１７６万ドル
●更新後のＣＭＲＲ予想値＝２４２６万ドル

最も安全な方法を採るなら、ＣＭＲＲの予想値に年額に換算した追加分を組み込む時期を、各期末（月締めなら一般的に月末）にするといい。その場合は、次のようになる。

●当初の計画におけるＣＭＲＲの予想値（９月）＝１５０万ドル
●９月更新対象のうち、期中に発生した追加分を年額に換算して追加＝22万５０００ドル
●更新後のＣＭＲＲ予想値＝１７２万５０００ドル

複数の顧客層を抱えている事業なら、計画策定の一環として、顧客層ごとにＣＭＲＲの予想値を

算出した方がいい。顧客層ごとにチャーンレートの予想値は違うのが普通だからだ。

ステップ4――今、多くの会社が目を向け始めているのが、チャーンの疑いがある状態とチャーン間近の状態とを分けて計測することで、先回りして取り組むという方法だ。ある顧客に対してチャーンの疑いがあるのかチャーン間近なのかを予測する際、（1）個人間のやり取りによる方法と（2）シグナルやデータポイントを活用した方法の2つがある。従来の大企業であれば、カスタマーサクセス部門を作る余裕があるのが普通だったため、個人間のやり取りを活用する方がずっと簡単だった。カスタマーサクセス部門が頻繁に顧客に連絡することで、顧客のチャーンが発生する可能性について質の面からの評価・記録が可能になる。この手法の課題は、カスタマーサクセス部門の規模が拡大するにつれて、CSMが客観的かつ一貫した質的評価を続けるのが次第に難しくなっていくことだ。中小企業の市場を対象としている会社では、質の高いチャーン査定結果が得られるほど深い関係を構築できる可能性自体が低いし、カスタマーサクセス部門にそれだけの人員を配置するのは金銭的にも不可能である。

シグナルやデータポイントの活用は、大企業モデルでは個人間のやり取りによる質的評価を補う優れた量的手法であり、中小企業の市場ではチャーンの可能性を見積もることができる費用対効果の高い方法だ。まず、あなたの会社が抱えている中で最も満足していて健全度の高い顧客がどんな属性を持っているかについて、社内で定義づけを行い、合意を取る。一方で、チャーン間近の顧客の属性も定義する。この属性に入るのは、利用パターン、サポート件数、NPS、利用期間、契約額の増加率、主要な窓口や担当者の離脱などだ。このようなカスタマーヘルス情報を把握・管理する手段としては、CRMソリューションやエクセルも可能ではあるが、カスタマーサクセス管理アプリケーションを用途に特化して実装した方がはるかに効率はいいし、先んじた対応もできるようになる。

カスタマーサクセス管理アプリケーションには、カスタマーヘルスの取得や採点プロセスを自動化できる機能があるだけでなくリポジトリも一元化できるため、社内の主な顧客対応担当の全員が、顧客と接しながら即座にリポジトリにアクセスできる。さらに、この種のアプリケーションがあれば、一定の成果物や顧客層に対するテックタッチも可能となる。つまり、高額な一対一のやり取りではなく自動化された一対多の手段を使うことで、顧客に対して適切かつタイムリーに働きかけられるということだ。

サブスクリプション型ビジネスをうまく成長させるには、潜在的なチャーンの正確な予測と先んじた対応が欠かせない。チャーンとリテンションに対して明確かつ先を見越した視点を持てるようになれば、会社はその両方を実現できるのである。

ステップ5——重要な利害関係者に事業の健全性をはっきりと示すには、会社の上層部が足並みを揃えて、チャーンとリテンションの基準となる定義と報告方法を固めなければならない。CMRRを計測する際にも顧客のチャーンやリテンション数を計測する際にも、会社の事業に適した指標を使うべきだ。たとえば、チャーンとリテンションを理解するには、CMRRの観点と顧客数の観点の両方から、業界、規模、利用期間、所在地、営業のチャネル、製品ライン、CSMなどの指標がある。簡単にレポートを作るには、どれが計測したいチャーンとリテンションに合った指標なのか把握しなければならない。報告したいのはどんな情報なのかを最初に考え抜いて、その情報を集められるようなシステムを作るのだ。そうすれば、チャーンとリテンションに関しても自社の成長につながる戦略的見地が得られるだろう。

時間に伴ってどこが変化しているかを強調したレポートを上層部が常に確認できるようにしておけば、会社は次にどの問題に対処すればいいかを見極められる。同様に、レポートでは新規プログラムと展開済みのプロセスの影響を目立たせておくことも重要だ。たとえば製品開発部門や技術部門なら、どの機能の拡張がカスタマーサクセスに最も影響するかという優先順位を理解しておかなければならない。

もしかすると、顧客基盤のうち常にうまくいかない層があるかもしれない。その場合は、営業部門に対してそのような特徴を持つ顧客にはあまり契約を迫らない方がいいという助言が必要だ。または、長期的な成功に必要なトレーニングをまったく受けない顧客がいることもわかるだろう。詳細なチャーンとリテンションを把握すれば、性能向上と規模の拡大に集中して投資できるようになり、あらゆる局面で会社の進む道標になり得るのだ。

図12・2（246頁）は、ゲインサイト社のカスタマーサクセス管理アプリケーションで利用できる運用レベルのダッシュボードであり、会社がチャーンとリテンションを積極的に管理する際に役立つものだ。

図12・3（247頁）は、インタクト社のERPアプリケーションで利用できる幹部向けの指標管理ダッシュボードで、会社の主要利害関係者が簡単に情報を共有できて、チャーンとリテンション

図 12.2 運用レベルのダッシュボード

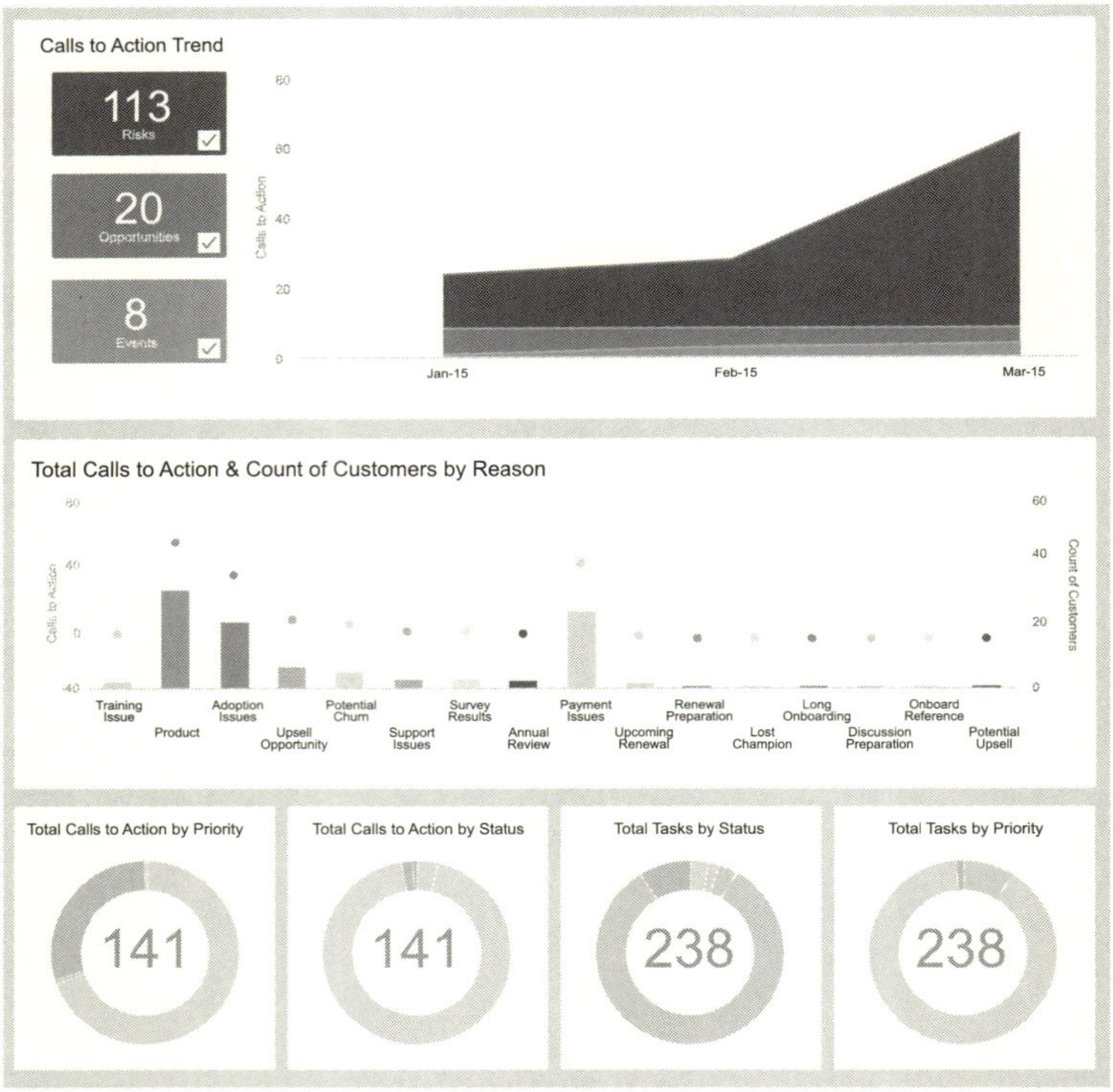

図12.3 幹部向けの指標管理ダッシュボード

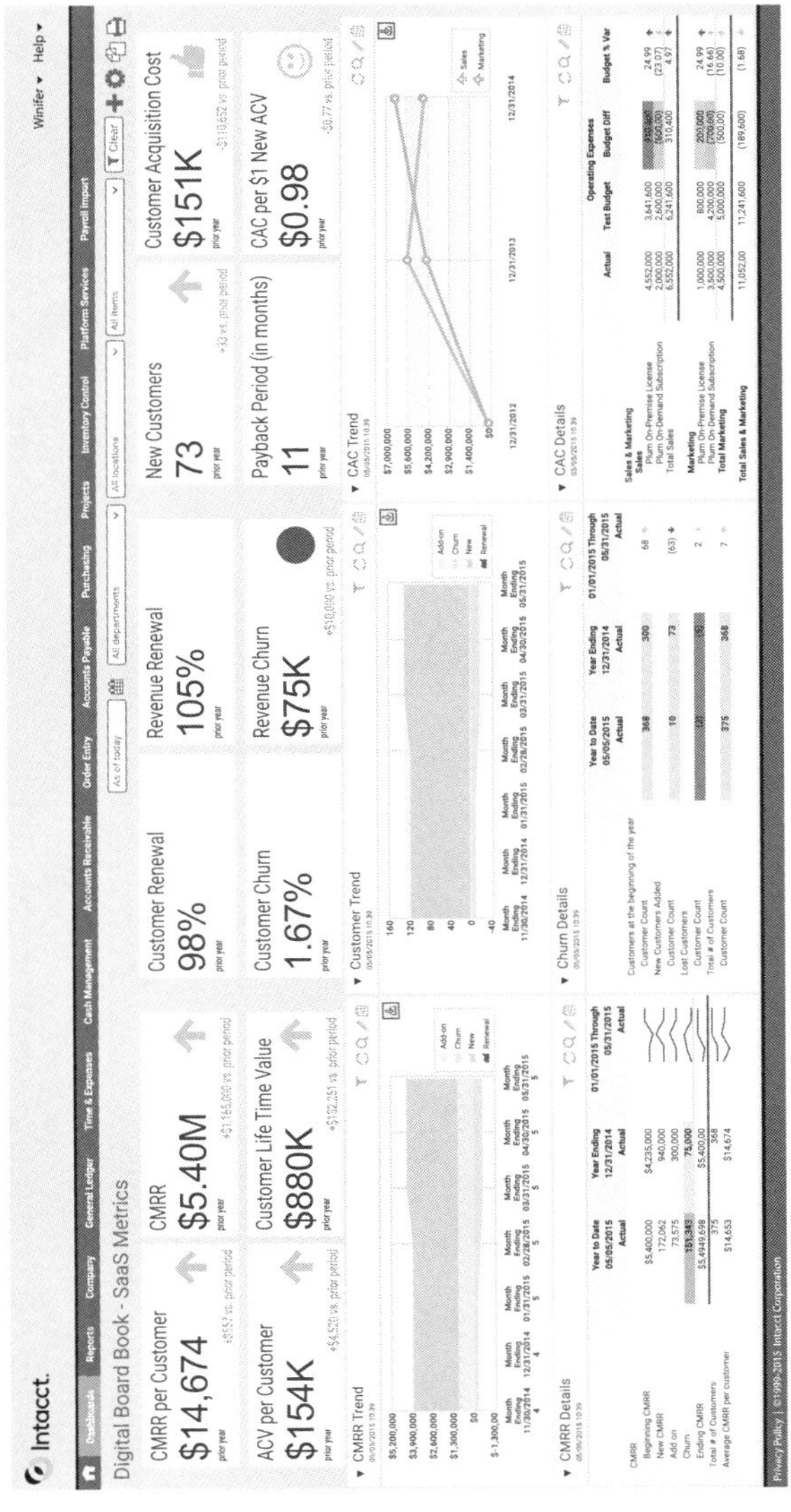

が事業の勢いに対してどのような金銭的影響をもたらすかを把握できる。

チャーンとリテンションの量的情報を定期的に深く分析することも大切だが、それ以外に、公平な第三者機関を活用してチャーンを選んだ顧客への聞き取りを実施するのも非常にいい方法である。チャーンの経緯と理由についてさらに理解を深められるはずだ（優れた会社では、これを単にサービスとして提供しているところも多い）。この手順における第三者機関の活用は、社内の人材がチャーン後の聞き取りを行うよりも優れた見地をもたらしてくれる。新規事業の場合は、成否調査の際に第三者機関を活用するだろう。チャーンに対しても、同じ方法で進めるべきだ。

ここまでの5つのステップを行えば、チャーンとリテンションに関する理解度が深まり、正しい優先順位で取り組めるようになり、会社の成長にもつながるだろう。だが、それも組織に運営費用がなければ実現しない。ここでは、カスタマーサクセス業務を行う人員を採用するのが最善策だ。その業務は、職能上の枠を超えてカスタマーサクセス計画を実行することだ。顧客対応を行う人員にプログラムをうまく管理できる処理能力やスキルを求めるのは、現実的とは言えない。カスタマーサクセスの業務は、顧客をつなぎとめておくのに必要なことを可視化し、業務を自動化するシステムの管理を助けるものでなければならない。

著者による補足説明

事業の根幹を十分に理解していないのにその事業を運営するなんて、正気の沙汰ではないとあなたも思うだろう。リテンションを最大にしてチャーンを最小にすることが長期的な成功には欠かせない定期収益ビジネスでも、それは同じである。だが、他の事業と同様に、理解する**レベル**には段階というものがある。まず把握しなければならないのは、インストールベースの年間定期収益（ＡＲＲ）が昨年から８パーセント上昇した（つまり、純リテンションは１０８パーセント）という事実だ。それから、以下のような詳細に踏み込まなければならない。

- 契約規模を拡大した顧客の割合は？
- 最もチャーンレートが高い業界は？
- 製品ごとのリテンションと成長率は？
- 初回更新における割引率の平均引き下げ幅は？
- ３年以上継続している顧客の、当初の契約規模に対する平均契約規模は？

理解度を上げるだけでなく、個々の取引に対して詳細を把握することが、事業を適切に管理するためには欠かせない要素なのだ。

ハイタッチ

この原則は、あらゆる層のあらゆるタッチモデルで絶対に欠かせない。ハイタッチモデルの顧客に対する利点のひとつは、顧客と直接話せることだ。たとえば、チャーンが起きた際には、顧客がなぜチャーンを選んだかを理解することが極めて重要である。そのための方法のひとつが、会社のCRMシステムに欄を作って、CSMがドロップダウンリストから理由を選ばざるを得ない形にするというものだ。確かにそれも欠かせない方法だが、実はそれ以上に多くの情報が得られるのは、顧客との実際のやり取りである。人生では、成功よりも失敗から学ぶことの方が多い。だから、チャーンという失敗が起きた際もこれを活用して、今後同じことが起きないようにあらゆることを学ぶべきなのだ。

ロータッチ

この原則に取り組む際、その大部分は財務上の仕組み作りに関するものになるはずだ。だが、あなたの事業が従量課金モデルのみという場合、すべての取引に対して、リテンション／チャーンや増加分の微妙な違いまで完全に理解できるほど細かく追跡することなどできるだろうか。財務上の仕組みだけでは得られないことのひとつが、**理由**である。なぜX社でチャーンが起きたのか。なぜY社の契約額は過去2年間で243パーセントも増加したのか。その答えの一部は社内の伝聞によって得られるし、さらに情報を得るには、担当者が顧客と話をすることを重視しなければならない。また、アンケートなどの調査も多くの発見が得られる手段であるため、これも検討する価値がある。

テックタッチ

この層でも、ある程度の顧客を抜き出して直接話をすることは可能だが、ほとんどの場合、取引の詳細以外の情報を得るには、デジタルの手法を使いたいと思うだろう。選別した顧客群に対して、特典を用意したうえで各種調査に回答してもらうのも有用な作戦かもしれない。

第13章

原則⑨

ハードデータの指標でカスタマーサクセスを進める

執筆：ジョン・ヘルシュタイン（ボックス社カスタマーサクセス担当上級副社長）

各企業タイプとの関連度

	低	中	高
企業向け SaaS	★	★	★
サブスクリプション	★	★	★
従量課金	★	★	★
個人向け	★	★	
従来型	★	★	

エグゼクティブ・サマリー

カスタマーサクセス部門は、企業における正式な組織としては比較的新しい。あらゆる新規事業の試みに言えることだが、長期的に生き残っていくには組織の成熟が求められる。今それが求められているのが、カスタマーサクセス部門だ。成熟を示す特徴は、反復できること、プロセスが定義されていること、計測していること、そして最適化されていることだ。成熟度の高い定期収益ビジネスではこれらの要素を垣間見ることができるが、大部分の会社にとってまだ道のりは長い。

最終的なカスタマーサクセス部門の目的は、成功している会社の他のあらゆる部門と同様に、本当の意味で事業の成果を上げることだ。成熟に向けたプロセスを進めるうえでも、あなたと顧客の両方にとっての成功の意味を定めてから、事業の成果をもたらす指標を明確に決めることが欠かせない。計測していないことは改善できないのだ。

1980年代後半にカーネギーメロン大学のソフトウェア工学研究所は、組織によるソフトウェア処理の向上につながる、プロセス成熟度フレームワークの開発に着手した。その数年後に発表されたソフトウェア能力成熟度モデル（CMM：Capability Maturity Model for Software）は、ソフトウェア開発組織のプロセス成熟度を評価する際に好んで参考にされるようになった。CMMのフレームワークも、組織（とそのプロセス）の**成熟度**を判定する際の参考として同じように重視されてきており、**初期**レベルから**最適化**レベルまで成熟度を伸ばす方法の手引きとして使われている。

このCMMがなぜ、ほぼ30年後の（まったく異なる）カスタマーサクセスの世界に適しているのだろうか。基本的な前提となるのは、組織はその能力が伸びるにつれて役割を徐々にうまく果たせるようになり、さらにその役割を予想できるようになることだ。役割が、優れたソフトウェアを構築することであっても、優れたカスタマーエクスペリエンスを一貫してもたらすことであっても、この点は変わらない。そして、組織の成熟度の指標となるのは、反復できること、プロセスが定義されていること、計測していること、そして最適化されていることだ。これらを合わせて考えると、カスタマーサクセス部門に関するプロセスを管理・最適化できれば、事業の目標（高い顧客満足度、低いチャーン、収益拡大など）に近づける可能性が上がることになる。

レベル①**初期段階**では、業務は担当者個人の英雄的な取り組みによって進められ、プロセスや反復性についてはほぼ考慮されない。これはありふれた光景かもしれない。カスタマーサクセスマネージャー（CSM）がほんの一握り（またはそれ以下）の人数であれば、おそらく日常的な現実だろう。CSMの目標は、「顧客が成功するように、そして必ず更新するようにどんなことでもしろ！」に近いものだ。この段階におけるCSMの役割は、ほぼ定義されていないことが多い。具体策は個々のCSMに委ねられ、CSMが自分で進展させながら答えを発見することになる。優秀なCSMに恵まれていれば、しばらくはこれでもうまくいく。だが、短期的には利益（顧客の幸せ）が得られても、長期的には苦痛（過労、納品物のバラつき、ムラのあるまたは一貫性がない成果）へとつながってしまう。

レベル②**反復できる段階**に進むと、必要なプロセスの原理原則が定められて初期段階の成功を繰り返せるようになる。ここから成熟度レベル③**定義された段階**へと進むと、プロセスが文書にまとめられて標準化され、組織の標準プロセスとして一元化される。この段階で反復が可能なプロセス手法の根幹が決まるので、あとは計測（レベル④**管理された段階**）と改善の継続（レベル⑤**最適化された段階**）に進めばいい。

カスタマーサクセス部門が反復可能なプロセスを抜き出して、明確な定義を行い文書にまとめるところまで完了したら、次に目指すのは計測と最適化だ。だが、計測可能かつ計測すべきものは何だろうか。そして、計測するメリットは何なのだろうか。調査対象として考えられる指標の分野には、大まかに（1）顧客とユーザーの行動、（2）CSMの活動、（3）事業の成果の3つがある。各分野は数多くの指標に分けられるため、ここからはそれぞれに関連する例をいくつか挙げてみたい。求められるのは、あらゆるビジネス（そしてそれに伴うカスタマーサクセス部門）でどの指標が重要なのか決めたうえで、選んだ指標を正確に定義・計測する方法を決めることだ。

顧客とユーザーの行動

ソフトウェアにおいて、自社運用型ソフトウェアと比較してSaaSの提供モデルが持つ大きな利点のひとつは、顧客が製品をどのように使っているかをあらゆる側面で計測できることである。従来、ベンダー側には、狙ったユーザー層がソフトウェアを使っているかどうかや、実際にどう利用しているのかを判定する実用的な手段が何もなかった。SaaSアプリケーションの場合、適切に設置していればログイン、クリック、アップロード、ダウンロード、発生したエラーなどのすべてが感知できるし、ユーザーが特定の活動を行う頻度もわかる。そして、製品の性質にもよるが、そのような活動の持つ事業価値もわかるのである（例：Eコマースのプラットフォームを提供するSaaSプロバイダーなら、手続きが完了した取引の持つ価値を把握できる）。ここでのコツはもちろん、利用に関する指標をそこから発生する事業価値（顧客にとっての）や、最終的なリテンションや収益拡大への影響と関連付けることだ。

ユーザー基準の指標の例には、たとえば次のようなものがある。

- NPS
- ログイン数とログアウト数
- 特定の製品機能／プラットフォーム（オンライン、モバイル、API）の利用状況

企業向けモデルの事業なら、ユーザーレベルの行動（および、支払状況など他の顧客レベルの行動）も顧客の「健全度」に関する高水準の観点に組み込んでもいいかもしれない。この指標には、チャーンの可能性と関連付けられるものとして抜き出したリスク要因を入れることができる。たとえば、支払い／未払い状況、顧客側の管理者とのエンゲージメント、リファレンスの有無などだ。

ここで注意してほしいことがある。顧客側のユーザーの行動は、顧客が生み出す事業価値の代用物でしかないということだ。本書の著者の1人でゲインサイトのCEOであるニック・メータの言葉を引用すれば、「ログインするためにソフトウェアを購入する人などいない」のである。顧客があなたのソリューションのサブスクリプションを選んだのは、見込み客を増やす、収益を伸ばす、製造工程の効率性を高める、サプライヤーとの関係を強化するといった事業目的を達成するためだ。重要なのは、顧客の目的が何なのかと、あなたの製品が顧客の目的とどう関連するのかを把握することだ。時には、製品に対する計測管理だけでは顧客の意図する目的を満たせない場合もある。た

とえば、顧客があなたのファイル共有ソリューションを利用している理由がＦＴＰサーバーをなくすことであれば、実際に意図のとおりに進んでいるか顧客に確認しなければならない。製品自体を見ても、その部分は見えてこないのである。関係構築の初めの段階で時間をかけて顧客と話し合い、顧客の事業目的を理解したうえで協力し合って結果を計測することを合意しておかなければならない。

カスタマーサクセスマネージャー（ＣＳＭ）の活動

ＣＳＭに対するプロセスの定義が完了したら、当然そのプロセスがうまく進んでいるかを知りたいと思うだろう。そして、ＣＳＭが取り組んでいる（または取り組んでいない）活動が、どのように顧客の気持ちとリテンションに影響するかを理解したいと思うはずだ。プロセスを総合的に理解して適切な計測ができるようになると、社内人材の遂行能力に対する理解が深まるだけでなく、その活動が実際の事業の成果にとってどのくらい重要かもわかるようになる。たとえば、四半期ビジネスレビュー（ＱＢＲ）によって製品定着率が大幅に向上するというもくろみに対して、実際の効果はどのくらいあっただろうか。顧客満足という点で、直接訪問はＥメールや電話よりも効果的だろうか。

ＣＳＭ活動の指標の例には、次のようなものがある。

●顧客とのやり取りにおける種類ごとの頻度（QBR、Eメールによる更新情報、電話）
●CSMが対応したサポートチケットの数（サポート部門が対応した数ではない）
●リスク識別の瞬時性
●リスク低減活動の有効性

事業の成果

計測と最適化に向けた成熟は、付加利益もある。成果が予想しやすくなることだ。CSMが効果的に管理できる顧客数（理想顧客割合）を知りたいと思わないだろうか。顧客ごとに負荷が異なるCSMを集団として捉えて、関連する事業成果を計測しよう。正式な四半期ビジネスレビューは、より頻度が高い普段の確認作業に比べてどのくらい効果があるかについて興味はないだろうか。このような要因で変化するCSMの集団に対して、顧客のエンゲージメントと顧客満足度を計測すればいい。

注意してほしいのは、この項はあなたにとって重大な事業成果（リテンションや収益拡大など）を表しているということである。「成功」とはどういうものか、そして取り組みを示す指標は何がいいかを決定するには、社内の数多くの部署（製品部門、マーケティング部門、営業部門、財務部門）と協力しなければならない。成功の定義にかかわるプロセスや活動内容や指標についても練り上げたうえで、それに合わせて計測することになるだろう。多くの場合、成功に関する責任は他の組織と分け合うことになる。たとえば、ユーザーに確実に製品を導入させる業務は、カスタマーサクセス部門と製品部門が協力して担当する。各指標に対してどの**担当部門**を中心に進めるかが明確になれば、自部署が進めるプロセスや活動にもさらに磨きがかかるだろう。

事業成果に関する指標の例には、次のようなものがある。

- 総リテンション
- 純リテンション
- 収益増加率
- 顧客リテンション率
- 顧客満足度
- NPS

あなたと顧客の両方にとって成功が意味することを明確に定義すれば、カスタマーサクセス部門の役割と責任もはっきりする。この定義について全員の足並みが揃ったら、次は自部署の取り組みを表す指標を明確に示すことが欠かせない。そのような指標があれば、カスタマーサクセス部門のトップは自部署の価値を証明できるし、次第に会社全体の実績にも貢献できるようになる。最終的には、CSMは明確な目的がもたらされたことや遂行能力や貢献度を正確に把握できるようになったことに対して、あなたに感謝するはずだ。

忘れないでほしい。計測したものしか得られないのだ。自分にとって重大な問題を見つけてから、その問題に関する主要指標を定めて取り組んでほしい。

著者による補足説明

この原則が対象にしているのは、カスタマーサクセス部門を持つ会社である。これがあなたの会社に当てはまるなら、営業部門などの他部署と同じくカスタマーサクセス部門についても、極めて具体的な指標に基づいて積極的に管理しなければならない。どこかの段階で増員を求める場合も、ただお願いするのではなく指標を使った説得が求められる。

大規模な企業向け事業や個人向け事業なら、たとえ今はカスタマーサクセス部門がなくても、いつかはできるだろう。数万（あるいは数百万）の顧客に対してわずか1～2人ということもあるかもしれないが、それでもその人物がカスタマーエクスペリエンスの担当者であり、カスタマーサクセスの主要指標に基づいた評価を受けるのである。

個々のCSMが対応している顧客数が適切（5～150人）な場合の部門全体としての技量は、万単位の顧客に対応しているCSMの部門とはまったく異なる。この点については、ハイタッチ、ロータッチ、テックタッチの各モデルについて述べた際に詳述した。会社の最高レベルでは、どのモデルでも運用する指標は同じで、基本的にはリテンション、アップセル、チャーンといった全社規模の指標が使われる。

だが、あなたが管理しているのがCSMなら、CSMの指標についてさらに深く理解しなければならない。リテンションやアップセルやチャーンは、長期的な指標としては適切だが、これはあくまでも遅行指標であり予測性は低いものだ。この点については、「ハイタッチ」の項でもう少し詳しく述べる。

カスタマーサクセス部門の乳児期では（私たちはまだここにいるのだが）、計測といっても離乳食のようなレベルのものだった。何百回あるいは何千回もCSMに対して一対一であやふやな聞き取りばかりしてきたのだ。私たちがCSMを助けたいと思って投げかけてきた質問は、次のようなものだ。

- 顧客の活動は全般的にどういう状態か。
- チャーンのリスクが高い顧客はいるか。
- 過去60日間にわたってX社の課題に取り組んできたが、前進しているだろうか。
- Y社でチャーンが発生した。何か別の対応は可能だっただろうか。
- 困っていることはあるか。

どれも顧客リストのリテンションや全般的なカスタマーサクセスを担当する者に行う質問として適切なものばかりだが、いずれも計測はできない。ここでも、カスタマーサクセス管理ソリューションが大いに役立つことになる。このソリューションがあれば、一対一のやり取りは次のように変わり得るのだ。

● あなたの全顧客に対するヘルススコアの平均は、部署の他のメンバーより6点低い。点数を下げている要因は、上層部との関係のようだ。まずは最も点数の低い顧客から、この状況を変える計画を立てよう。

● 今後90日間に更新期限が来る顧客のうち、チャーンのリスクが高い対象が3件ある。対象顧客それぞれに対する実行計画を見直そう。

● あなたのアップセル率は2番目のCSMより10パーセントも高い。驚くべき結果だ。全員が君のレベルに近づけるように、あなたのノウハウをスライド3枚程度にまとめて、次回のミーティングで共有してくれないだろうか。

同じ一対一のやり取りでも、どちらが上司にとっても部下にとっても効果が高いものかはすぐわかるだろう。

あらゆる原理原則に言えることだが、積極的な管理が可能になるのは明確な管理指標がある場合だけだ。それがあれば、結果を管理するだけでなくプロセスを率いることもできる。カスタマーサクセスの原則が定着するには、チームや人員を効果的にマネジメントする能力が不可欠であり、それは事業価値にひもづいた具体的かつ計測可能な指標に基づいていなければならない。

ハイタッチ

ハイタッチモデルでカスタマーサクセス担当を管理・評価する方法は、営業担当を管理する方法とほとんど同じだ。営業担当の場合、本当に重要な指標は「どれだけ売ったか」だけである。ある意味では、他に成否を決める指標はない。だが優秀な営業担当副社長なら、営業担当の成績が良好か否かを判断するために12カ月も（あるいは四半期さえ）待ちたいと思うだろうか。将来的な成否を示すはずの方法に沿って考えれば、見るべき部分はたくさんある。計測しやすいのは、たとえば次の指標だ。

- パイプラインの規模
- パイプラインの成長度合い
- パイプラインの動き
- 電話の件数
- ミーティング数
- 提案の作成数と提示数
- 予想取引規模の平均値

他にもたくさんある。そして観察・指導の目安にはもちろん、標準的な営業トークができるかどうかや、顧客の「ノー」を乗り越えられるかどうかといった主観的なものも多い。どんな仕事でも、高いレベルでの計測が可能な側面もあれば、目に見えにくい要素もある。カスタマーサクセスも同じだ。

私自身は、個々のCSMや部署全体の質を判定する一番の指標は純リテンションだと考えている。リテンションとアップセルの両方を考慮した指標だからだ。前にも何度か述べたが、成功した顧客が取る行動は次の2つである。（1）顧客を続ける（サブスクリプションであれば、契約を更新する）、（2）あなたからもっとモノを買う。カスタマーサクセスの職務が顧客を成功させることで、しかも成功した顧客がこの2つの行動を取るのであれば、純リテンションこそが重要な指標ということになる。

だが、営業担当の話と同じく、CSMの全顧客リストに対する純リテンションを把握するために12カ月も待ちたくはないだろう。更新やアップセルの時期のずっと前に、CSMの業務がうまくいくかを予測できる項目を計測したいはずだ。カスタマーサクセス管理ソリューションは、営業部門に対するCRMシステムと同じようにカスタマーサクセス部門を管理できるツールだ。ただ、CSMソリューションがなくても、手作業で確認できる指標はたくさんある。

●顧客リスト全体のヘルススコア
●ヘルススコアの傾向
●CSMによる直接的なエンゲージメント（関与の度合い）
●対応策のきっかけとなる行動の数（調査結果が悪い、製品を利用していない）

- 対応策の実施件数
- アップセルの機会として分類した件数
- 良好な関係を示す行動の数（レファレンス、ケーススタディなど）

そしてもちろん、こちらにも主観的な指標がある。製品を深く理解しているかどうか、他のリソースをうまく活用できているかどうかなどだ。

肝心なのは、もはやハイタッチのカスタマーサクセス部門に対して個別にあやふやな聞き取りを行う理由はないということだ。今すぐ、個々のＣＳＭが成長できて会社全体も良い成果を挙げられるような、計測性が高く行動につながりやすい指標に切り替えなければならない。

ロータッチ

ハイタッチモデルに関して述べてきたことはすべて、ロータッチモデルでも正しい。効率的な部署やプログラムを構築することや、それ以上に、顧客に対して好影響を及ぼすことに関する重要な指標の計測に取り組む際の課題や機会も、ハイタッチモデルと同じである。

むしろ、さまざまな点でタッチモデルが下がるほど緊急度は上がる。勝ち残ったり顧客を理解したりするために、個人間の関係に頼ることができなくなるからだ。たとえば、私が5社の顧客を持つハイタッチのＣＳＭであれば、顧客のそれぞれに関する正確なヘルススコアがたくさんあると言えるだろう。それは、常に顧客とやり取りしているからだ。だが、顧客数が２００になりロータッチで対応せざるを得なくなれば、顧客に関して自動的に取得できる指標に頼る度合いがはるかに高くなる。そのような環境ではCSMソリューションはほぼ必須の存在だが、自動化のソリューションが使えない場合でも、手作業で確認できる指標はたくさんある。以下のリストは、「ハイタッチ」の項で始めたリストの拡大版だ。

- 調査スコア（これはヘルススコアに組み込まれることも多いが、特にまだヘルススコアが確立していない場合などは個別に追跡することもできる）
- Eメールへのエンゲージメント（あなたやマーケティング部門から直接届いたEメールに対して、顧客はどうするだろうか）
- 利用中のサポートチケット数（カスタマーサクセス部門や部署内の担当者にとっては、おそらく制御できない問題のため、よい指標ではないかもしれないが、問題を抱えた顧客に光を当てることのできる指標だ）
- 支払状況――顧客は満足していれば、おおむね期限内に支払う

最終的なカスタマーサクセス部門の評価は、顧客がどのくらいうまくいっているかに対して行うのだから、顧客に関する理解を助けてくれるものならどんなものでも、（程度の差こそあれ）その顧客の担当者にとっては成功の指標になる。何でも追跡しようとしてもうまくはいかないが、顧客への高い関心を保ち部署がどう進むべきかが把握できるように、集められる情報から追跡するように

しよう。

テックタッチ

テックタッチの環境については朗報がある。顧客数が多いため、他のモデルよりも検証しやすいのだ。このモデルでは、実質的に顧客とのやり取りはすべてEメール中心にIT化されているため、最もいい手法を判断するためにA／Bテスト（施策の良否を判断するために、2種類の施策を並べて顧客に意見を問う手法のこと）などを簡単に行うことができる。

たとえば、全顧客に対して、毎年顧客との関係が始まった応当日が近づいたら連絡するというスケジュールになっているとする。この時、内容はまったく同じだがタイトルのみ異なる2種類のEメールを作成する。1つ目は「おめでとうございます」、2つ目は「ハッピーバースデー」だ。あとは、開封率や不達率や配信停止率などを追跡して、効果が高いのはどちらのタイトルかを確認すればいい。

多くの点で、テックタッチのカスタマーサクセス部門はマーケティング部門と進め方が酷似している。マーケティング部門のやり取りでも、主にデジタルの手法（ウェブ、Eメール、ウェビナーなど）が使われるからだ。ここから、両部署は同じ手法での評価が可能だという結論が導き出せる。まさにそのとおりだ。マーケティング部門と同じく、テックタッチのカスタマーサクセス部門もそのやり取りの効率性を評価すべきである。つまり、次のような指標が考えられる。

- Eメールに対するエンゲージメント
- ウェビナーへの参加率
- コミュニティへのエンゲージメント
- ユーザーグループへの参加度

マーケティング部門では、最終的な成否の指標は見込み客の創出（つまりパイプライン）である。カスタマーサクセス部門の場合、最終的な指標はヘルススコアだ。今、カスタマーサクセス部門におけるカスタマーヘルスをマーケティング部門のパイプラインに例えたのは、偶然ではない。売上のパイプラインとは、要するに成約の可能性や成約時期や取引の規模といった将来的な行動の手掛かりなのだ。このパイプラインが、営業担当副社長の予測値として入力されることになる。カスタマーサクセス担当副社長にとって、ヘルススコアは同じ手掛かりをもたらしてくれるものだ。正確なヘルススコアは、リテンションやアップセルの可能性、リスクなど、将来的な顧客の行動を教えてくれる素晴らしい手掛かりなのである。

結局、カスタマーサクセス部門が行うことはすべて、ロイヤルティを生み出すためのものでなければならない。そのロイヤルティを長期的に計測する指標が純リテンションであり、短期的な指標がヘルススコアということだ。

カスタマーサクセスの原理原則は、ちょうど成長期を迎えた子供のように急速に変化している。その中でも特に変化が大きいのが顧客の計測と管理に関する分野であり、ひいては、その顧客を担当していく部署だ。子供が大人になって発言権を得るには、ＣＦＯやＣＥＯが自分のかけた投資の成果を確認できるまで、この傾向が続かなければならない。

第14章 原則⑩ トップダウンかつ全社レベルで取り組む

執筆：ニック・メータ（ゲインサイト社CEO）

各企業タイプとの関連度

	低	中	高
企業向けSaaS	★	★	★
サブスクリプション	★	★	★
従量課金	★	★	★
個人向け	★	★	★
従来型	★	★	★

エグゼクティブ・サマリー

カスタマーサクセスは単なる部署や組織の名前ではない。これは、会社全体に広げなければならない理念だ。長いビジネスの歴史の大部分で、本当に重要なことは（1）製品を作ることと（2）製品を売ることの2つしかなかった。今ここに現れた3番目の核となるプロセスこそが、カスタマーサクセスである。

カスタマーサクセスとは、単なるバズワードではない。これは現実だし、すでに浸透している現象だ。うまく取り組めば、カスタマーサクセスはあなたの事業の根幹に本物の価値をもたらしてくれる。今まだ導入されていない会社でも、すぐに始まるだろう。カスタマーサクセスがなければ会社は立ち行かなくなるからだ。幸い、始めること自体はそれほど難しくない。だが、カスタマーサクセスは会社の最上部から始まるものであり、会社全体で取り組むものでなければならない。

顧客の成功《カスタマーサクセス》。これは当たり前の言葉であり、何も新しいことや面白いことは言っていないようにも聞こえる。CEOたちが「顧客は神様だ」と言いながらまったく逆のことをするのを何年も見てきたのだから、新しいカスタマーサクセス活動と言われても冷ややかな目が向けられるのは無理のないことだ。

この原則で私があなたに伝えたいのは、次の4点である。

❶（本物の）カスタマーサクセスとは何か
❷なぜカスタマーサクセスは避けて通れないのか
❸カスタマーサクセスはどのように価値をもたらすのか
❹どこから始めるべきか

（本物の）カスタマーサクセスとは何か

企業向け事業を行う会社の多くが部署や役職に**カスタマーサクセスマネジメント**や**最高顧客責任者（CCO）**といった名称を付けているので、**カスタマーサクセス**とは部署名のことだと思っている人もいるかもしれない。

だが、「営業」という言葉が単なる部署名と部署間をまたがる活動の両方を表しているように、「カスタマーサクセス」も全社レベルの問題だ。文字どおりに説明すれば、カスタマーサクセスとは会社の方向性を製品や売上から顧客の成功《カスタマーサクセス》へと切り替えることである。

前述のとおり、ビジネスの歴史の大部分で会社が力を入れてきたプロセスの核には、（1）製品を作ることと（2）製品を売ることの2つしかなかった。私たちは、カスタマーサクセス活動の中で、カスタマーサクセスの推進という3番目の核が生まれたと考えている。要するに、顧客に成功をもたらすことに賭ければ、自社事業の成功（売上や利益など）となって返ってくるのだ。これは大掛かりな賭けであり、カスタマーサクセス部門、財務部門、マーケティング部門、営業部門、製品部門など部署間のサポートが必要なものだ。つまり、会社全体の取り組みになるということである。あなたがCEOや上級経営幹部であれば、この取り組みの雰囲気を決めるのがあなたということだ。

カスタマーサクセス活動においては、事業上のあらゆる問題を顧客の成功に基づいて構成し直すことになる。

● **製品**――自社ソリューションを使う顧客にとって、本当に目標達成を支援する機能はどれか。（比較対象：体験版ソフト）

● **営業**――自社ソリューションが合いそうな顧客はどちらか。（比較対象：すぐに自社から離れるであろう顧客）

● **マーケティング**――自社がもたらす成功や価値に本当に合っているメッセージは何か。（比較対象：バズワード）

● **財務**――顧客にとっての成功と価値を本当に反映している指標はどれか。（比較対象：新規売上のみ）

なぜカスタマーサクセスは避けて通れないのか

朗報がある。ここでの**仮定の話**を考えすぎる必要はない。カスタマーサクセスは、次のような経済構造の抜本的な変革によってもたらされる当然の帰結だからだ。

● グローバリゼーションとテクノロジーによって、新規参入の壁が低くなった。

● 壁が低くなったことで、新規参入者が既存の枠組みをほぼすべて壊せるようになった。

● 新規参入者が抵抗の少ないビジネスモデルを生み出した。

- 抵抗の少ないビジネスモデルのおかげで顧客が気軽に試し買いできるようになり、短期的な価格設定（月額や年額など）や、細切れ利用（分単位、CPUサイクル単位、ユーザー単位、クリック単位など）や展開の簡易化（クラウドやモバイルなど）が生まれた。
- 同時に、抵抗が減ったために、顧客は試し買いのみでそのまま立ち去ることもできるようになった。
- 最終的には、顧客が選択権を手にすることになる。
- 選択権を手にした顧客は、自分が望んだ成果や成功をもたらしてくれるベンダーを選ぶ。
- そしてついに、顧客はベンダーが成功に力を注いでくれるのだと**期待**するようになる。そうしてくれるベンダーが増えているし、個人向けのアプリケーション（ウーバーなど）はこの点で優れた実績を挙げているからだ。

本当にこのとおりになるかどうかは問題ではない。問題は、実際にこのような流れになったときにあなたの事業はすぐに対応して生き残れるのか、ということだ。

カスタマーサクセスはどのように価値をもたらすのか

いい面を見ると、早い段階でこの機会を受け入れた会社にとっては、カスタマーサクセスに力を入れたことで得られる成果は非常に大きくなる。

●**成長**――チャーン形成に対する向かい風は弱まり、アップセル形成に対しては追い風が強まっているため、カスタマーサクセスに集中する事業はすぐ簡単に成長できるようになった。さらに、成功した顧客はアドボケートやリファレンスグループとなって、新たな顧客の呼び水になってくれる。チャーンの影響は、長期的には**底に穴の開いたバケツ**と同じで、新規ビジネスだけでは穴埋めできなくなるのだ。

●**評価**――アルティメーター・キャピタルの『サブスクリプションビジネスの評価（Valuation of Subscription Businesses）』（2014年10月）という報告書には、サブスクリプションビジネスを行う上場企業が倍増していることとカスタマーサクセスやリテンションとの間には直接的な相関関係があると書かれている。「ドル更新率（DRR）は、サブスクリプションビジネスの評価における最も重要な指標だ」。つまり、ウォール・ストリートがカスタマーサクセスを認めたのである。

●**差別化**――結局のところ、全分野のあらゆる会社がカスタマーサクセスに取り組むわけではないのだから、カスタマーサクセス管理は有効な差別化要因になり得る。製品やサービスは時間が経てば画一化することは、顧客にもわかっている。長い目で見れば、顧客を成功に導くために会社が用いている事業プロセスや部署こそが重要になるのだ。業界トップの会社の販売文句には、カスタマーサクセスのプロセスが効果的に盛り込まれている。

どこから始めるべきか

ここまでの話に納得できた人は、おそらくこう思うだろう。「では、『トップダウンかつ全社レベルで取り組む』には一体どうすればいいのだろうか。どこから始めればいいのか」。以下に、いくつかヒントを挙げてみる。

- **成功を定義する**——カスタマーサクセスを重視する社風を作る中で極めて大きな手順が、顧客にとって成功が持つ意味を具体化することだ。普通は、さまざまな使用事例に活用できるような水平的な製品を販売する会社が多い。あなたがCEOや上級経営幹部なら、部署の垣根を越えた取り組みとして、自社製品に共通する使用事例を基準としたうえで、個々の使用事例の中で顧客にとって今後の成功が持つ意味を定義するプロセスを始めなければならない。こう考えるとわかりやすいだろう。もしあなたが顧客に「当社とともに成し遂げる大成功とは、お客様にとってどのような意味がありますか」と尋ねたら顧客はどう答えるだろうか。目標が定義されていなければ、その目標を中心に会社が結束するのは困難である。
- **成功に関して足並みを揃える**——次に組織を見直して、各部署がカスタマーサクセスのサポートのためにすべきことを把握できているか確認する。カスタマーサクセス部門は取り組みの司令塔になるが、すべての部署が協力することも欠かせない。
- 毎月、製品部門とカスタマーサクセスに関するフィードバックを検討する。

- 販売資格基準を定義・整備する。
- マーケティング部門とカスタマーサクセス部門との間で定期的にメッセージを見直す。

- **カスタマーサクセス部門の話に耳を傾ける**――上級経営幹部やCEOのところには、事業に関する情報が顧客からも提携企業からも投資会社からも従業員からもやって来て、溢れ返ってしまいがちだ。このとき忘れてはならないのは、肝心な情報はカスタマーサクセス部門か、同様の部署がなければカスタマーサクセスに関する業務の成果からもたらされるということである。カスタマーサクセス部門は顧客基盤の目や耳の役割を果たしているからだ。カスタマーサクセスの問題を定期的に確認できる場を作ろう。カスタマーサクセス部門の幹部を取締役会や役員会議、そして主要な戦略決定の場に必ず同席させよう。そして、その意見を営業部門の幹部の意見と同じくらい真剣に受け止めよう。

- **カスタマーサクセスを優先する**――ここが実力の問われる部分だ。どの事業でもリソースは限られているため、どこかで兼ね合いが必要になる。顧客を満足させる機能の優先順位が、デモ版を動かすための機能より低くはないだろうか。顧客の自立を促すようなプロジェクトが、チャネルパートナーへの展開によって後回しにされていないだろうか。CSMへの研修が、営業研修のために延期されてはいないだろうか。カスタマーサクセスを推し進めたいなら、優先すべきはすべて前者である。

- **カスタマーサクセス部門に権限を与える**――顧客とともに成功を導き出す部署を作ったなら、同時にその支援策も講じなければならない。考慮すべきなのは、以下のようなことである。

- 営業部門の幹部と同じように、カスタマーサクセス部門の幹部にも役職を与える。
- 顧客が経営陣に情報を上げた際は、その最新情報を必ずCSMにも伝える。
- 可能であれば、CSMが顧客の味方でありヒーロー役になるようにする（顧客に対して、会社が契約条件の変更やロードマップの要望に応じたことを伝える役目をCSMに与えるのが理想的）。
- 組織の他の部署に対しても、CSMが顧客の意見を代弁していることをはっきりさせる。

- **カスタマーサクセスを計測する**——適用すべき指標の見解が一致していなければ、誰も真剣にカスタマーサクセスに取り組まない。総チャーン数や純リテンションなど、重要な成果に対する指標を定めるのだ。その指標の意味が全員にとって明確であるようにしておこう。そして、カスタマーサクセスの進行状況を追跡するために、ヘルススコアや導入スコアやNPSといった初期の危険信号としての指標も定めておこう。
- **カスタマーサクセスを報告する**——次に、定めた指標がはっきり見える状態にしておく。全員参加の会議で見せる、壁やモニターに掲示する、役員会議で営業と同じくらいの時間をカスタマーサクセスに関する議題に費やす、役員向けツールの中に強力なカスタマーサクセス機能を作って、真剣に取り組んでいることが役員にもわかるようにする、などだ。
- **カスタマーサクセスに報奨を与える**——会社は、行動を促すために報奨制度を作る。カスタマーサクセスについても、行動を促したいならそのための報奨を支払おう。カスタマーサクセスの指標（純リテンション、NPS、ヘルススコアなど）を会社のボーナス制度に加えることを検討しよう。

●**会社を後押しする**――会社は、売上を伸ばして四半期目標を達成するよう迫られているはずだ。カスタマーサクセスの実現についても同じ力をかけて、リテンション、稼働率、顧客満足度、定着率といった指標の目標を達成するように会社全体を後押ししよう。

●**成功を祝う**――カスタマーサクセスは簡単なことではない。コントロールできないこともあるし、思いどおりにならない顧客もいる。営業に対しては伝統的に、励ますためにゴングを鳴らしたり、シャンパンや報奨旅行やお遊びの賭けを実施したりといった優れた施策を取り入れている会社が多いだろう。同じことをカスタマーサクセスにも行うのだ。あなた自身がCSMのゴングになって、カスタマーサクセスはトップダウンかつ全社的な取り組みであるというメッセージを送るのだ。

著者による補足説明

カスタマーサクセスに真剣に取り組んでいる会社にとって、原則⑩の重要性はいくら強調しても誇張にはならない。ある意味で、これは他の原則から独立した項目ではなく、10原則が彫られた石碑そのものかもしれない。まさに、他のすべての原則の基盤なのだ。会社内の他の組織以上に、カスタマーサクセス部門には他部署の参加が欠かせない。私は今、**協力**ではなく**参加**という言葉を使った。協力も常に必要ではあるが、この言葉には「例外的」という響きがあり、特別な状況が起きた場合に検討すればいいという意味合いがある。そうではないのだ。本当の意味でのカスタマーサクセスへの参加は、最初の潜在顧客に対してマーケティングの1手目を打つより前に、製品コードの1行目を書くより前に、そして1件目の営業電話よりも前に始まっている。これは10原則全体の本質であり、優れた定期収益ビジネスが本当に**卓越する**ために考えるべきことや**会社全体**での取り組みへとつながっていく。カスタマーサクセスは、うまくいかなくなったときに事態を収拾するための後知恵や組織ではない。トップから始まって会社全体に広がっていく理念であり、そうなったとき初めてカスタマーサクセスは他の組織と並び立つ組織になる。そして、会社は何よりも**顧客にとっての**事業の成功をもたらすことに集中できるようになるのである。

CEOが真剣に打ちこまない限り何も起こり得ないが、全役員の等しい協力がなければ、CEOは真剣に打ちこめない。カスタマーサクセス活動が生み出した成果のひとつは、リテンション向上、アップセル増、顧客満足度向上といったカスタマーサクセスに関連する成果に興味を持つ投資家が増えてきたことだ。彼らは、長続きする会社作りにはカスタマーサクセスが欠かせないと考えて早い段階で投資をしている。もちろん、この朗報には対価が求められる。このような投資を得るには、技術面でも人材面でも賢く取り組まなければいけないということだ。それもまた、トップダウンで取り組むべき理由のひとつである。

CEOがカスタマーサクセスに取り組む方法のリストは実に長くなってしまったが、ついに最後まで来た。最後は社風についてである。優れた会社のDNAに組み込まれているのがカスタマーサクセスなのだから、あなたの会社の風土にもこれを組み込まなければならない。ご存じのとおり、企業文化の管理や育成を行うのは人事部門かもしれないが、その形成や強化や規範作りはトップ主導で行うものである。カスタマーサクセスを企業文化に組み込むのは、成熟度の高い会社ほど大変になることが多い。この取り組みは、会社の構造を抜本的に変える可能性があるからだ。この種の変革はトップダウンで進められなければならず、会社の報奨制度にも入れなければならない。この点について私が見てきた中で最高の例といえそうなのは、大成功を収めて今では上場しているSaaS企業の事例だ。この会社の幹部に対するボーナス制度を見れば、CEOの優先順位がはっきりとわかる。四半期ごとに幹部へ支払われるボーナスの基準は、(1)新規契約数(2)更新率の2つだけだったのである。この制度で少しでもボーナスを得ようと思ったら、両方の指標で最低ラインに達しなければならない。ここで発信されているメッセージは明確である。自社事業にとって、リテンション率は新規顧客の獲得と同じくらい重要ということだ。

第2章でも詳述したとおり、カスタマーサクセスの影響は、営業部門やマーケティング部門、製品管理部門や製品開発部門、そしてサービス部門でも感じられなければならない。カスタマーサクセス部門自体も含めて社内のあらゆる部署がつながり合って、すべてが同じ強さで引っ張っている。この張力を生み出しているのは、カスタマーサクセス部門のトップとCEOがもたらした既存顧客へのたゆまぬ取り組みであり、張力があるからこそ会社はいい方向へと進むのである。適切なバランスを生むうえで、トップの監督や指示や取り組みの価値は計り知れない。次の5つの質問を通して、あなたがCEOなら自分について、そうでないなら自社のCEOについて考えてほしい。あなたの会社のCEOが本当にカスタマーサクセスに力を入れているかどうかがわかる質問だ。

❶パイプラインに平均販売価格を上回る取引があった場合、顧客が本当に成功できる可能性が低すぎるという理由で拒絶することをいとわないか。

❷今ある顧客の課題を優先する結果、重要な製品のリリースが遅れることを受け入れられるか。

❸カスタマーサクセス部門のトップは、CEOの信頼の輪の中にいるか。

❹ロードマップには、既存顧客の要望に対応することだけが目的で販売増につながらない項目も入っているか。

❺緊急性の高い顧客の状況にはCEO自らが介入しており、それは重要な販売取引への介入と同じくらいの頻度になっているか。

あえてどの質問も白黒はっきり付くようにしたが、事業上の決定はグレーゾーンのものも多い。それでも多くの場合、理論上とはいえ二者択一を迫られると真実が見えてくるものだ。あなたがCEOの場合、すべての質問に「**はい**」と即答できなければ、自分が本当にカスタマーサクセスに力を入れているか問い直す必要がある。あなたがCEO以外の幹部であり、自社のCEOがすべての質問に「**はい**」と答えるかどうか確信が持てない場合も、それがあなたや会社にとってどういう意味を持つのか検討した方がいい。CEOが1つの質問への答えにどう答えるかの確信が持てないからといって、あなたの会社が失敗する運命にあるなどと言うつもりはない。だが、答えの持つ意味とそれがあなたにどう影響し得るかについては考える価値があるだろう。

ハイタッチ、ロータッチ、テックタッチ

この原則は、やり取りする顧客のモデルが何であれ、一切変わらない。どのタッチモデルでも成否を決めるのは、役員やＣＥＯが本気で参加しているかどうかと、カスタマーサクセスに対して社内の他の部署と足並みが揃っているかどうかである。ただし、どこで兼ね合いを検討しなければならないかについては、モデルごとに若干の差異があるかもしれない。

- ハイタッチ――新たに採用するのは、最重要顧客を管理するＣＳＭか、ノルマ制営業担当者か。
- ロータッチ――ＣＳＭの顧客リストを減らすことで徐々に契約件数を増やすか、営業ノルマを増やすか。
- テックタッチ――顧客のポータルサイトを作るか、マーケティング自動化ソリューションをアップグレードするか。

ここでの兼ね合いとは、要するにカスタマーサクセスへの投資額を増やすのか、他の部署に投資するのかということだ。何も、答えは常にカスタマーサクセスだと言っているわけではない。私が言いたいのは、取り組んでいるタッチモデルが何であれ、投資に関しては難しい決断を迫られるということと、その多くにＣＥＯが関わっているということだ。カスタマーサクセスに焦点を当てて長期的に取り組んでいけば、そのことは毎月会社が下さなければならない何百もの決断の中に自然

と表れてくるのである。

最近、ジム・スティールからこのテーマに関して示唆に富んだ話を聞いた。ジムは、セールスフォースで最高顧客責任者（CCO）兼海外営業代表という立場で13年間上層部にいた人物だ。2003年、顧客参加型カンファレンス「ドリームフォース」が初めて行われたその前夜のことである。議題や全プレゼンテーションを確認するために、経営陣とマーク・ベニオフが一堂に会した。ソフトウェア会社によるカンファレンスのほとんどがそうであるように、議題は製品プレゼンテーションで占められており、その目的はセールスフォースのプラットフォームの機能性と価値を強調することだった。確認が半分くらいまで進んだところで、ベニオフはある経営上の決断を下した。それは、その後何年間もの会社全体の色を決めるものだった。ベニオフが決めたのは、製品プレゼンテーションをすべて止め、代わりにマイクを顧客に開放して直接意見を言える場を作ることだったのだ。ベニオフは、自分たちがどれだけ優れているのかを伝えるのではなく、顧客が自分の考えを話してその間セールスフォース側はただ聴くだけという形を選んだのである。それだけではない。1人1人の顧客が自分の順番になってマイクの前に立つたびに、ベニオフは「セールスフォースの製品やプロセスや人の、特に悪い部分について意見を聞かせてほしい」と求めたのだ。称賛だけしてすませた顧客は1人もいなかったという。

私はその場にはいなかったが、想像するに、この簡単とは言えない決断は、ベニオフの持つ顧客第一という原則に従ってなされたものだったのだろう。今から振り返ると朝飯前のことのように見えるかもしれないが、その当時は、膨大な時間と労力が製品プレゼンテーションにつぎ込まれていたのだから、話はそうあっさりとは進まなかったはずだし、リスクなしには実現しなかったはずだ。だが、顧客への影響は間違いなく大きかったし、もしかするとそれ以上にセールスフォース自身への影響が大きかったのかもしれない。顧客第一は、聞こえは良くても常に簡単な決断になるとは限らない。だからこそ、どんな状況でも決断ではなく**単なる習慣**になるところまで、これを社風や会社のＤＮＡの一部にしなければならない。

第Ⅲ部

CCO、テクノロジー、未来

第15章

最高顧客責任者（CCO）の登場

組織が変わるとき（特に新しい組織が生まれるとき）には、その流れに乗って新たな役職が生まれることが多い。会社の中でIT部門が頭角を現した頃、同時に注目を集めたのが最高情報責任者（CIO）という肩書だ。現在ではもう当たり前の言葉だし、それなりの規模の会社ならどこにでもCIOがいるようになった。今やもう、その必要性に疑問を持つ人も、「**最高**」という言葉に値するほどの責任があるのかと疑う人もいない。世界中のあらゆる会社がテクノロジーに依存していることを考えれば、中でも会社の重要情報の保護にかかわる責任について考えれば、CIOの存在はもはや前提だと言える。クラウドの登場によって、この水準はさらに引き上げられた。クラウドは、あらゆる会社のITインフラとなり、事業に欠かせない膨大なデータの置き場所になったからだ。CIOがすっかり普及していることには、疑いの余地はない。

カスタマーサクセスでも同じ結果になるか否かは時が経てばわかるが、ここでも新たな役職が注目を集めつつある——**最高顧客責任者（CCO）**だ。これまでに明らかにしたさまざまな理由からすれば、カスタマーサクセスは確かに普及しているし、ＣＣＯという役職も同様に普及しているといえそうではある。だが、この役職は実際には何を意味しているのだろうか。通常、どのようなことを担当しているのだろうか。カスタマーサクセスの動きが起きて、ＣＣＯの存在が突出するようになった経緯は何だったのか。見ていこう。

ウィキペディア（英語版）による最高顧客責任者の定義は、こうだ。「最高顧客責任者（ＣＣＯ）とは幹部の役職名で、顧客を重視する会社で組織の顧客との総合的な関係に対する責任を持っている」

クラウド以前のＣＣＯ

なかなかいい定義だ。ご想像のとおり、この役職が持っている責任は、理論的には世界中どの企業にも適している。そのため、これは別段新しい役職でも肩書でもないのだが、つい最近までほとんど目にする機会はなかった。だが、サブスクリプションの津波が押し寄せて、顧客の注目度と重要性はまったく新しい段階まで引き上げられた。ＢＣ（クラウド以前）にもＣＣＯを導入している会社はあったが、その役割は、ひとつには会社にとって顧客がどれだけ大切かについて世間に伝えることだった。カスタマージャーニーやカスタマーエクスペリエンスの向上という役目を担っている幹部――非常にいい考えではないだろうか。そして、その役目をうまくこなせてトップからも１００パーセントのサポートが受けられたなら、いい考えどころか極上の考えだったはずだ。

だが、影響力の計測という点で、課題も多かった。最大の障壁は、サブスクリプション以前のCCOには直接的な業務上の責任がほとんどなく、つまり自身が責任を持つような収益や採算性に関する重要な指標が何もなかったことだ。CCOの取り組みが悪いとか効果がないと言いたいわけではない。単に、数値化が極めて難しかったのだ。

ここで、極限まで簡略化した例を挙げたい。サブスクリプション以前におけるCCOの業務の中心の多くは、**カスタマーエクスペリエンス**に関するものだった。どの会社も、安心して顧客とのビジネスに臨みたいし、あらゆる顧客との接点を友好的なものにしたいし、顧客にはいい印象を残したい。あらゆる顧客との間で必ず生じる接点のひとつが、ベンダーの支払いプロセスだ。製品の複雑度に応じて、支払いというプロセスには単純なものから悪夢のようなものまである。悪夢の例としてわかりやすいのが、携帯電話の請求書だ。電話会社のAT&Tが、顧客に支払いに関する説明をするのにかけている時間や労力はどのくらいあるだろうか。膨大である。カスタマーエクスペリエンス全般を担当するCCOはおそらく、この支払いプロセスを顧客の苛立ちの原因と捉えて、改善策を探るだろう。大企業なら、これは大事業になるはずだ。あらゆる支払いが正確でわかりやすくタイミングも合うようになれば、顧客はとても嬉しい。そこに異論を差し挟む人はいないだろう。だが、そのために必要な労力はかなりのものであり、確実に痛みを伴う。その結果何が起きるだろうか。カスタマーエクスペリエンスの向上？　そのとおりだ。会社の収益増加？　それもあるかもしれないが、数値化は難しい。採算性の向上？　きっとそうなるだろうが、これも計測は極めて困難だ。既存顧客がもっと金を費やしてくれる？　おそらく。だが、どうすれば証明できるだろうか。

ここが課題になるわけだ。もちろん、**古き良き時代**からこの役割を果たしており十分やり遂げた人は大勢いるし、そのような人の取り組みによってカスタマーエクスペリエンスが一変して顧客から会社への見方や信頼度が上向いたのも確かだ。だが、頑張った分だけの成果があるかが見えづらく、CEOが役員会議で定めた指標と具体的に結び付かなかったため、常にもどかしい状態だった。その結果、高額な部分への投資にはリスクや犠牲があるとして、積極的に採用できないCEOが多数を占めていたのである。このようなCEOは顧客を重視していないと断じられてしまうかもしれないが、私たちの仕事には常に相手がいる。CEOは役員の1人であり、収益性や採算性や製品の品質や市場シェアに対する責任がある。だから、CCOが何を達成しようが自分の責任につながらなければ、CEOがCCOという役職に対して高い地位を与えないという選択肢も十分理解できるのだ。

カスタマーエクスペリエンスという概念は、社員全員に恩恵をもたらすものとして何千もの会社に入り込んでおり、顧客とのやり取りのあり方を変化させてきた。それでも、CCOという肩書を生み出すほどにこの概念を重視する会社はめったになかった。第2章でも述べたが、カスタマーエクスペリエンスとカスタマーサクセスはどちらも1つのジグソーパズルのピースであり、少なくとも極めて重要な点において重なり合っている。調査が顧客の意見を得る手段であり、そこから見識がもたらされるという点だ。

カスタマーエクスペリエンスの計測は、そのほとんどが（それだけではないが）顧客満足度調査によって行われる。先ほどの支払いに関する例なら、まず顧客に対してベンダーの支払プロセスへの満足度を聞き取るところから始まることが多いだろう。調査は、正確性、わかりやすさ、タイミングといった主な要素を掘り下げる内容になっているかもしれない。これがその後の計画の基準線となる。計画終了後にもう一度同じ調査をして、結果の比較を数値化と取り組みの根拠付けに活用するのである。取り組みの有効性を判断するには、この上なく理に適った方法だ。カスタマーエクスペリエンスとカスタマーサクセスとで重なる部分があるのは、カスタマーサクセスでもカスタマーヘルスの理解を進めるために調査が活用されるからだ（第8章「原則④絶えずカスタマーヘルスを把握・管理する」参照）。カスタマーヘルス全体の把握に顧客からの意見が不可欠であるのは間違いない。それも、カスタマーサクセス部門が顧客とのやり取りを重視している理由のひとつだ（それだけではないが）。両者にとって目標はまったく同じ（カスタマーヘルスとカスタマーエクスペリエンスの向上と、それによるロイヤルティの引き上げ）であるため、最初は組織として協力して取り組むことが多い。

BC時代には、そして今でもサブスクリプションではない会社では、CCOの主な役割はマーケティング業務であり、最高マーケティング責任者（CMO）の肩書を言い換えたものとさえ考えられてきた。これは偶然の一致ではなく、カスタマーエクスペリエンスはマーケティングの分野にも当てはまる概念なのだ。どちらも、主に情報の力や情報を誰でも利用できることによってもたらされた、新たな好ましい傾向を示している。一般的に、多くのマーケティング部門は、単に売ることではなく顧客とのエンゲージメントを築くことにより、自らの役割を会社の根幹へと変化させている。現在の顧客のことを単なる購入者と考えるわけにはいかない。顧客は情報を手に入れて力を持ったからだ。顧客は話を聞いてほしいし、自分に注意を向けてほしいし、つまりはパートナーとして扱われたい。そうすることはマーケティング担当副社長やＣＭＯやＣＣＯにとっては崇高な目標だし、顧客への理解を深めることを切望している社内の他部署にとっては計り知れないほどの利益をもたらすものだ。顧客に関して戦略的に検討する部署が他になかった頃、このボールを受けて走り続けてきたのがマーケティング部門だった。カスタマーサポート部門やサービス部門も、日々何千回も顧客とやり取りをしているため似たような機会はあったのだが、このような部署で顧客の問題を解決したりサービス計画を完了したりといった日常的な成功に求められていたのは戦術的な視点であり、事業に必要な戦略的かつ長期的な視点ではなかったのだ。

このような世界が終わったのは２０００年に差し掛かる頃だ。突如、サブスクリプションやクラウドやＳａａＳやＳＮＳが稲妻のように私たちの意識に入り込んできたのである。

新たなＣＣＯ

私は、カスタマーサクセスの組織が大企業のほぼあらゆる部署の内部で成長する姿を見てきた。非常に多いのが営業部門内で発生するパターンだ。少なくとも初期には、サブスクリプション企業では営業担当副社長が更新プロセスや更新ノルマを抱えていることが多いからだ。また、サービス部門の内部でカスタマーサクセス組織が形成されることも多い。カスタマーサクセス部門が最初に集中して取り組む分野は、たいていコンサルティングとサポートを組み合わせたものと非常によく似ているし、求められるのも同じスキルだからだ。同じ理由で、マーケティング部門もカスタマーサクセス発祥の地となることが比較的多いものの、営業部門やサービス部門に比べればその頻度はかなり低い。最後に、製品部門の一部としてカスタマーサクセス組織が生まれるのも見たことがある。ここでの理屈も非常に単純なものだ。製品が作られるのは顧客が困っていることを解決するためであり、その顧客が困っている内容を最も理解しているのがＣＳＭなのである。特に小規模な会社では、組織の誕生が会議で決まることは少なく、人を中心に誕生する組織が多い。だが、その後次第に合意が形成されていき、何らかの形で一番いい方法が生まれるようになる。このような流れは、会社員ならきっと見たことがあるはずだ。カスタマーサクセスの場合に生まれたのは、サービス部門へと向かう流れである。

今、私は意図的に「**サービス部門の中で**」ではなく「**サービス部門へと向かう**」という言葉を選んだ。流れがサービス部門へと向かった理由はごく単純だ。その取り組みや関わり合いが優勢になるのは潜在顧客が顧客になった後なのだから、カスタマーサクセスの役割はアフターセールスとみなすのが当然だと考えられてきたからだ。だが、これは本書のテーマにも関連するが、サブスクリプション・エコノミーの数多くの特徴の中に、「いわゆるアフターセールスが存在しない」というものがある。最初の取引が成立したら、その後の取り組みはいずれも次の売上を生むためのものだ。それは更新であっても、解約させないことであっても、アップセルにつなげることであっても同じである。公平に言えば、サブスクリプションや従量課金の経済構造においては、あらゆる活動がプリセールスなのだ。だが、今の話題に戻ると「**アフターセールス**」という言葉はなくなってはいない。この言葉は「最初の販売の後」という意味であり、まさにここにカスタマーサクセスがかかっているのだから、非常にわかりやすい言葉なのである。

アフターセールス部門には成熟が進んだところが多い。それは、長い時間をかけて部門の主要部分が大企業にとって欠かせないものになってきたからだ。

- 専門サービス
- トレーニング
- カスタマーサポート
- 実装／オンボーディング

CEOにも、直接報告を受けて適切に管理できる件数には限界があるため、多くの場合アフターセールス部門は次第に集約されていく。それは従来、サービス部門に上級副社長（SVP）を新たに雇用するか社内から昇格させて上記の全部門を統括する役割を与えるという意味だった。だが、最近では、サービス部門の中にカスタマーサクセスチームを別途作る場合や、第2章で見てきたように、サービス部門全体が包括的な部門となって、その通称が**カスタマーサクセス**となる場合もよく見られるようになってきた。

では、かつてサービス担当上級副社長と呼ばれていた組織全体のトップが、組織の名称が変わったことで自身の肩書も「カスタマーサクセス担当上級副社長」になると、どうなるだろうか。悪いことは何も起きないが、組織内にカスタマーサクセスチームができて、その部署を副社長が率いることによる混乱はあるかもしれない。その結果、組織全体について説明する業務を**最初に担うのは誰なのか**という問題も起きる可能性がある。決してそれが担当者の肩書をCCOに変更する一番の理由ではないのだが、理由のひとつなのは間違いない。これを会社のリテンション総数を担当する役職と組み合わせて、カスタマーサクセスの役職に追加すれば、CCOを上層部に加える否応なしの理由になるはずだ。

ここまでで、アフターセールスの組織が図15・1から図15・2へと変化していく様子が説明できた。

この種の組織に初めて直面した人に説明しておくと、これは営業担当上級副社長が以下の4種類の営業グループを統括するという方式とはまったく違うものだ。

❶大企業
❷中堅企業向け市場
❸中小企業
❹チャネル

図15.1　従来のアフターセールス組織

営業も、誰がどう見ても簡単な仕事ではない。とはいえ、まず集中すべき部分や計測する部分はどの営業グループでも同じで、製品を売ることだった。図15・2にあるように、サービス担当上級副社長（またはCCO）が抱えているチームは5つだ。だが、問題は部署や社員数が増えたことではない。責任の幅が広がったことこそが問題なのであり、その幅は取り組みの種類や取り組みに関連した指標によって変わってくる。この後詳述するように、個々のチームは取り組み内容も取り組み方法も計測方法もまったく別物だ。今述べた「責任の幅」という点も、この分野を率いる人物の肩書に「**最高**」という言葉を付けるか否かを判断する要素になる。

専門サービス

主な指標――活用度

ほぼあらゆるソフトウェア会社に（それ以外の会社の多くも）、専門サービスやコンサルティングに関する部署があるだろう。この種の部署に属するのは、対象製品やその領域に

図 15.2 新たなアフターセールス組織

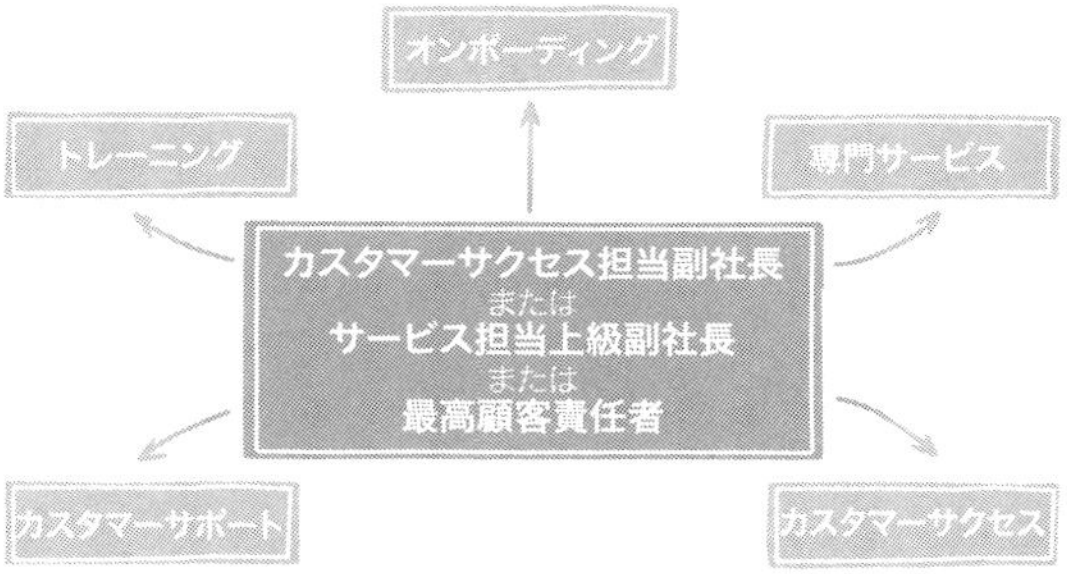

対して深い知識があり、それを顧客に有償で提供している人たちだ。たとえば、オラクルの経理ソフトウェアを使って成果を上げる方法を深く理解しているコンサルタント。シンクが水漏れしたときに訪問して修理してくれる配管工。どちらも、ソフトウェアやシンクそのものを販売するわけではない。彼らが販売しているのは、自分の専門知識だ。要するにこれが、専門サービスやコンサルティングと呼ばれる職種である。

このような職種において成否を測る主な指標は、いわゆる「**活用度**」だ。その基本的な意味は、支払いを受けられるはずの全時間数のうち、実際に支払い対象となった時間数はどれだけあるかである。たとえば、配管工の労働時間が週40時間だとしたら、支払い対象となる部分が20時間よりも30時間の方が利益は上がる（そして金持ちになれる）はずだ。ここで、この配管工の仕事量が対処しきれないくらいあるなら、まずは支払い対象以外の時間を減らして支払い対象となる時間数を増やすことに取り組まなければならない。コンサルタントの場合も同じだ。そして、このような専門サービス部門を管理する人（さらにその上司）にとっては、この数字が毎日確認すべきものであり、自分が責任を負う数字ということになる。

トレーニング

主な指標——製品出荷数

トレーニングの意味は誰でもわかっているので、ここで改めて説明はしない。ここ数年で大きく変化したのがトレーニングの方式だ。集合研修型のトレーニングも、今もそれが適切な場合には行われているが、それよりずっと標準的なのはバーチャルトレーニングであり、他にオンデマンドも欠かせないトレーニング方式だ。採用した方式にかかわらずトレーニングを進められるよう、テクノロジーに多くの選択肢があるのは当然のことだろう。

ここでも指摘すべきポイントは、この機能に含まれている各役割にどれだけ違いがあるのかと、部署全体の成果をどう計測すべきかである。トレーニング部門の進め方は、基本的に製品開発部門と同じだ。要件をまとめて、製品を設計してから製造して、販売して出荷する。この部門が生き残れるかどうかは、次の2つにかかっている。製品の品質（受講者が学ぶべきことを積極的に学べているかどうか）と製品販売数だ。金を稼ぐことが目的というトレーニング部門など1つもないが、会社が成熟するにつれてトレーニング部門も収入源となることが多い。金を生み出すかどうかはともかく、トレーニング部門の指標としてはおそらく「製品出荷数」が適切だろう。または、同じことを顧客の視点から見て、「顧客／ユーザーのトレーニング受講数」のような指標を使ってもいい。どちらにしても、これは専門サービスの管理・計測方法とはまったく異なるものである。

カスタマーサポート

主な指標——効率性

カスタマーサポートは、「break / fix（壊れたら直す）」組織だ。この組織に属する人の業務は、製品のどこかが壊れたと感じている顧客からの電話やEメールに対応することである。この時、顧客はその問題の深刻度に応じた適切な対応レベルを期待している。ソフトウェアの世界では、カスタマーサポート部門は問題を抱えた顧客に対応しながら手助けする人たちの部署だ。初期の主な通信手段は電話だったので、通称「コールセンター」と呼ばれていた。だが、現在この部署では、顧客とのやり取りの手段として電話以外にEメールやチャットも使うことが多い。今ではSNSも一般的な手段のひとつになっていて、採用しているカスタマーサポート部門では、ツイッター経由で顧客からの問題を取り扱っている。

また、カスタマーサポートは必要悪という見方も多い。完璧な製品を出荷することが不可能だということが唯一の存在意義だからだ。世界中にコールセンターがあり、生まれたばかりの子供のために買ったベビーベッドの組み立てを補助したり、次のヨーロッパ旅行のために国際電話プランの設定ができるようにしたり、報告書を作成しようとしたときに見つかったバグを回避する方法をサポートしたりしている。

いずれの状況でもカスタマーサポートはコストセンターであり、今後もほぼ間違いなくそのように進んでいくだろう。また、カスタマーサポートはその大部分において、要望対応型の組織だ。いいとか悪いとかではなく、それが事実なのである。そして、コストセンターに対する計測手段は、効率性に関する指標だ。たとえば、「**日・担当者ごとのチケット完了数**」や「**電話対応の合計件数**」といった指標からは、かけた投資の大部分が成果として絞り出せているかどうかがわかる。基本的なカスタマーサポートに対して顧客から別途支払いが発生することはないのが普通だ。そのため、CFOやCFOがトップを務めるサポート部門にとって優先度が高いのは、この種のサポートに対する顧客ごとのコスト低減である。それが効率性ということだ。

実装またはオンボーディング

主な指標——タイムトゥバリュー

第11章で詳しく取り上げたとおり、会社のタイムトゥバリューの重要な推進要因にはオンボーディング部門や実装部門がある。この部分が最初にうまく行われない限り、製品から価値が引き出されることはない。オンボーディング部門は、専門サービス部門とともに始まることも珍しくない。スキルがほぼ入れ替え可能だからだ。だが、そのうちほとんどの会社で2つの部門に分かれていく。その理由は次の2つだ。

❶オンボーディングでは、プロジェクト完了までのスケジュールの計測と改善が欠かせないから。
❷大部分の作業を時間単位で行う（つまり、タイムアンドマテリアル（T&M）である）専門サービスよりも、オンボーディングサービスの方がパッケージに加えられる可能性がはるかに高いから。

オンボーディングサービスは、ほぼ必ず最初の販売取引内に組み込まれているため、販売しやすいように、そして営業サイクルが滞らないように、定額でパッケージ化されることも多い。オンボーディングのパッケージの改善を進めて採算性を高めるための主な指標は、プロジェクト完了までの時間（タイムトゥバリュー）だ。部署を別々のグループに分ければ、部署の効率性の決め手となる指標がどのように改善しているかが確認できるようになる。これは結局、活用度や効率性の別の呼び方でしかないという意見もあるだろうが、質の高いオンボーディングをタイミング良く提供することが顧客の成功とリテンションに欠かせないという点については、ほぼ誰もが同意するはずだ。だからこそ、この部分に特化した部署や計測方法が必要なのである。

カスタマーサクセス

主な指標——リテンション

ここまで徹底的に見てきたとおり、カスタマーサクセスは従来形成されてきたあらゆる部署と異なる組織である。ある意味では、他の組織同士をつなぐ組織であるとも言える。顧客の疑問は、もはやカスタマーサポート部門が対応できるレベルにとどまらない。顧客はもう、カスタマーサクセスの領域に達している。顧客は、ある程度のコンサルティング知識が得られれば契約の更新自体には納得するだろうが、それだけではエンゲージメントの根拠には不十分だ。顧客はもう、カスタマーサクセスの領域に達している。顧客はトレーニングやオンボーディングを経験してきたが、その経験を強化するにはあちこちで戦略や微調整も必要だ。顧客はもう、カスタマーサクセスの領域に達しているのである。それと同時に、カスタマーサクセス部門は最終的な責任の所在（リテンション）として、他の部署の取り組みが迅速かつ質の高いものになるようにその決定の差し戻しも行っている。これはまさに、顧客に大きな利益をもたらす好循環なのだ。

ここでの最終目標であり指標でもあるのが、リテンションや純リテンション、更新率などの項目だ。すべて**ロイヤルティ**の一種とまとめてもいい。ビジネスモデルがハイタッチでもロータッチでもテックタッチでも、カスタマーサクセスの目的は顧客のロイヤルティ構築だ。ロイヤルカスタマーは既存のベンダーと付き合うし、彼らからさらにモノを買う。ごく簡単なことである。

このように、5つの組織はそれぞれまったく異なる取り組みを行っており、その計測方法もまったく異なっている。その責任の幅は、管理しリードしていくために計り知れないほどの知性とスキルと経験

図 15.3 ノルマ比較――営業担当上級副社長と最高顧客責任者（CCO）（中〜高成長の定期収益ビジネス）

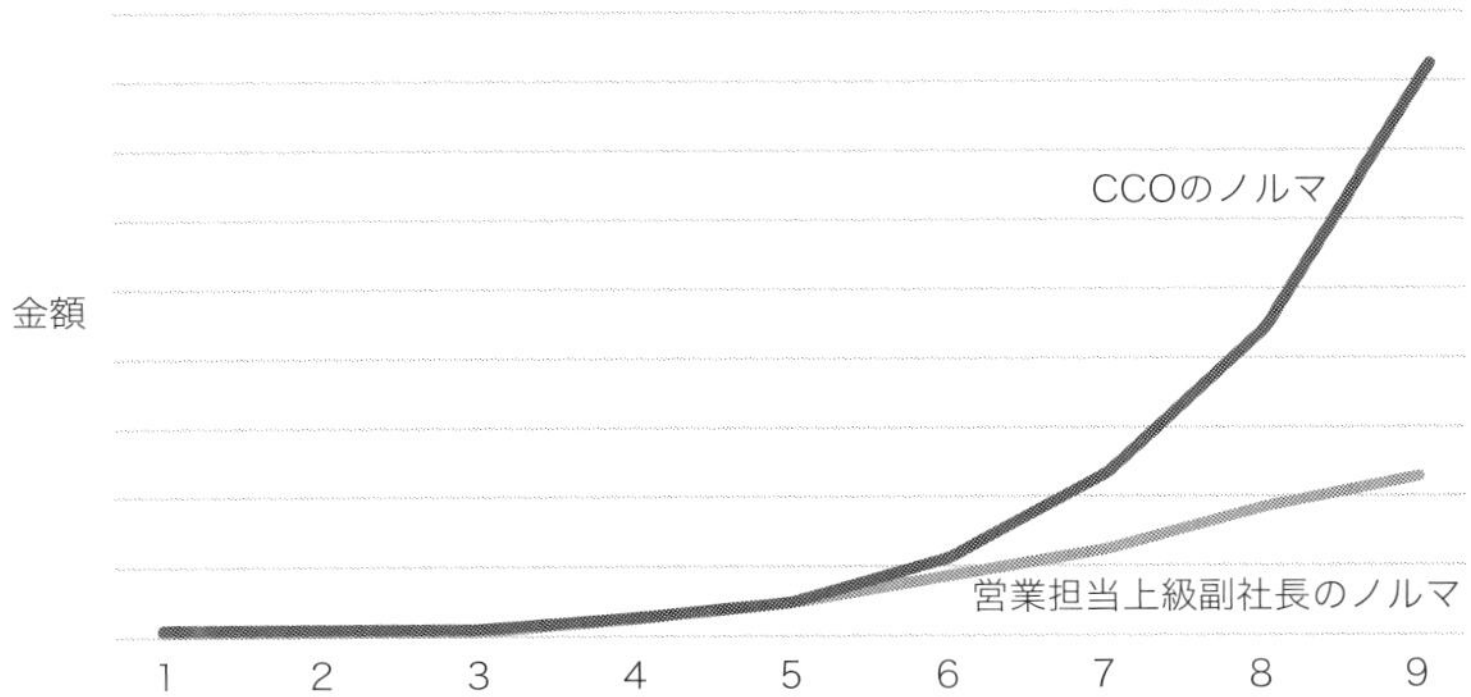

を必要とする。ここまでのスキルや責任が求められる役割なのだから、せめてマーケティングと営業の両方を管理する最高売上責任者と同等の役職を与えるのは当然である。実際、両者の地位は同じであるべきで、社内の権限も同レベルでなければならない。この点についてはすでに触れたが、繰り返す価値があることなのでもう一度触れたい。成熟したサブスクリプションや従量課金の会社では、既存顧客の収益や受注数は新規顧客のものを大幅に上回っている。図15・3（前頁）は、中〜高成長を遂げているSaaS企業で、各副社長の担当する数字が時間の経過とともにどう増えるかを表したグラフだ。

ここまでは、CCOの登場した経緯や、役職名の根拠（根拠が必要であればだが）について述べてきた。だが、話はまだ終わりではない。ソフトウェアが世界を飲み込んだように、カスタマーサクセスもある意味で大企業を飲み込む存在になりつつある。その理由を理解するのは難しくない。既存顧客の基盤が持つ価値が高くなっているのだから、顧客基盤の育成を担当する人の価値も高まっているということだ。カスタマーサクセスが生み出した渦に他の組織も飲み込まれている。権力を渇望したわけではなく、現実としていくつもの業界の多くの会社で権力の移行が起きているというだけだ。これが、もうひとつのサブスクリプション・エコノミーの所産である。

これまで述べた以外にも、カスタマーサクセスへの牽引力を実感して、CCOの登場へと舵を切っている3つの組織（またはその一部）がある。その結果は会社によって異なるが、カスタマーサクセスを重視している企業の組織なら、可能性は2種類しかない。影響か吸収だ。3つの部門すべてについて、起きていることとその理由を丁寧に理解してみよう。

営業

前述のとおり、サブスクリプションや従量課金の事業にアフターセールスのような概念はない。どの取り組みもプリセールスだ。その理由を一言でいえば、販売の機会が常に潜んでいることである。それは物理的な更新であっても、顧客が解約または何らかのアップセルを選ぶ機会であっても同じだ。販売プロセスは決して終わることはなく、ただ外見が変わるだけである。CEOの大多数が純リテンション(更新とアップセル)を担当する人物を求めているという真実と現実を考えれば、カスタマーサクセス部門に営業の機能を加えるという主張には筋道が通っている。その理由や目的はさまざまだ。

❶CSMが、いかなる営業交渉によっても自身の信頼できるアドバイザーという立場を妥協せず堅持できるようにするため。
❷顧客基盤の価値を維持・成長させるという点で、CEOが**頼れる存在を1カ所にまとめる**ため。
❸CSMがつかんだ更新に関する顧客の最新情報のすべてを使って、営業担当の更新交渉の準備に必要な履歴や背景知識を与えられるようになるから。
❹CSMは営業担当にとってアップセル見込み客の最高の情報源であり、営業担当がアップセルの機会に備える手助けができるから。

要するに、肩書は何であれ、純リテンション数に対する責任者には、契約を成立させているノルマ制営業担当をはじめ、達成すべき数字に必要なリソースを要求するあらゆる権利がある。さらに、更新やアップセルを生み出す営業担当にとって、カスタマーサクセス部門との相乗効果は非常に大きい。カスタマーサクセス部門が要望内容に通じていることが、顧客との話し合いの際に力を与えてくれるからだ。

営業機能がカスタマーサクセス部門の内部には入り込まないとしても（吸収）、CSMの存在が営業プロセスに与える影響はかなり大きくなるだろう。実際、優秀な営業担当はCSMが営業プロセスに価値をもたらすことをわかっているので、CSMとの関係を構築し始めている。さまざまな意味で、インストールベースの営業担当にとってのCSMの存在は、新規案件の営業担当にとっての営業コンサルタントの存在（契約締結にとって欠かせない存在）やその活用方法と同じなのだ。

営業がカスタマーサクセスへと向かうこの動きは、相乗効果がある限り避けられない。これからは、顧客基盤から更新とアップセルを引き出す部署とカスタマーサクセス部門とは切っても切れない仲になる。少なくとも、営業部門が他の組織内で生きていくことへの異論は収まっていくはずだ。

マーケティング

この場合は、最高マーケティング責任者（CMO）がカスタマーサクセス担当副社長の直属の部下になるというわけではない。宇宙中探しても、そんな理屈が通る世界はない。だが、マーケティング部門には「**カスタマー**」から始まる部署もあるのが普通であり、その部署がカスタマージャーニーを担当している他の部署と協力するという考え方には筋が通っている。まずは、一般的なカスタマーマーケティング部門の担当範囲を確認したうえで、この部署がカスタマーサクセス部門とどのように関わり合って影響を受ける可能性があるのかを見ていこう。

- **Eメールマーケティング／ナーチャリング**——あらゆる接点をできる限り適切なものにするために、メッセージの内容、タイミング、さらには文体についてさえも、カスタマーサクセスを十分に勘案する必要がある。
- **レファレンス管理**——見込み顧客を顧客リファレンスと照合するのに必要な情報はすべて、カスタマーサクセスマネジメント部門に属するようになる。たとえば、業界、規模、使用事例、ヘルススコア、レファレンスの頻度、最後のレファレンスなどだ。
- **コミュニティ**——多くの場合、コミュニティの内容や直接的なやり取りはCSMの職務に含まれている。
- **ウェビナー**——製品とその領域の知識の両方に関して、カスタマーサクセス部門によるコンテンツや個人的な関与が必要となる。
- **ユーザーグループ**——招待する対象、個人的な関与、顧客への参加誘致は、カスタマーサクセス部門の職務となる。

●**カスタマーサミット**――議題、内容、発表者案、個人的な関与はすべて、カスタマーサクセス部門が担当しているか、そうでなくても決定に影響を与えている。

インストールベースの営業と同じく、カスタマーマーケティング部門にとって最も大きい相乗効果は、マーケティングの他の部署とではなく、カスタマーサクセス部門との間で生まれる。そして、インストールベースの営業と同じく、ＣＣＯは会社のリテンション数を担当しているのだから、その数字を達成するために必要なツールや能力を求める権利がある。仮に最高売上責任者の管轄にマーケティングのデマンドジェネレーション（見込み案件の創出）が入っていなければ、そんな役割を引き受ける者などいないだろう。会社の新規事業に関する数字を担当している人なら、求めるのは収益のパイプラインの下半分のみではなく、全体を掌握する権限のはずだ。カスタマーサクセス部門やＣＣＯにも同じ理念が当てはまる。もし会社のＣＣＯにカスタマージャーニー全体と顧客基盤から発生するはずの売上を担当するよう求めるなら、従来はカスタマーマーケティング部門が担当していた部分も含めたあらゆる顧客とのやり取りをＣＣＯが担当するのが正当な要求なのだ。

そして、成熟したサブスクリプションや従量課金ビジネスにおいては、収益源に関する状況が変化していることも忘れてはならない。図15・３（３０３頁）をもう一度見ると、この現実がよくわかる。既存顧客から発生する受注数は、ごく短い期間で新規顧客からのものを上回り、その差は急激に広がってすぐに新規顧客の６～８倍に達する。これほどまでの責任があるなら、十分な権限や組織の力も伴わなければならない。

カスタマーマーケティング部門がカスタマーサクセス部門の中に入っていく動きは、更新やアップセルの販売部門ほど急速なものではない。だが、すでにその方向には進み始めているし、日増しにカスタマーサクセス部門の影響力も強まっていることを思えば、今後は吸収も起こり得るかもしれない。

営業コンサルティング

これは上記の2部門に比べればまだ進んでいないし、たとえば執筆が2カ月前ならここに挙げることさえなかっただろう。だが、革新的で積極的なCEOはすでに、これまでなら常に営業部門に含まれていたこの職務をカスタマーサクセス部門に向けて動かし始めている。その理由は単純かつ理に適ったものだ。「原則①正しい顧客に販売しよう」(第5章)を読み直してほしい。

第5章でも述べたとおり、会社がこの原則を確実に実現するにはさまざまな方法がある。営業担当副社長に対してリテンションに関する報奨制度を作る方法、カスタマーサクセス担当副社長にパイプラインなどへの拒否権を与える方法。そして、第5章には載せなかったのが、営業部門の決定に従わざるを得ない人物が営業の根幹部分を管轄するという方法だ。大胆な方法ではあるし、間違いなく営業担当副社長の大多数から激しい抵抗を受けるだろうが、理屈が通っていることはすぐにわかるだろう。これは、品質保証の機能を技術担当副社長から引き離してカスタマーサポート部門の管轄に置くことと似ている。トップの能力が高ければ、かつ技術部門との意思疎通が破綻しなければ、これは大成功につながり得る移管だ。新製品のリリースの恩恵を受ける部署は、リリースがうまくいかなければ一番苦しむことになる組織が管轄する。これは荒唐無稽な考えなどでは断じてないのである。

組織内の論理にかかわらず、ここでCEOが発するメッセージは取り違えようがない。「単なる四半期売上目標を達成することよりも、長期的なリテンションやカスタマーサクセスを優先する」。ここにあるのは、非常に力強いメッセージなのだ。

この3部門を追加した結果、素晴らしき新世界の組織はこのようになる（図15・4）。もはや、ここまで事業上の影響力を持っているうえに幅広い機能をまとめる役職の名称に「最高」を付けることに異議を唱える人はいないだろう。

私たちが最初に正当性を主張していたのは、企業における従来のアフターセールス機能のみに基づいたCCOの登場だった。だが、この章を通して、更新やアップセルの販売、カスタマーマーケティング、さら

図15.4　未来の最高顧客責任者の組織予想図

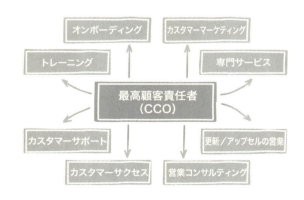

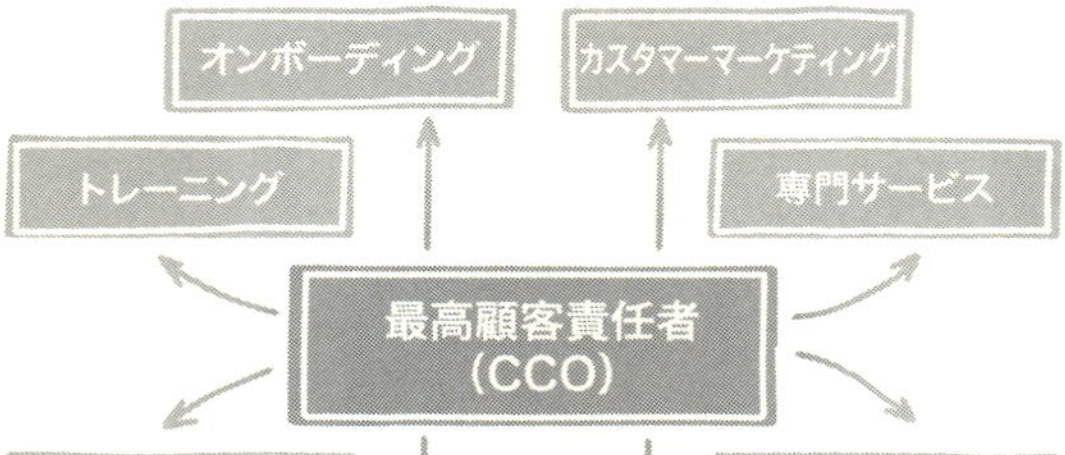

に営業コンサルティングの機能までが１つの部門の傘下に入ってもおかしくないという可能性（そしてその根拠）も付け加えてきた。ＳａａＳやサブスクリプションにおいて、あらゆる力がベンダーから顧客へと移ってきたように、企業における組織の力も新規顧客の獲得からカスタマーサクセスへと刻々と移りつつある。おそらく、この流れはもう元には戻らない。ＩＴがこの流れを可能にしているし、潜在顧客も顧客もすでにこの流れに慣らされてしまったからだ。だが、そもそも世界はそうあるべきではないのか。ベンダーより顧客の方が場を支配できるのが当然ではないのか。小売業界や多くの顧客重視型事業では、確実に物事はこのように動いている。

　好む好まざるにかかわらず、顧客が王様という時代はもう再来しているか、そこまでは行かないとしても顧客はもう玉座への階段を上り始めている。そうであれば、その王様の健全性や幸福度を担当するＣＣＯがベンダーにとって欠かせない存在であることは自明の理だ。現在はどの会社にもＣＣＯがいるわけではないし、今後もＣＣＯは置かないという会社も多いだろうが、カスタマーサクセス活動によって、今この役職が出現する勢いは加速しつつあるのである。

第16章 カスタマーサクセスのテクノロジー

新たな原理原則が普及して、専門家が集まって部門や組織が生まれるようになると、必ず次に生まれるのがテクノロジーだ。これはもちろんカスタマーサクセスにも当てはまる。CSMやそれに類する役職を担う人が増えていくと、日々の戦術的業務を実行する方法に関するプロセスやベストプラクティスは一体化の方向へ進み始める。一度この流れが始まれば、テクノロジーの入る余地も生じる。プロセスや人の生産性が向上することが期待できるからだ。

モデルがハイタッチであれテックタッチであれ、カスタマーサクセスとはとにかくデータだ。実際にカスタマーサクセスでやっているのは、データを情報に変えてその情報を行動に変えることである。最初はデータだ。膨大なデータなのだ。

膨大な顧客情報

ここで、会社が把握する顧客情報について考えてみよう。次のような情報は、企業向けの会社ならほぼどこでも把握しているものだし、個人向けの会社でも把握しているところが日々増えている。

- 顧客層に関する情報――業界、所在地、企業の規模など
- 自社の顧客になってからの期間
- 購入した製品とその時期
- 購入した製品ごとの支払額
- 送付済みの請求書全件――時期、内容、金額、期間
- 受領済みの支払い全件――時期、金額
- サービス電話／サポート電話の全件――時期、理由、重大度、応対時間、解決までの期間
- 送付したEメールの全件に対する結果――開封率、不達率、配信停止率、クリック率
- 参加または登録したイベント／ウェビナーの全件
- 送付したダイレクトメール全て
- ウェブサイトへの訪問数と流入経路
- サポートポータルへの訪問数とポータル内での行動内容
- 開催したトレーニング講座の全件――セミナー形式またはオンデマンド形式
- 調査全件に対する、送付数、受領数、顧客の反応
- 製品の利用方法（聞き取りまたはオンライン経由）

また、サブスクリプション型や従量課金の会社なら、次についても把握しているはずだ。

- 当初の契約金額
- 現在の契約金額
- 契約の増加率
- 更新完了数またはオプトアウトされなかった件数

さらに、ＳａａＳ企業なら次の項目も加わる。

- 製品内で顧客が取ったあらゆる行動（ページ閲覧数、クリック数、レポート確認数など）

時間が経てば、データの量は驚くほど膨大なものになる。そして、データがカスタマーサクセスの世界に適合することには、極めて論理的な理由がある。顧客についてわかっていることが増えるほど、効果的に顧客を管理できるようになるのだ。「原則④絶えずカスタマーヘルスを把握・管理する」（第8章）を思い出してほしい。この原則はどう考えても、データなしでは実行できない。カスタマーヘルスのスコアとは要するに、ばらばらのデータを事前に定めた方法で分析して、それを1つのスコアにまとめたものである。

テクノロジーがカスタマーサクセスにもたらす価値には、重要なものとしていくつかの領域がある。

❶カスタマーサクセス管理の時間を最適化する
❷顧客とのやり取りからもっと多くの情報を得る
❸拡張性を持たせる
❹協働、コミュニケーション、可視化の向上
❺チームマネジメントの質を高める

それぞれの項目について詳しく見ていこう。

カスタマーサクセス管理の時間を最適化する

カスタマーサクセス部門の大多数が探し求めている一番のバリュープロポジションといえば、早期警告システムだ。多くの場合、このようなシステムの必要性を高めたのはチャーンの存在だ。チャーンによって、社内製か市販品かにかかわらず、特に潜在リスクのある顧客のカスタマーヘルスを可視化できるシステムが求められるようになった。行動基準の情報が一切なければ、サブスクリプションの会社で優先してやり取りすべき顧客を決める基準は多くの場合、（1）更新日と（2）

年間定期収益（ARR）または総契約金額という有名なデータのみになる。（2）は、月単位の契約を行う会社や従量課金の会社のように具体的な更新手続きのない会社にとって、顧客価値の代わりに優先順位を決める指標である。あなたにとっての意味が何であれ、顧客価値とはサブスクリプションの枠組みを超えてあらゆる会社にとって重要だ。「あなたにとって一番価値が高い顧客は誰なのか」という質問に対して、CEOなら最低でも一般論としての回答を持っているはずだ。他にプロセス進行の助けになる情報がまったくなければ、この回答が優先順位を事実上決めてしまう。どんな場合でも、顧客管理を積極的に進めていれば、自分の時間を最適化するには何らかの優先順位付けの方法を考えざるを得ない。ただ定期的な電話スケジュールを守って、個人同士の関係に頼っていれば良かった時代は、もう過去のものとなった。このようなジレンマについてもっと理解するには、「原則⑤ロイヤルティの構築に、もう個人間の関係はいらない」（第9章）を参考にしてほしい。

ここにある問題点は明白だ。顧客価値だけでは（そこに更新日を加えたとしても）、優先順位付けの情報としては足りないのである。至急注意を向けなければならない顧客と、うまくいっていてあなたの時間を一切割く必要のない顧客とを見分けるには、顧客価値だけというわけにはいかない。それ以上の情報が今すぐ必要だ。多くの場合、ここで探求の旅は次の2つのどちらかに枝分かれする。（1）顧客の製品利用データを得る、（2）顧客とのその他のやり取りに関するデータを得る。

●**製品利用データ**——もし活用できるデータが1種類しかなければ、誰もがこのデータを選ぶだろう。最高のカスタマーヘルスの指標も将来的な購買行動の手掛かりも、間違いなく個々の顧客が製品をどう使っているかにかかってくる。だが、このデータを手に入れるのは難しいし、そこから傾向を分析するのはさらに困難だ。

●**顧客とのその他のやり取り**――顧客とのやり取りには、サポート電話や、請求金額の支払い(または未払い)、調査への回答(または未回答)、こちらから発するマーケティングメッセージへの関与などがある。それぞれのやり取りはたいてい、別々のシステムに入っている。完璧なアカウントマネージャーは、他の複数のシステムに入ってそこからデータを解読してから、働きかけの手段に優先順位を付けてそれぞれの価値を高めなければならない。

理想をいえば、情報はすべて欲しい。だが、この探求の旅は段階的に進むことが多いため、一度に複数の勝利を求めようとしない方がいい。

今話したとおり、顧客と正しいやり取りを正しいタイミングで行うためには情報を増やす必要がある。その際に求められるのは、エクセルや社内のCRMシステムでも事足りるような情報だけでなく、システム主導型の分析結果だ。このような分析結果があると、特定のデータやそのデータの組み合わせに前後関係を組み込んで、次の行動を促せるようになる。そうなれば、カスタマーサクセス管理ソリューションの価値は極めて高いものになり、勝利もすぐに得られる。

余談だが、ここでは具体的なITソリューションの評価も行わないし、個々のITソリューションが特に対応できる具体例も挙げない。ただ、今カスタマーサクセス部門が直面している問題と、その問題の解決にテクノロジーがどう寄与するのかを明らかにするだけだ。社内でソリューションを構築しても、他社のソフトウェアを購入しても、方法は何でも構わないのである。そして、カスタマーサクセスはまだ生まれたばかりだし、CSMのソリューションが生まれたのはカスタマーサクセスの原理原則が登場した後なのだから、これからどこまで変化するかについてや、どこまで高度化するかについての予想は極めて難しい。あえて述べるなら、アプリケーションによるカスタマーサクセスのソリューションは、今後数年間でますます普及し、内容も大幅に向上するはずだ。

部署の時間を最適化するという話に戻ろう。ここまでで、大多数の会社が陥っている現状がかなりはっきり見えてきた。顧客の要望に対してリソースに優先順位を付けたり実際に割り振ったりするには、情報や見識が足りないという状況だ。必要なデータの多くが社内のどこかにあることは多く、社外にはそれ以上のデータがあるかもしれない。あらゆるデータを1カ所に集めて、情報の持つ意味を見抜いたうえで顧客に関する見方を一貫させて、取るべき行動のアドバイスもする。そうすれば、あらゆる顧客重視型の会社で大躍進が起きるはずだ。従来の世界では、次のような対応になることが多かった。

向こう90日以内に更新（または応当日）を迎える顧客は3社あります。3社のすべてと今日から話し合いを始めなければいけませんが、中でもアクメ社は総合的に見て最大の顧客ですので重視しなければなりません。絶対に、3社すべてを失わないようにしましょう。

新たな世界では、以下のいずれかの形で対応できるようになるはずだ。

過去6カ月間で主要機能の使用率が20パーセント以上低下しているうえに、直近の調査に回答がなかったか低い点数を付けた顧客は17社あります。この全件に連絡を取りましょう。まずはこの四半期に更新が予定されている顧客と、まだ1年目という顧客の合計4社から取り掛かります。また、アクメ社は今後9カ月間で契約金額を50パーセント引き上げる予定ですので、最重要顧客です。

今週優先して対応すべき顧客は、P1またはP2レベルのサポート案件が10日以上継続しているうえに、直近の支払期日を30日以上過ぎている7社です。

上層部の担当者が異動になったか、最後のマーケティングメールの後で最重要ユーザーが配信停止処理をしたという顧客が5社あります。すぐこの5社と話し合いましょう。

最近リリースした新たなコラボレーション機能をまだ試していない顧客が3万人以上います。このような顧客にEメールを送って、オンデマンドトレーニング動画の視聴や来週開催するこのテーマについてのウェビナーへの参加を促しましょう。

人の手を介するのでもテクノロジー経由でも構わないが、行動につながる情報を1つのシステムにまとめることで、あらゆる顧客とのやり取りの追跡が可能になる。そうすれば、やり取りを優先すべき顧客が決まって、自部署の時間を最適化できるのである。

顧客とのやり取りからもっと多くの情報を得る

これは1つ目とは異なるバリュープロポジションではあるが、解決策は同じだ。「高品質な情報をすぐ見られるようにすること」である。適切な情報がまとまっていなければ、顧客とのやり取りのほとんどが単なる確認電話になってしまう。

ジョン様、お世話になっております。アカウントマネージャーのダンです。今月も第3木曜日になりましたので、ご様子を伺いたくお電話差し上げました。何かお困りのことはないでしょうか。

今の顧客なら、こんな調子の電話がかかってきたら気を悪くするはずだ。製品を使っているのかについてもどう使っているかについても、顧客の様子はこちらが把握しておかなくてはならないのではないだろうか。そこまでの利用データを得るのは現実的でなくても、この例よりはずっと価値の高い内容の電話ができるくらいには情報があるはずだ。電話は次のような内容にすべきである。この電話なら利用データがなくても大丈夫だ。

ジョン様、お世話になっております。アカウントマネージャーのダンです。今日はお礼を申し上げたくてお電話いたしました。先週開催したウェビナーにご参加いただき、誠にありがとうございます。確認ですが、今回のテーマに関する情報やご案内が他にもありますが、ご入用でしょうか。もう1点ありまして、ジョン様はここ2週間でレポートに関するサポートチケットを3枚ご利用いただいています。一度、作業中のレポートのいずれかを確認させていただきましょうか？

このような電話が持つ価値は容易にわかるだろう。また、情報が一元管理されていなければ、その情報の掘り起こしに苦労することもすぐにわかるはずだ。ここで数値化が極めて難しいのは、掘り起こさない情報にかかるコストである。身も蓋もない言い方になるが、CSMもアカウントマネージャーも手が離せないほど忙しいので、次回の電話の内容を改善できるかもしれない情報を探し出すために3～4種類もあるシステムにログインしている時間などない。時間がないからやらないだけなのだ。その結果が、膨大な確認電話である。社員は最高の仕事をしたくないのではなく、時間の使い道に優先順位を付けざるを得ないだけなのである。そして普通、優先順位のリストで上位に来るのは、顧客とのやり取りの質ではなく、やり取りすること自体だ。ハイタッチでもロータッチでもテックタッチでも、自部署の生産性や情報処理能力を高めるには、最も重要なカスタマーヘルス関連の情報を簡単に使える場所に取りまとめておくことが必要なのは明白である。

この解決策の持つ価値も、カスタマーサクセス活動の枠を超えたところにある。これは、顧客との話をする社内のあらゆる人物にとって価値がある方策だ。情報主導型になれば、あらゆる顧客とのやり取りの質が向上するだろう。いくつかの例で考えてみたい。

●**カスタマーサポート**――常に顧客と話をするサポート担当者。彼らの主な情報源は、自社ソリューション(ゼンデスク、サービスクラウド、パラチャーなど)だ。現在利用中のチケット数も、過去30日間で解決した件数も、各案件の優先度や重大度も、解決までの平均期間も、さまざまな内容がたちどころにわかる。これは素晴らしいツールだが、それ以外にも、ヘルススコアの現状や傾向、未解決の活動(案件以外)、直近の調査結果、利用傾向のプラス/マイナス面、支払い漏れといった情報からも得られることがあるのではないだろうか。顧客とのやり取りは希少かつ貴重な機会だ。社内の全員がこの情報を最大限活用できるようにしなくてはならない。

●**プロダクトマネージャー**――顧客と話す機会はそれほど多くないプロダクトマネージャーだが、それでも顧客が自社の製品をどのように使っているか(使っているなら)や、インストールベース全体における全般的な製品の利用方法と比較するとどうなるかについては知りたいのではないだろうか。他にも、顧客が保有しているものや購入時期などについても知りたいはずだ。

●**専門サービス**――コンサルタントは常に顧客とエンゲージメントに関するやり取りをしているため、個々の顧客に対して多方面から深く理解することによる恩恵は非常に大きい。

●**営業**――会社の代表として担当する顧客を最後まで管理する場合でも、未解決事案については更新やアップセルの担当者が専念する場合でも、カスタマーヘルスの深い理解は必須だ。だがそれ以上に、顧客との電話の際に不意打ちを絶対に食らわないことの方が重要かもしれない。最悪なのは、優先順位の高いサポートチケットを利用中だと知らずに営業電話をかけて途中で話が脱線してしまうという事態である。

●**マーケティング**――普通、リファレンスプログラムやケーススタディ計画やユーザーグループを管理しているのは誰だろうか。マーケティング部門だろう。自分の責任をすべてうまく果たすには、カスタマーヘルスやその活動から十分に情報を得る必要がある。前章でも詳述したが、これもマーケティング部門のうちカスタマーマーケティング機能がカスタマーサクセス部門に近づいていく理由のひとつだ。

●**経営陣**――CEOほど不意打ちを嫌う人はいない。そして、CEOが不意打ちを食らう原因になりたいと思う従業員もいない。適切な情報をすべて1カ所に集めるという提案の価値を理解するには、CEOが顧客への電話を準備するときにどんな混乱が起きているかを見てみるのが一番である。そんな苦労を2~3回するだけで、十分ソリューションの購入や構築の根拠になるはずだ。

この解決策は**顧客360度視点**と呼ばれることも多いが、そんな夢のような話を初めて現実にしたのが、CSMのテクノロジーである。CRMシステムもかつては同じ文句をアピールしていたが、まったく事実に反すると露呈してしまった。他に適切な置き場所がない情報をすべてCRMソリューションに押し込むことに果てしない労力を割かない限り、そんなことは不可能だったのだ。

この問題を解決すれば、そこから生まれる価値は莫大かつ範囲も広い。一方で、この問題を解決しないことによる機会コストも甚大だが、もっと危険なことにこのコストは目に見えないのだ。

拡張性を持たせる

果たして、ビジネスの世界で**拡張性（スケーラビリティ）**より頻繁に使われる言葉はあるだろうか。私には想像が付かない。そして、拡張性が問題になったとき、ほぼ必ず答えに入っているのがテクノロジーだ。同じことが、確実にカスタマーサクセスにも言える。この分野では、増え続ける顧客基盤を管理する方法は2つしかないからだ。

❶増員
❷テクノロジー

もちろん、本当の正答は「①と②両方」である。B2B事業を行う会社の大多数にとって、カスタマーサクセスの取り組みは（少なくとも部分的には）人主導（ピープルドリブン）であり、それは今後もほぼ間違いなく続くだろう。そして、事業において人件費は常に最も高く付く部分だ。採算性を上げようと思ったら、人員を顧客増加率と同じ勢いで増やすわけにはいかない。特に、労力に対して別途請求をしていない組織では不可能だ。この別途請求をしないという方式は、カスタマーサポート部門やカスタマーサクセス部門ではありふれている。どちらも高いリテンション率や顧客満足度が求められるため、サービスは基本的にＳａａＳの契約内容に含まれているか、従来の事業なら顧客ごとに提供するか、自社運用型ソフトウェアコミュニティを利用することになる。

この現実を考慮すれば、生産性と採算性を上げるには、カスタマーサクセスの原理原則にテクノロジーを当てはめなければならない。カスタマーサクセスのソリューションは、生産性を最低でも25～30パーセント向上できるものであることが求められる。その計測は、１人が管理する顧客数か１人当たりの金額によって行うことが多い。仮に私がハイタッチのＣＳＭであり、優れたＣＳＭソリューションを活用できる状態なら、質を落とさずに管理できる顧客数を25件から30件、場合によっては35件まで増やせるようにしなければならない。一方、私がテックタッチのＣＳＭで１０００件の顧客を管理しているなら、適切なテクノロジーがあれば顧客数を文字どおり倍増（またはそれ以上）できるはずだ。すべてがテクノロジー次第なら、顧客数はほとんど問題にならない。ベライゾンが、もし自社の顧客が月に１００万人増えたら、顧客へのＥメールキャンペーンがその規模の拡大に追いつけないかもしれないと心配するだろうか。もちろんそんなことはない。もっとＥメールを送るだけだ。

生産性を向上できるＩＴソリューションには、すでに述べたものも含めて以下の側面があるのは明白だ。

●優先順位付け――やり取りする必要のない顧客とはやり取りしない。極めて利点が大きいポイントだ。

- 効率性——情報に基づいたインサイトは、個々の電話の効率性を高める。
- 協働——この点についてはこの後もう少し掘り下げるが、情報を共有しやすくすることが大きな利点となる。
- 利用しやすさ——重要な情報は、もうEメールの中だけに隠されることはない。全員が利用できるようになる。
- 事前対応——事前対応に必要な労力は、事後の火消しに比べれば指数関数的に小さくなる。

事業の存続可否において、拡張性より重要なことはないかもしれない。だからこそ、これほどの金額がテクノロジーに注がれているのだ。ほぼどんなことも手動でも可能だが、テクノロジーがあれば効率も正確性も拡張性も理に適った形で運用されるようになり、事業のほぼ全域に行き届くのである。

協働、コミュニケーション、可視化の向上

顧客基盤が広がると、顧客を管理する部署の規模も広がる。顧客規模の拡大がうまくいったら、同じだけ人員も拡大しなければならない。顧客が増えれば、顧客と接する人員も、管理層も、部署や担当の区分も、課題も増える。仕方ないことなのだ。規模の拡大が起きたら、生産性を上げるこ

と同じくらい、もしかしたらそれ以上に必要となるのが、協働やコミュニケーションの度合いを高めることである。ここでも、テクノロジーがぴったりの解決策となる。定義上、システムとは物事を取りまとめることができるものだ。ここでの「物事」には、似た業務をこなす人を当ててはめてもいいし、その業務に必要な情報や各作業の状況、そして関連する管理の見通しや結果を当てはめても構わない。あらゆる物事のシステム化は理に適った方法である。

ワークフローは、拡張性と同じく濫用気味の言葉かもしれない。だが、この言葉がよく使われるのには十分理由がある。重要だからだ。カスタマーサクセスにテクノロジーが導入されたばかりの頃、焦点が当たっていたのはほぼ分析のみだった。テクノロジーとは、とにかくデータのことだったのである。社名に「**分析（analytics）**」という言葉を入れるベンダーさえあった（後に変更したところもあるが）。それは、分析さえすれば勝負が決まるような気がしていたからだ。だが、決定権を持っているのはベンダーではなく市場である。その市場も、初めのうちは「分析がすべて」という概念を受け入れていた。分析の話題より優れているのは、予測分析の話題のみと考えられていたのである。だが、それは結局ごまかしだった。確かに分析は重要だったし、もちろん今でも重要だ。予測分析も立派な研究分野だし、時間が経てばカスタマーサクセスの取り組みに計り知れない価値をもたらしてくれる。しかし、これは会社や製品の中心に据えるべきものではなく、社内でソリューションを構築する際に用いるものだ。カスタマーサクセスにおいて解決しなければならない一番の問題は、分析ではない。もしそうなら問題ははるか昔に解決していたはずだ。今や、ビジネスオブジェクツからバーストやグッドデータやタブローまで、優秀な分析ソリューションはいくらでもある。どれも素晴らしい製品だし、ほぼどの会社でも居場所が与えられているものばかりだ。CRMの場合と同じく、解決すべき最大の問題は協働やコミュニケーションであり、これを解決するのがカスタマーサクセス部門の日常業務に対応するワークフロー・ソリューションの開発なのである。

今CRMに触れたのは、このバリュープロポジションが非常によく似ているからだ。営業の流れなら誰もがわかっていて比較しやすいため、もう少しこの話を続けよう。ここでは、あらゆるCRMシステムの代表としてセールスフォースを例に挙げる。単に私が一番知っているツールだからだ。セールスフォースは分析ツールだろうか。答えを知らない人なら「違う」と言うだろう（ニュアンスを正確に書けば、「絶対違う！」となるだろうか）。セールスフォースに分析の要素なんてあっただろうか。もちろんある。今この時も改良や進歩は進んでいるのだろうか。もちろん進んでいる。では、セールスフォースを分析のためだけに買う人はいるのだろうか。いや、それはない。セールスフォースから価値を引き出す方法はさまざまだ。特に今ではプラットフォームとしても素晴らしいものになっているので、その上に他のアプリケーションが何千でも構築されるようになった。だが、そもそもセールスフォースが持っていたバリュープロポジションは、かつてSFA（sales force automation）と呼ばれていた、営業部門の業務を自動化する機能だ。セールスフォースをはじめとするあらゆるCRMは、営業部門が世界のあらゆる側面を管理・追跡できる方法を生み出してくれる。ここでの「世界」とは、突き詰めれば契約成立のことだ。セールスフォースの場合、具体的には（1）見込み客、（2）契約、（3）顧客、（4）機会という目的に分けられる。言い換えれば、販売ファネルの把握や管理に必要なあらゆる物事である。結局のところ営業とは、成約につながる機会を管理することなのだ。これは、CRMシステムが生まれる前の創成期から行われていた。CRMシステムとは、プロセスを中心に構造や原理原則を据えることなのである。会社にとっては、4つの目覚ましい成果が生まれる。

❶経験に基づいた予測
❷情報に基づいた予測
❸再現性
❹可視性

結果には、ある程度の痛みが付き物だ。CRMシステムを適切な形で導入している会社なら、営業担当に聞いてみよう。おそらく、データをシステムに入力してからプロセス全体を管理する作業には、営業にとって不本意なほどの時間をかけているだろうが、会社が素晴らしい成果を上げるには必要なプロセスだ。そして、やらなければ、営業担当副社長から売上報酬を払わないと脅されるかもしれない業務である。

営業の話で挙げた4つの目的は、カスタマーサクセスにも必要なものだ。唯一の違いは、相手が潜在顧客ではなく既存顧客ということである。ここまでの話をアフターセールスの世界に当てはめるとどうなるだろうか。

●**経験に基づいた予測**——システムにあらゆるデータが入っていてCSMの役目に関連した作業のフローを追跡すれば、今後の成果も予測できるようになる。

●**情報に基づいた予測**——営業部門と同じく、カスタマーサクセス部門では今後の更新やアップセルやチャーンを予測しなければならない。システムが正しい情報を用いてこれまでの成果を適切に当てはめた場合のみ、正確な予測の分類・改良が可能になる。

●**再現性**——まず全員のワークフローを追跡しなければならないが（パイプライン管理の場合を思い出してほしい）、システムを活用すれば、取り組んだ作業と取り組まなかった作業を区別したうえで、前者は今後も繰り返して後者は捨てることができる。

●**可視性**——CRMシステムが特に優れているのは、管理状況を可視化して個々の取引や全社規模のパイプラインや今後の予測に活かせるという部分だ。優れたCSMソリューションがあれば、顧客を同じように理解できるようになる。

今挙げた可視性が、バリュープロポジションの柱の3番目に来るものだ。残りは協働とコミュニケーションだが、この2つについてはここまでその周辺の話に終始したり軽く触れたりする程度で、はっきりとは説明してこなかった。単純にいえば、協働とコミュニケーションとは他の部署と力を合わせてワークフローを進めるということだ。包括的なワークフローエンジンにはコミュニケーション機能が入っていて、全関係者が協力できるように情報や解説が自由に流れる形になっている。

セールスフォースの製品から一例を挙げるなら、チャター（Chatter：クラウド型社内SNS）だ。製品上でやり取りできるため、会話の文脈も把握できるし、やり取りが個人のEメールに埋もれてしまうことがなくなる。CSMシステムには、チャターやヤマー（Yammer：マイクロソフトが提供する企業向けSNS）などの既存テクノロジーを活用したものが多いが、もちろん自分で構築しても構わない。製品上で正しくやり取りすれば、顧客のことを心配したCEOからの「アクメ社は最近どうなっているんだ」といった質問も避けられる。前述した「顧客360度視点」もこのような質問に対処するものだが、その顧客と最近やり取りした担当者の具体的な解説があれば、話はそこで終わりだ。製品上のやり取りはコメント欄で行ってもいいし実際そういうものも多いが、長期的な優れたソリューションとしては、その方式では欠点が多すぎる。この点には同意する人も多いだろう。

協働は、コミュニケーションと似て非なるものである。協働は単なる解説ではなく、具体的な作業や取り組みを共有して全体に行き渡らせたうえで協力するための方法だ。CRMシステムには、見積書や提案書の作成や保存ができる機能が入っていることがある。そうすれば上司が後から編集・改良できるわけだ。そのような機能の必要性は、もしかしたらCSMシステムの方が高いかもしれない。作業や取り組みを他者に任せる場合があるからだ。カスタマーサクセスはその性質上、顧客の問題を解決するために部署外の人も巻き込むことになる。自分だけで対応する部分は、営業の方が大きい。営業交渉にCEOなどの上層部が乗り出すことはあっても、個々の作業を営業部門以外の人に任せる場合はそれほど多くないはずだ。絶対にないわけではないが、カスタマーサクセス部門ほどありふれた話ではない。CSMは、顧客を成功に導くために常に周りの助けを必要としている。たとえば、プロダクトマネージャーを巻き込んで、製品の一部の作動方法に関する複雑な話や、将来的な機能に関する話をするかもしれない。サポート部門の担当者を巻き込んで、個別の問題に対応するかもしれない。任せる範囲を副社長やCEOなどの上層部まで広げることもあり得る。そしてもちろん、技術部門の一部を短期間のみ巻き込むことも珍しくない。どの場合も、CSMソリューションは作業や取り組みに関して必要な共有や移譲など全般的な協働ができるものであることが求められる。

部署や会社が成長すれば、協働とコミュニケーションの重要度も増す。生産性よりも重要ということではなく、生産性を高める**ために**欠かせないものになっていくのである。

チームマネジメントの質を高める

CSMテクノロジーの主な目的が、チームによる顧客管理の効率を上げることなのは確かだ。一方、しっかりしていて前項で述べたようなワークフローも入っているソリューションであれば、自分のチームのマネジメントにも同じくらい効果を発揮する可能性を秘めている。

ここでもう一度CRMシステムを例に見てみよう。少なくともSFAの機能しかなかった頃のCRMシステムは、営業プロセスの管理をうまく進めるためのものだった。ここで生み出された構造や強化された原理原則とは、取引がパイプラインから離れず、パイプラインの中を通るようにするためのものだった。営業担当副社長は常にCRMシステムを当てにしてきた。見込み客を増やすにはマーケティングをいつ詰め込むべきかを知りたいとき（まるでそうではない日があるかのようだが）も、CEOにリスクのある部分を伝えたいときも、自分のあらゆる予測を管理するときも、CRMシステムに頼ってきたのだ。だからこそCRMはこれほど人気がある。突き詰めれば、CEOにとってもCFOにとっても極めて貴重な存在なのだ。

だが、当初の意図や設計にもかかわらず、すぐに付属的な価値が見出された。CRMシステムはチームマネジメントに役立つようになったのだ。いや、「**役立つ**」などという言葉では不当かもしれない。CRMシステムは、営業担当副社長にとって管理ツールの中心になったのである。成約の結果だけでなく、1人1人の営業担当が正しい方法で進んでいるか否かがわかる活動や結果はすべて、CRMシステムの中に入っている。

- 電話の件数
- 商談の実施件数
- パイプラインの成長度
- 提案件数
- パイプライン内の動き
- 膠着中の取引
- 成約した取引／金額
- 成約までの日数

●平均販売価格（ＡＳＰ：Average Selling Price）

営業部門を運営しているなら、このような情報には千金の値がある。どのデータから得られるのも、非常に重要な情報だ。そして、それ以上に高い価値を持つのが、その後で個々のデータを部署内の全員と比較することである。これは評価基準にもなるし、競争のきっかけにもできるし、ここから指導すべき点を見出すこともできる。また、営業担当副社長なら営業担当ごとの専門分野を活用して、個々のスキルを部署内の他の全員の底上げにつなげることもできるだろう。どの部署にもさまざまな強みと弱みがある。トップの職務は、強い部分を伸ばして弱い部分を減らすことだ。ここで一番の味方になってくれるのが、ＣＲＭシステムである。これからは個別のやり取りは珍しいものになるだろうし、議論の中心でもなくなるはずだ。

この話はしつこすぎるかもしれないが、とにかくＣＲＭとＣＳＭは明らかに似ているため、ＣＲＭシステムと同じように優れたＣＳＭソリューションも多くの成功をもたらしてくれる。すべては、ワークフローから生まれたバリュープロポジションを中心に回る。ＣＳＭの手元にあるシステムが自分の作業空間にも、タスクリストにも、活動状況の追跡ツールにも、優先順位付けのエンジンにも、コミュニケーションや協働の原動力にもなるものなら、営業の場合と同じく、部下の行動が効果を上げているかを計測して指導するために必要なあらゆることが同じシステムの中に入っているということだ。ＣＳＭシステムも重要な行動を追跡する能力自体はＣＲＭと同じで、違うのは行動のみである。

- 電話の件数
- 会合の実施数
- 対応策のきっかけとなる行動の数
- 対応策の実施件数（カテゴリーごと）
- 四半期ビジネスレビューの実施数
- その他の指標達成数
- 更新／アップセルの結果
- カスタマーヘルススコア
- 顧客満足度
- Eメールの送信数／開封数／クリック数
- 顧客への計画作成数／更新数

カスタマーサクセスの短い歴史の大部分において、個々のCSMとのやり取りは非常にあやふやなものだった。「顧客は全員満足しているか」「リスクのある顧客はいるか」「困っていることはないか」のような質問が幅を利かせていたのである。だが、優れたCSMソリューションがすべてを変えて、1人1人のCSMにも上司にも素晴らしい日常が訪れた。優秀な社員が欲しいのは、結局のところ明確で計測可能な目標である。自分が責任を持つ目標を達成・突破すれば、その分だけ報酬が得られるからだ。一方で優秀なリーダーも、部下と同じものを求めている。自分のためにも部署のためにも、正しい行動の根拠を示したいし、正しい行動に対して報酬を与えたいからだ。そして、営業担当副社長と同じく、部署全体の強みと弱みを把握して、把握した内容に合わせて管理したいのである。カスタマーサクセスの指標になる項目は他にも色々あり、第13章「原則⑨ハードデータの指標でカスタマーサクセスを進める」で詳述している。

部署の効果的な管理を別の側面から見ると、部署の能力を明確に理解したうえで、会社の限られた費用の範囲内で最大の効果をもたらす人員配置を行うことだと言える。ここでもCSMソリューションは欠かせない。本書の最初の方で書いたが、カスタマーサクセスは営業と同じく収益を生み出す組織だ。つまり、増員の根拠となるのは収益や受注数である。「うちの部署は全員てんてこ舞いなんです」と言ったところでCEOの協力は得られない。CSMを1人増やすと最終的な収益がいくら増えるのかを明確に示さなければならないのだ。そして、この大仕事の役に立つのは、重要な指標をすべて追跡できるCSMソリューションのみなのである。

ここまで、CSMテクノロジーが部署にもたらし得るバリュープロポジションのうち主なものを挙げてきたが、完璧に網羅したとはとても言えない。まだレポート機能のほか、ダッシュボード、調査、データ統合、映像化、Eメール機能、コホート分析、アカウントプラン、CRM統合、外部データの追跡など、全機能搭載ソリューションには欠かせない機能のうち触れていないものは山ほどある。そして忘れてはならないのが、この道のりは始まってから3～4年しか経っていないということだ。今使えるのは氷山の一角でしかない。

最後にもうひとつ、カスタマーサクセスの優れたITソリューションから生まれる利点を挙げたい。カスタマーサクセス部門は非常に若い組織のため、本当の意味で経営幹部と同じ席に座るのは難しかった。経営幹部の席のほとんどは、彼らが長年もたらしてきた昔ながらの価値に基づいて用意されている。この席に座れたのは、営業担当副社長、CMO、CFO、CTO、技術担当副社長、COO、事業担当副社長、CIOのような役職のみだったのだ。前章でもページを割いて話したが、今は多くの会社で権力の移行が起きているし、CCOの登場によって勢力図にも変化が起きつつある。ここで大きな役割を果たしたのがテクノロジーだった。カスタマーサクセス部門のトップは、自分の価値を数値化して、目標に対する客観的な成果を見せられるようになったのである。これは新しい概念ではない。他のどの組織にも領域特化型のアプリケーションがあって、事業や自部署の管理のほか、成果の数値化や増員の根拠付けに役立っている。カスタマーサクセス部門はこのゲームに最後に参加したというだけなのだ。肝心なのは、大きな組織には権限を持ったトップが必要であり、権限を持ったトップにはテクノロジーの助けが必要ということだ。これが、カスタマーサクセスという新たな世界で、今急速に進行していることなのである。

第17章

未来はどうなっていくのか

次は空飛ぶ車の話はどうだろうか。未来を見据えた話にはいつも空飛ぶ車の話が出てくる。本当にグーグルの無人飛行車の話をしてもいいかもしれない。もちろん、そんな空飛ぶ車に乗っているのは、カスタマーサクセスのロボットだ。1件当たりごく少額で、自社製品を使っている顧客全員のところへ行き、完璧な利用方法と最高の投資利益率を得る方法を伝えてくれるのだ。もはやチャーンは遠い昔の記憶になるだろう。誰もが一生顧客でい続けてくれる。世代が進めば、常に物事を手に入れるのが**はるかに**簡単になるのだから。

というわけで、夢の話は終わりだ。残りの時間は現実の話をしよう。今後、私たちの生活のあらゆる側面で劇的な変化が起きるのは間違いない。カスタマーサクセスもその流れに必ずついてくるはずだ。実際、カスタマーサクセスはまだ幼年期であるうえにテクノロジーに依存しているので、その変化は他のどの原理原則と比べても明らかに速い。

頭を使わなければ「あらゆるものが変化する」ですんでしまうが、実際には、何が変化して何が変化しないのかという将来の予測は危険な賭けだ。本書でここまで述べてきたカスタマーサクセスの要素の多くは今後も変化と成熟を続けるだろうし、それ以外の要素もさまざまな状況で脚光を浴びることになるのは間違いない。もし本書が数年後もまったく古びていないとしたら驚きだし、むしろ失望するだろう。未来にはもっと素晴らしいことが待ち受けているのだ。今後変化が起きそうな分野や変化そのものをいくつか挙げてみたい。

❶SaaS以外の分野でもカスタマーサクセスの重要度が上がり続ける。
❷CCOという役職がますます注目されるようになる。
❸カスタマーサクセスという原理原則の定義がさらに固まって、内容も高度化する。
❹カスタマーサクセス部門は個人的な関係に依存するのではなく、実用面を重視するようになる。
❺多くの会社でカスタマーサクセスの価値が認められ、数字による評価が行われるようになる。
❻カスタマーサクセス体験への需要が供給を上回る状態が続く。
❼大学がカスタマーサクセスを教え始める。
❽テクノロジーの開発が高速で進むことで、カスタマーサクセス・ソリューションは「あればいい」というレベルではなく、絶対に欠かせないものとなる。
❾カスタマーサクセス出身のCEOが一般的になる。
❿カスタマーサクセスの業務が、営業と同じくらい論理的かつ欠かせないものになる。
⓫「一対多のCSM」という職種が登場して、重要な地位になる。

⑫カスタマーサクセスに携わる人の数が増えるため、この役職に就いている人が知り合いにいることが珍しくなくなる。結果的に、カスタマーサクセスをテーマとした勉強会の魅力は下がる。
⑬テクノロジー市場に参入する新興企業が増える。さらに、大企業も参入し始める。
⑭現在のＩＴプロバイダーの中に、支配的地位を確立して株式公開（ＩＰＯ）を果たすところが出てくる。
⑮カスタマーサクセス副社長が壇上で株式公開を知らせるベルを鳴らすという光景が珍しいものではなくなる（ニューヨーク証券取引所では取引開始時にベルを鳴らすのが慣例だが、その際に壇上に上るのは創業者やＣＥＯが一般的）。
⑯収支報告のテーマは常にリテンションであり、報告の場にカスタマーサクセスの担当者が呼ばれるようになる。
⑰「カスタマーサクセス」という言葉が『インフォメーションウィーク』誌や『フォーブス』誌や『フォーチュン』誌といった雑誌の表紙に登場するようになる。
⑱カスタマーサクセスの取り組みが改善するのと同じ速度で、ベンダーを切り替えることへの抵抗度も下がり続ける。そのため、チャーンレートは決して下がらない。
⑲経営陣を対象とした大手コンサルティング会社で、カスタマーサクセスに関する業務が確立されるようになる。
⑳この話題に関する本が膨大に著される。

カスタマー・エコノミー

ＳａａＳ企業が成熟して、実質的にすべての企業が定期収益ビジネスを目指すようになったのだから、今後もカスタマーサクセスの価値や認知度の上昇が続くことは容易に予想できる。すでにカスタマーサクセスが緊急課題となっている定期収益ビジネスでは、今後もこの課題への注目は続くだろう。だが、ベンダーから顧客へのパワーシフトが起きている業界は他にもあり、ここでもカスタマーサクセスの理念や実践を受け入れることが必要だ。カスタマーサクセスは第2の波だという話を覚えているだろうか。第1の波は、カスタマーサクセスではなく定期収益のビジネスモデルだ。顧客を玉座に乗せたのは、このモデルである。さらに、あらゆる情報が利用しやすくなったことやＳＮＳの登場によって、市場力学の中で顧客（企業でも個人でも）の力が高まる流れは止まりそうにない。ベンダーはもう自分の失敗を隠し通せないし、成功した話も広報部門の有無とは関係なくすぐ伝わるようになる。今は疑いようもなく、「顧客の時代」なのだ。ティエン・ツォの「サブスクリプション・エコノミー」という言葉を思い出してほしい。これからあの言葉をもう一歩進めて、さらに意味の広い言葉を作ってみたい。**カスタマー・エコノミー**だ。

カスタマー・エコノミーでは、顧客が（驚くべきことに）今後もさらに力を付けていく。この現象が見られるようになったのは、インターネット時代に入って情報の入手が簡単になってからのことだ。この傾向は、まだまったく終わる気配を見せていない。津波が最も高くなるのは、岸に迫ったときである。だから破壊力があるのだ。サブスクリプションの津波はまだ高まり始めたばかりで、岸辺からも遠い。最大の高さと破壊的な力を得るのはまだ先である。すでにソフトウェアの世界でその片鱗は現れているが、この津波が破壊する市場は1つだけにとどまらない。ソフトウェア業界はサブスクリプションによって壊滅状態になったが、その手段となったのがウェブだった。それを考えると、他のどの業界も同じ状態に陥るという推測が簡単に成り立つ。同じことが起きているのを直接確かめたいなら、ウーバーやリフトによって混乱に陥っているタクシー業界や、エアビーアンドビーが破壊するホテル業界を見るだけで十分だろう。この破壊はどれも顧客にとっては有益なものだ。選択肢が増えるからだ。しかも増えるのはいい選択肢である。この流れを止められるものなどない。顧客はいい方法を見つければ、その方法を採用する。自治体も組合も、そうしたいならウーバーと戦えばいい。結局勝てないのだから。勝つのは常に、顧客全体なのである。

どの業界でも顧客に有利になるように破壊が起きるというなら、これからはどの業界も顧客への配慮に集中しなければならないし、労力や投資もそこにかけなければならない。それがカスタマーサクセスの本質である。これまでに起きた変化も驚異的だったが、まだ当分、安眠は得られそうにない。生き残れるのは最初に順応したところだし、顧客の動きを活用するには、逃げ出すのではなく受け入れるしかない。選択肢はその2つしかないのだ。ウォルデンブックスになってアマゾンやインターネットと戦う（そして負ける）ことを選んでもいいし、バーンズ・アンド・ノーブルになってインターネットを受け入れてから、自分の舞台でアマゾンと戦って生き残ることを選んでもいい。顧客はこれからも力を付け続けるし、その重要性もますます高まる。それは、あなたの業界も含めた世界中のあらゆる業界で起きることだ。今こそ、カスタマーサクセスについて真剣に考え始めるべきなのである。

現在の理想的なカスタマーサクセス

特に、カスタマーサクセスへの旅を始めたばかりの多くの会社にとっては、空飛ぶ車やカスタマーサクセスのロボットを夢見るよりも、現在のカスタマーエクスペリエンスの理想について話す方が実際的だし、おそらく役にも立つはずだ。結局、現在のカスタマーサクセスを完璧に実行すれば、大多数にとってはそれが未来的だと感じられるのである。どういう状態になるのか、詳しく見ていこう。

ここでは、ウイングチップソフトウェア株式会社という架空の会社を例に考えてみたい。ウイングチップはSaaS企業で、中小企業や中堅企業の顧客を相手にオンライントレーニングのソリューションを行っている。5年前の創業から売上は堅調で、2015年末現在の年間定期収益（ARR）は4000万ドル、顧客は1600社で安定している。現在の平均販売価格は合計2万5000ドルだが、年初の2万1000ドルから上昇傾向にあり、第4四半期には3万5000ドルを超える見込みだ。年間金額1万ドル未満の契約はもう新規では販売していないが、その額での契約を継続している顧客は約200社ある。ハイエンドでは大企業への働きかけを始めていて、すでに15社が15万ドルを超えるARRで契約している。投資家から強く勧められたこともあり、早い段階からカスタマーサクセスへの投資を始めている。自社事業がカスタマーサクセス次第であることを理解しているのだ。カスタマーサクセス担当副社長は23番目に入社した人物だ（現在の総従業員数は320人）。あらゆるアフターセールス機能を管轄しており、中にはオンボーディング、トレーニング、カスタマーサポート、専門サービス、そして従来のカスタマーサクセスもある。彼の部署の合計人数は110人だが、そのうち従来のカスタマーサクセスチームに所属しているのは21人だ。チームの機能は次のように分かれている。

- 中堅企業を担当するCSMが13人、うち2人が上位25社の顧客に力を入れて、残りは1人当たり50社程度を管理している。
- 中小企業を担当するCSMは4人で、600社の顧客を共同で管理している。
- CSM全員で使う一対多プログラムの構築と、テックタッチモデルのみという残りの顧客を管理するCSMが1人いる。
- 取締役は2人で、1人は中堅企業を、もう1人は中小企業とテックタッチを管轄している。
- カスタマーサクセス業務担当は1人だが、間もなく2人になる。

顧客の方も架空の会社で考えてみよう。フィナンシャリティ株式会社だ。テクノロジーとサービスの会社で、銀行や証券会社を対象にデータ分析ツールの販売やコンサルティングを行っている。フィナンシャリティがウイングチップのソリューションを購入したのは、自社のオンデマンド製品トレーニングの構築と経過確認を簡単に実施できるツールが必要だったからだ。購入日はウイングチップの2014年度第2四半期の最終日である。契約内容は、2万9000ドルのARRで年1回の更新、それ以外に1万5000ドルの中堅企業向けオンボーディングパッケージ（こちらは一度限り）というものだった。

フィナンシャリティは、ウイングチップのロータッチ層に分類された。つまり、フィナンシャリティに対して想定されていたのは、一対一のやり取りと自動連絡の組み合わせによるエクスペリエンスの提供だ。だが、現実は往々にして予定どおりには行かない。ここまでの流れは、実際には次のようになっていた。

- 2014年6月30日——フィナンシャリティがウイングチップと契約を結ぶ。
- 2014年7月1日——必要事項がウイングチップのCRMシステムからカスタマーサクセスシステムへと自動送信される。次に、作業負荷とラウンドロビン方式の両方を考慮したアルゴリズムに基づいて、適切なプロジェクトマネージャー（PM）とCSMが自動的に割り当てられる。
- 2014年7月1日——フィナンシャリティの教育部長でこの契約を締結したジョー・スミスは、ウイングチップのCEOから自分宛ての文言が入ったEメールを受け取る。これはCRMシステムから自動送信されるもので、ジョーがウイングチップファミリーの一員になることを歓迎するという内容だった。また、メールにはウイングチップのオンボーディングPMのシャノン・ジョーンズの紹介と、次に予定されている手順の概要も記されていた。

●２０１４年７月１日――シャノンは、プロジェクトのキックオフ電話会議の日程を決めるために、ジョーにEメールを送る。

●２０１４年７月２日――ウイングチップからジョーにアマゾン経由でお礼の品が届く。これも契約成立によって自動的に送付されるものだ。CRMシステムから営業担当が選んだ高級なキーホルダーに、ウイングチップのロゴとジョーの名前が刻印されていた。

●２０１４年７月２日――シャノンは、プロジェクトを先に進める前に営業部門に訊くべきことがあるか判断するために、ウイングチップのCRMシステムでフィナンシャリティの情報を調べる。顧客のスイートスポットを捉えているようだったので、引き継ぎ会議はせずに先に進めることにした。

●２０１４年７月２日――シャノンはジョーから不在メールを受け取る。メールには、ジョーの不在期間は７月14日までと書かれていた。

●２０１４年７月２日――シャノンはすぐに、このオンボーディングプロジェクトの現状に「リスク」のフラグを付ける。サービス品質保証契約（SLA）では、プロジェクトは契約成立から８週間以内に完了する旨が定められており、開始日が２週間遅れるということはSLAを守れない可能性が非常に高いということだからだ。

●２０１４年７月15日――ジョーは、シャノンから届いていたキックオフ会議開催の要望メールに返信する。会議は７月16日に実施されることが決まった。

●２０１４年７月16日――シャノンとジョー、そしてジョーの部署の主要メンバー２人が参加したキックオフ会議で、プロジェクト計画が確認される。いくつか微調整も行われたが、重要な中間目標に関しては合意が得られ、そのうちの1つとして稼働開始日を9月5日にすることも決まった。

● 2014年7月16日――シャノンは、ウイングチップのカスタマーサクセスシステムに重要な中間目標の日付を入れて更新する。ただし、プロジェクトの現状は「**リスク**」から変更しない。予定稼働開始日はSLAで定められた8週間を過ぎているからだ。

● 2014年8月14日――5つの中間目標のうち3つが予定どおりに完了して、カスタマーサクセスシステムからジョーとプロジェクト部門宛てに自動メールが送信される。メールの内容は、担当CSMとなるメアリー・ハリソンの紹介と、今後は稼働開始日までの数週間、主要会合にメアリーも出席することを知らせるものだった。

● 2014年8月15日――メアリーは、カスタマーサクセスシステムでフィナンシャリティの製品利用状況を確認して、何が起きたら自分にEメールで通知するのかという基準を決める。基準には、リスクに基づくもの（利用率が25パーセント低下など）も機会に基づくもの（全ライセンスのうち有効なものが80パーセント以上など）もある。また、彼女はカスタマーサクセスシステム内に、アカウントヘルススコアの作成を開始する。これは、フィナンシャリティの総合的なカスタマーヘルスを、購入日や予定されていた使用事例を加味しながら追跡するものだ。

● 2014年9月5日――プロジェクト計画の全項目が完了して、稼働会議に入る。シャノンとメアリーが一緒に会議を進めて、フィナンシャリティの引き継ぎが行われた。フィナンシャリティのオンボーディングプロジェクトは終了して、ここからは正式にメアリーがシャノンから役割を引き継ぐ。

●2014年9月8日――ジョーのもとに、オンボーディング評価のアンケートが届く。稼働スタートの目標が完了したことを受けて、ウイングチップのカスタマーサクセスシステムから自動送信されたものだ。ジョーは回答を記入する。プロジェクトの満足度の項目には5点満点中5点を付けた。

●2014年9月8日――プロジェクトの満足度が4点以上だったため、フィナンシャリティの「リスク」のタグがカスタマーサクセスシステムから外される。それによって総合ヘルススコアも第2四半期の契約者中で最高の78点まで上がった。

●2014年9月30日――契約締結から90日が経ち、フィナンシャリティの社員のうちジョーをはじめとするウイングチップ製品のユーザー全員宛てに、NPS調査が届く。これもカスタマーサクセスソリューションからの自動送信だ。

●2014年10月7日――メアリーのもとにカスタマーサクセスシステムから通知が届く。フィナンシャリティのあるユーザーがNPS調査への回答に「批判者」と判定される4点を付けたのだ。メアリーはすぐに当該ユーザーへのフォローを行い、正常状態に戻るよう働きかけた。

●2014年9月11日〜11月3日――ウイングチップのカスタマーサクセスシステムが問題を3回検出する。いずれも、フィナンシャリティの新規ユーザーがウイングチップシステムにログインしたが、その後7日間の閲覧が3ページ未満だったというケースだ。当該ユーザーには自動メールが送信された。使い方のヒントや工夫のほか、オンデマンドの『ウイングチップを始めよう』というトレーニング動画へのリンクが載っているEメールだ。カスタマーサクセスシステムは、3人の反応をすべて追跡する。Eメールを開いて動画をクリックしたかどうか、その翌週に利用率が目に見えて増加したかどうかまで確認しているのだ。

●2014年9月23日以降――50回のログインと500ページの閲覧の両方の基準値に達したユーザー全員のところに、Eメールでスターバックスカード10ドル分が届く。これもウイングチップのカスタマーサクセスシステムから自動送信されるものである。

●2014年11月17日――メアリーのもとに、フィナンシャリティからのサポート案件が過去7日間で5件になったという通知が届く。これは危険な兆候なので、メアリーはジョーにフォロー連絡を取り、問題解決のために自社のサポート部長を交えてレビューを行うべく日程を調整した。

●2014年12月8日――メアリーの司会で幹部ビジネスレビュー(EBR)のビデオ会議が開かれて、最初の90日間の進捗確認と今後90日間の目標決定が行われた。初回のEBRは中継だったが、今後のEBRは同じ形式のスライドに進捗を記載したものをウイングチップのカスタマーサクセスソリューションが自動送信して、ここに次の90日間の目標に関する調査も添付される、とメアリーはフィナンシャリティに説明する。

少々話が長すぎたかもしれないが、顧客になってから最初の90日間はこのくらい重要な期間なのである。そして、正しいツールとプロセスを使えば顧客がどのような体験を得られるかについても、絶対に理解してほしかったのだ。さらに、チャーンのリスクが最も大きいのが最初の更新(または更新機会がなければ、顧客のライフサイクルにおける初期段階)だということも忘れてはならない。初日から最高のカスタマーエクスペリエンスが得られるように管理することは、緊急課題なのだ。

これらのすべてを掘り下げることはしないが、他にも1年目の顧客に対して行われる可能性が非常に高い取り組みがいくつかあるので、ここで紹介したい。

- サポート案件が解決するたびに、自動アンケートを送信。
- 90日ごとにEBRのスライド資料を自動送信。
- 更新90日前にNPS調査を送信。
- 更新日が近づいていることを知らせる自動通知に更新見積書も添付。
- 新たなリスクや機会が見つかった際に自動メールを送信。
- 不定期にメアリーから個別連絡、または初めて90日目を迎える場合は、別のCSMも同席。どのような場合に個別対応が必要かについては、リスクや機会の性質によって決まる。
- 年1回、ウイングチップの幹部レベルの担当者からフィナンシャリティに働きかけ。
- 更新処理が完了した際には別のプレゼントを自動送付。

1年目の流れを読み直すと、完璧なものではなかったことがわかるだろう。オンボーディングは開始日も終了日も遅れが出た。調査の点数が低い、利用されるサポートチケット数が多すぎる、というリスクも生じていた。だが、いずれもすぐに効果的な対応が取られた。それこそが顧客が心から求めていることなのである。さらに、途中何度も嬉しい瞬間が組み込まれていた。不測の事態さえなければ、フィナンシャリティが少なくとも2年目の契約を更新するのはほぼ間違いないだろう。ウイングチップの製品は本物の事業価値をもたらしているからだ。

私の筋書きは夢物語だと感じる人も多いかもしれない。だからこそ、私はこの話を最終章に書いた。これはすべて現在でも起こり得ることであり、そういう意味では未来の話ではない。それでも、おそらくほとんどの会社にとって、未来的すぎる筋書きに感じられたはずだ。

スターバックスとカスタマーサクセス

あなたはまだ、カスタマーサクセスは企業を対象とするＳａａＳ企業のためだけのものと感じているかもしれない。では、締めくくりに個人的な話をさせてほしい。カスタマーサクセスという名前ではないがまったく同じ性質を持っているところに関する分析だ。

私はスターバックスを愛している。コーヒーの味はあまり好みではないが、愛している。スターバックスが好きではない人が大勢いることも、何らかの理由で強い嫌悪感を持っている人がいるかもしれないこともわかる。私の見解では、コーヒーの専門家（要するに通気取りの人）はスターバックスのコーヒーの風味を好まない。こういう人がよく行くのは、ピーツ・コーヒーやフィルツやカリブ・コーヒーやティムホートンズだ。ダンキンドーナツで見かけることもある。今は、コーヒーの質や味について議論するつもりはない。私もあの店のコーヒーの味は好みではないのだ。それに、ついでにいえば、私はカフェインがまったく効かない。それなのに、なぜ私はスターバックスを愛しているなどと言うのか。その理由を説明させてほしい。そして、次の6つの特徴のうちカスタマーサクセスに分類できるものがあるかどうか、判断してほしいのだ。

❶スターバックスの店舗はどこにでもあるので、どの都市でもオフィスの外で誰かと会いたいときに近隣で見つけられる。
❷どの店舗にも無料Ｗｉ－Ｆｉがあるので、会社や自宅から離れたどの店舗も必要に応じて自分のオフィスになる。
❸いつでも席が空いていて、しかも座り心地が非常にいい。また、ほとんどの店舗で屋外の席が選べる。
❹何かを無理矢理買わせようとすることはないし、どれだけ長時間滞在していても追加購入のプレッシャーをかけてくることはまったくない。
❺店員はいつも親しみやすいし、むしろ意図的に親しみやすくしているように見える。私が頻繁に行くスターバックスのうち少なくとも3店舗が、いつもの注文か私の名前かその両方を把握している。

⑥どの店舗でも同じ商品を同じ価格で（空港だけは例外だが）手に入れることができる。

これはほんの手始めでしかない。ご存じのとおり、特に旅先では「慣れ親しんでいるもの」は非常にいいことだ。新しいものを試すのも楽しいことだが、慣れ親しんでいるものは地元を思い出させてくれるし、信頼感と安心を与えてくれる。だからこそ、マクドナルドは世界中で人気があり、マクドナルドに行く人など到底いるように思えない場所でさえ愛されているのである。私の場合、旅先でもすぐ足を運ぶのはスターバックスだ。朝食でも、午後の休憩時にも、誰かと待ち合わせする場所としても利用している。

私にとって、以上のすべてが合わさったものがカスタマーサクセスである。スターバックスは常に利便性が高いため、最初に生まれたのは行動ロイヤルティだ。その後で、心理ロイヤルティが生み出されたのである。少なくとも私はそうだが、他にも何百万人もの人が同じように感じているはずだ。私はここまで、スターバックスへの自分のロイヤルティを表現するために、何度も「**愛**」という言葉を使ってきた。これが心理ロイヤルティのキーワードである。そして、すでに述べたとおり、カスタマーサクセスの中心にあるのは心理ロイヤルティの構築だ。心理ロイヤルティを手に入れるのは難しい。何よりも高額だからという話は前にもしたが、それだけでなく単純に難しいのだ。ガソリンスタンドに愛を感じている人を知っているだろうか。調剤薬局を愛している知り合いはいるだろうか。郵便局ならどうだろうか。あなたは「それは不公平だよ。どれも生活必需品ばかりだし、製品やサービス自体は同じところばかりじゃないか」と言うかもしれない。それなら、私の答えはこうである。「では、コーヒーはどうか。コーヒーよりも生活必需品と断言できる飲食物なんてあるだろうか（コーラは例外だ）」。毎日行くところで、もっと安い値段でコーヒーが飲める場所などいくつあるだろうか。それでも、スターバックスの店舗はどこにでもあり、しかもどの店でも注文待ちの人で列ができている。列ができるブランドなんて、他にどこが挙げられるだろうか。間違いなく浮かぶのは、本書の前半で心理ロイヤルティの例として挙げたアップルである。もし自分がスターバックス側の人間でアップルの顧客とロイヤルティを比較するような事態になったら、喧嘩腰の議論が1週間経っても終わらないはずだ。

仮に、スターバックスがコーヒーへのニーズや要望だけを気にかけていたなら、さらに資金をかけて席数のある店舗を作ったりするだろうか。そんなことするはずがない。金がかかるからだ。では、屋外席に緑のパラソルを大量に設置するために資金をかけることはあるだろうか。もちろんない。やはり金がかかるからだ。もし、どのスターバックスでもコーヒーの提供しか考えていなければ、全店舗がドライブスルー式になるだけである。そうだとしたら、カスタマーサクセスに投資して心理ロイヤルティを高めようとすることも、そこから莫大な利益を得ることもない。本書の執筆時点で、スターバックスの時価総額は810億ドル弱だ。これはコストコより25パーセントも高いのである。

忘れないでほしいのだが、私たちが話題にしているのはカスタマーサービスではなく、カスタマーサクセスのことだ。カスタマーサービスだとしたら、ここで指しているのは飲み物の品質や、注文したものが出てきたかどうか、そして提供時間が適切だったか否かという部分だけになってしまう。顧客がくつろげる場所を作ることや、無料Ｗｉ－Ｆｉのサービス、そして顧客を名前で覚えるようになることは、カスタマーサービスの範疇を超えている。それはもう、カスタマーサクセスなのだ。

実は、スターバックスがその人気を固めた要素はもうひとつある。私を引き付ける要素でもあるのだが、この要素によってカスタマーサクセスのビジョンはさらに広がりを見せることになった。スターバックスが生み出した得意客制度が、最新テクノロジーと融合して最強の組み合わせとなったのである。

スターバックスカードが一般向けに初めて登場したのは、２００１年11月だった。その後８カ月で有効化されたスターバックスカードは４００万枚以上に上る。ちなみに、２０１５年の12月下旬には、１日でそれ以上のカードが有効化されている。いずれにしても、スターバックスカードもまた世界中に広がった。もしかすると、歴史上で最も人気のあるプレゼントかもしれない。スターバックスの利用者側には、ロイヤルティが生まれる。そして、まだ定期的に来店していない新規顧客の多くにとっては、来店のきっかけになる。アイデアとしてはまったく新しくないが、この市場においては画期的なものだった。

その後、このロイヤルティプログラムはもう一歩先に進んだ。スターバックスカードは私のスマートフォンの中に入ったのである。ペイパルやアップルペイやアンドロイドペイが登場するはるか以前に、スターバックスは自社のロイヤルティプログラムを電子化して、自分の携帯電話に登録できるようにした。その後もさらに資金をかけて全店舗に読み取り機を設置したため、今では携帯電話での支払いが可能になっている。現在、スターバックスの購入金額の20パーセントがモバイル端末で支払われている。それだけではない。スターバックスはさらに次の手を打った。ずるいようにも思える策だが、購入ごとに報酬が得られるようにしたのである。名前はボーナススターだ。12回目の購入時と誕生日には、無料ドリンクがある。大したことではないように見えるかもしれないが、これは離れがたくなるサービスだ。ユナイテッド航空のマイルが大量に貯まっていくようなものである。どんどん他の航空会社に行きづらくなっていく。どこかで座ってコーヒーを飲むなら、自宅のようにくつろげるうえに、購入への報酬がある店の方がいいに決まっている。しかも、今は毎週プロモーションが展開されている。対象商品の1つを購入すれば3スターが得られる。友人のために2つ購入すれば、得られるボーナススターは6個になるのだ。こうして人生は続いていく。これはうまくいく方法だ。得意客制度は必ずうまくいくのである。そうでないなら今残っているはずがない。消費者の購入経験をつかんで、サブスクリプションとよく似たところまで拡大する。きっと間もなく、スターバックスの月間サブスクリプションが利用できるようになるはずだ。無制限で好きなものを手に入れられるのである。

最近、ロイヤルティプログラムの自動化も始まった。カード残高が一定額を下回るとアプリが自動的にチャージしてくれる。こうして、支出の意識がなくなるという、世界のあらゆる企業が顧客に求めている状態が得られたのだ。ある意味で、これはサブスクリプション以上に優れている。無制限ではないということを除けば、あらゆる恩恵が得られるからだ。食べ物も飲み物も、支払いは注文前に終わっているのである。最近では、あらかじめアプリから注文しておけば、店に着いたときには飲み物ができあがっているようになったし、スターバックス宅配サービスも始まった。

もちろん、ロイヤルティプログラムが持つ本当の魔力は、実際にはベンダーが利益を得ているときに、消費者本人も利益を得ているように感じられることだ。これは金銭的な利益の話ではなく、情報の話である。自分が期待する以上に自分のことを把握してくれている会社を見つけたければ、それほど遠くまで探しに行く必要はない。フェイスブックやアマゾンやグーグルなど、どの企業のブラウザでもあっという間に答えにたどり着く。スターバックスが私について、そして他の何百万人について持っている情報の価値を考えてみてほしい。スターバックスは間違いなく、提供する飲み物のホットとアイスの割合から、国内の全店舗の周囲の温度を判断できる。さらに、ある日の売上の低下度合いに基づいて、嵐の強さを計測することもできるのだ。

極論をいえば、この種の情報は危険だし有害になることさえあり得る。私がよく考えるのは、ユナイテッド航空は私が窓側の席には69ドル払うことを把握したうえで、予約している便の席のうち通常運賃で残っているのは真ん中だけだと伝えているのかもしれない（それが正しい情報でなくても）ということだ。そうだと言っているわけではない。単なる例だ。私に好みの飲み物を購入するよう促すプロモーションを送付するとき、スターバックスはほぼ確実に私の行動を予測している。難しいことではない。だが、スターバックスは、私がボーナススターの獲得を目指すのがコンフォートゾーンからどこまで外れたエリアまでかについてもきっと把握している。この人は一度も試したことがないものも買うだろうか。3回しか買ったことのないものはどうだろうか。スターバックスには規模という武器があるので、このような実験を毎日行うことができる。知りたいと思うことなら、何でも知ることができるのだ。

だが、ここで心理ロイヤルティの話に戻る。スターバックスは、私との間にロイヤルティを生み出した。その結果、私はそれ以外の方法なら教えないような情報をスターバックスと共有していることを受け入れている。また、スターバックスがあらゆるプロモーションを駆使して自分にマーケティング活動をしていることにも納得している（そうでなければ、こんなマーケティングはスパムメールのようなものだ）。さらに、飲み物を買うたびに自分の口座から直接金が引き出されていることにだって、納得しているのだ。カスタマーサクセスの秘訣が心理ロイヤルティを生み出すことなら、スターバックスは私のような何百万人という顧客に対してこの種のロイヤルティを生み出して、そこから並外れた利益を得てきたのである。

最初に認めていたとおり、誰もがスターバックスを愛しているわけではない。それでも私は、スターバックスのエピソードでカスタマーサクセスを伝えたかった。使ったこともないソフトウェアを販売する企業向けベンダーの話よりも理解しやすいと思ったからだ。だが、企業向けベンダーによるカスタマーサクセスの課題も、スターバックスやユナイテッド航空と極めてよく似ている。カスタマーエクスペリエンスを生み出して心理ロイヤルティにつながるように、人やテクノロジーやプロセスに投資することだ。この課題を成し遂げた会社には、あらゆる成功への黄金の道が開かれている。心理ロイヤルティは持続するからだ。心理ロイヤルティは、悪い経験を1つしたくらいでなくなることはない。ここには「**愛**」が関わっていることを思い出してほしい。**愛**が「**嫌いではない**」、さらには「**どうでもいい**」や「**嫌い**」という気持ちに変わってしまうとき、そこにはほぼ確実に複数の失敗が重なっているはずだ。心理ロイヤルティは口座の残高のようなもので、頻繁に引き出さない限り枯渇することはないとわかっていれば、必要に応じて引き出すことができる。そして、カスタマーサクセスを重視して投資している会社なら、ロイヤルティの口座を枯渇させてしまうことはまずない。

カスタマー・エコノミーにおけるカスタマーサクセスは単なる素敵な思い付きでもなければ、やった方がいいというレベルのことでもない。これは緊急課題なのだ。あなたの顧客はカスタマーサクセスを期待しているし、今はそうでないとしてもすぐに期待するようになる。そして、専門知識とテクノロジーは増え続けており、一歩目を踏み出すのにも、最高のカスタマーエクスペリエンスをもたらせるような、業界をリードするプロセスの開発にも役立つだろう。難しい理屈が必要なことではないし、新しい概念ですらない。もともとあった概念が、ついに時宜を得たというだけなのだ。

カスタマーサクセスを重視するのは大変なことだし、その実行には金もかかる。だが、これはすでに多くの業界で必須課題であり、あなたの業界でも間もなくそうなるだろう。流れに抗っても受け入れてもいい。決めるのは自由だ。だが、私は受け入れることをお勧めする。そして、本書で説明した概念や実践的な提案の中に、先に進む際のヒントがあることを心から願っている。カスタマーサクセスへの旅が最高のものになることを祈って、この本の結びとしたい。

〈サ行〉

〈タ行〉

索引

［訳者］

バーチャレクス・コンサルティング株式会社

Virtualex Consulting, Inc.

「コンサルティング」「テクノロジー」「アウトソーシング」という3つのコアスキルを融合させ、CRM・マーケティング領域を中心としたビジネスサービスを展開する企業。創業以来、クライアント企業に“結果”で貢献することを使命とし、コンサルティングやソフトウェア導入にとどまらず、カスタマーサポートを含むコンタクトセンター運営まで、総合的なサービスを一括提供することで知られる。現在では、RPA、MA、AIなどを活用したソリューションも展開しており、多数のクライアント企業を成功に導いている。2016年6月には東京証券取引所マザーズ市場に上場。

http://www.virtualex.co.jp/

辻 大志

Tsuji, Taishi

早稲田大学法学部卒業。外資系コンサルティング会社を経て、バーチャレクス・コンサルティング株式会社に入社、執行役員として現在に至る。事業構想策定、CRM・マーケティング戦略策定、IT戦略立案・システム導入、ビジネスプロセス改善、アウトソーシング活用など、クライアント企業の成功に貢献するコンサルティング実績多数。現在はバーチャレクスグループの戦略担当として新規事業企画に従事。

森田 智史

Morita, Satoshi

立命館大学国際関係学部卒業。外資系コンサルティング会社を経て、バーチャレクス・コンサルティング株式会社に入社、ビジネスインキュベーション＆コンサルティング部部長として現在に至る。CRM関連プロジェクトの他、新規事業戦略立案、システム構築案件など多岐にわたるプロジェクトを牽引し、クライアント企業の成功に貢献。現在は自社内におけるデジタルマーケティング対応や、RPA、SaaS等の新規事業開発にも従事。

［著者］

ニック・メータ
Nick Mehta

カスタマーサクセスソフトウェアを提供するゲインサイト（Gainsight）の CEO。適切な人材を集め、顧客、取引先、従業員とその家族の成功のために最良の体制をつくっている。「他人から自分にしてもらいたいことを他人に対してせよ」という黄金律の強い信奉者であり、深い思いやりをもって人と関わっている。

ダン・スタインマン
Dan Steinman

ゲインサイト CCO（最高顧客責任者）。ゲインサイトが運営するカスタマーサクセス・ユニバーシティおよび関連する多数のブログの著者であり寄稿記事も多い。カスタマーサクセスの世界のソート・リーダーとして認められている。

リンカーン・マーフィー
Lincoln Murphy

カスタマーサクセスを通じて企業の成長を支援するコンサルティング企業、シックスティーン・ベンチャーズの創業者。成長とカスタマーサクセスに関する執筆者であり国際的なスピーカーでもある。

［英治出版からのお知らせ］

本書に関するご意見・ご感想を E-mail（editor@eijipress.co.jp）で受け付けています。
また、英治出版ではメールマガジン、Web メディア、SNS で新刊情報や書籍に関する記事、イベント情報などを配信しております。ぜひ一度、アクセスしてみてください。

メールマガジン：会員登録はホームページにて
Web メディア「英治出版オンライン」：eijionline.com
ツイッター：@eijipress
フェイスブック：www.facebook.com/eijipress

カスタマーサクセス

サブスクリプション時代に求められる「顧客の成功」10の原則

発行日	2018 年 6 月 10 日 第 1 版 第 1 刷 2023 年 1 月 30 日 第 1 版 第 9 刷
著者	ニック・メータ、ダン・スタインマン、リンカーン・マーフィー
訳者	バーチャレクス・コンサルティング株式会社
発行人	原田英治
発行	英治出版株式会社 〒150-0022 東京都渋谷区恵比寿南 1-9-12 ピトレスクビル 4F 電話 03-5773-0193 FAX 03-5773-0194 http://www.eijipress.co.jp/
プロデューサー	高野達成
スタッフ	藤竹賢一郎 山下智也 鈴木美穂 下田理 田中三枝 平野貴裕 上村悠也 桑江リリー 石﨑優木 渡邉吏佐子 中西さおり 関紀子 齋藤さくら 下村美来
印刷・製本	中央精版印刷株式会社
翻訳協力	加藤今日子／株式会社トランネット（www.trannet.co.jp）
校正	株式会社ヴェリタ
装丁	英治出版デザイン室

ISBN978-4-86276-260-3 C0034 Printed in Japan